NADA OS TRARÁ DE VOLTA

EDSON LOPES CARDOSO

Nada os trará de volta

Escritos sobre racismo e luta política

Copyright © 2022 by Edson Lopes Cardoso

*Grafia atualizada segundo o Acordo Ortográfico da Língua Portuguesa de 1990,
que entrou em vigor no Brasil em 2009.*

Capa
Estúdio Daó (Giovani Castelucci e Guilherme Vieira) e Diego Justino

Imagem de capa
Bastideana nº 3: Ponto Riscado de Exu Cruzado com Xangô, de Abdias Nascimento, 1972.
Acrílica sobre tela, 76 cm × 101 cm. Cortesia do artista. Acervo Museu de Arte Negra Ipeafro.

Pesquisa
Bianca Santana

Preparação
Gabriele Fernandes

Checagem
Érico Melo

Índice remissivo
Luciano Marchiori

Revisão
Thiago Passos
Huendel Viana

Dados Internacionais de Catalogação na Publicação (CIP)
(Câmara Brasileira do Livro, SP, Brasil)

Cardoso, Edson Lopes
    Nada os trará de volta : Escritos sobre racismo e luta política /
Edson Lopes Cardoso. — 1ª ed. — São Paulo : Companhia das
Letras, 2022.

    ISBN 978-65-5921-209-5

    1. Brasil – Relações raciais 2. Movimento negro 3. Movimentos sociais 4. Negros – Brasil 5. Política – Brasil – História 6. Racismo – Brasil I. Título.

22-102646	CDD-320.981

Índice para catálogo sistemático:
1. Movimentos sociais : Aspectos políticos : Brasil :
    História   320.981

Eliete Marques da Silva – Bibliotecária – CRB-8/9380

[2022]
Todos os direitos desta edição reservados à
EDITORA SCHWARCZ S.A.
Rua Bandeira Paulista, 702, cj. 32
04532-002 — São Paulo — SP
Telefone: (11) 3707-3500
www.companhiadasletras.com.br
www.blogdacompanhia.com.br
facebook.com/companhiadasletras
instagram.com/companhiadasletras
twitter.com/cialetras

Sumário

Introdução 11

1. MOVIMENTO NEGRO

Furor genocida 17

O embranquecimento que nos desune 19

O avanço dos bonecos 22

O desafio de controlar a própria explosão 25

Algumas dimensões do ser negro no Brasil 39

Zumbi + 10 emerge no horizonte 43

Pesquisa, extermínio e omissões 47

O momento é de afirmação política 50

Recebe, não recebe — acabou que recebeu 53

Frente a frente com nossas debilidades 56

Consciência e representação em mudança acelerada 58

No reino da igualdade mais perfeita 60

Uma droga tudo 63

Ainda não 65

"Que é vento, e que passa…" 67

Há que adular — a regra geral das grandes transformações sociais 69

Algumas questões políticas 71

Bombas 73

Elipse, eclipse e os geometricamente achatados, que sei eu? 75

Quando iremos reconhecer nossas prioridades? 77

O inimigo interno sob controle 79

Não precisava cuspir no prato 82

A propósito de uma velha carta de Luiza Bairros 85

Aprender com Luiz Orlando 88

Os palhaços e a lição dos negros de Jaú 91

O que acontece é muito diferente 94

Nada mudou, vamos mudar? 96

2. DENÚNCIA DO GENOCÍDIO NEGRO

Pouco adianta falar 101

Estávamos todos obrigados a ir à Piedade, em respeito
a nossos mortos de ontem e de hoje 103

A catadora de miolos — o que ela nos diz? 105

Um dia rotineiro e, acreditem, muito especial 107

Nenhuma esperança 109

Estado de Direito e racismo 112

Mandões, racismo e democracia 114

Márcia mostra o caminho 117

Um grito varonil 119

Como um cão 121

Detalhamento dos óbitos 123

Indesculpável 125

Negro, não 128

Atlas da Violência — conte algo que não sei 130

3. INCIDÊNCIA POLÍTICA

Visões conservadoras 135

Confusões e enganos 140

Sapatinho na janela 143

O vazio e o lobo 146

Relatório de Doudou Diène terá algum impacto no
    sistema ONU no Brasil? 149

Racismo, agenda legislativa e sanguessugas 152

Semeando o pânico 155

O governo nunca apoiou estatuto 157

Direito à reparação 160

Sai Rebelo, entra Chinaglia e não deve mudar nada.
    E na "bancada negra", vai haver alguma mudança? 162

Novembro passou outra vez, e agora? 165

Que dia? 167

Visualizando o estrago, por uma fresta na *Veja* 169

De canalhas e canalhices 173

Enquanto na boca floresce a palavra que será, fique de olho no IBGE 175

Hoje, no plenário da Câmara 178

De novo, os cartões. A Seppir está devendo uma explicação
    mais convincente 181

Matilde Ribeiro permanece no cargo? 183

Uno cosecha lo que siembra 185

Somos assim, fazer o quê? 187

Precisa mexer 190

Mais colossal é nosso engano 193

Cotas, sim; negros, nem pensar 195

"Vamos clarear" 197

O mandato de Monteiro Lopes faz cem anos 199

O mal e seu enigma 201

Sinais distorcidos e o nariz de palhaço 203

Pesquisa reveladora 205

Dissimulação e hipocrisia 207

Verga, não verga 209

De um lado, terrorismo… 211

Contorcionismos e turbulências 213

O voto de Mendes 215

Os irmãos de Marina 217

Negro como eu 219

Está tudo sob controle? 221

Só dá Santana em *O Globo*, a glória ao revés 223

Uma sessão histórica, com previsão funesta 225

Somente a verdade 229

E o acordo? 232

A pimenta do frei David vai arder no seu 235

Humilhação 237

O vazio, de novo 239

Tem carta de renúncia na praça, quem não leu ainda? 241

Ainda nos arredores 244

Quem sofreu é que sabe, me tire dessa 246

Os políticos brasileiros em um mundo só deles 248

Ouçamos o presidente e feliz Ano-Novo 250

Temores bem fundados 253

A julgar pelas evidências, não fica só nisso 256

Barrar fraudadores das cotas 259

A receita de Lima 261

Candidato negro — o que virá por aí? 264

Discursos extraordinários 267

É o racismo, estúpidos 269

4. O JORNALISMO EM REVISTA

A violência das imagens: duas ausências muito sentidas 275

Carta ao *Correio Braziliense* em resposta a um anúncio
   que procurava "uma empregada clara" 286

Primeira página: domingo sombrio, imagens surreais 288

Modos de representação e luta pelo poder 290

As comadres estão assanhadíssimas 293

Operação dissociação em curso 295

Dois achados, dois petardos 297

Quem se importa mesmo com o que pensa a *Folha*? 299

É singular essa República 301

Esperança vã, outro medo 303

Estremecimentos no meio diplomático 305

Duas histórias, faça sua escolha 308

Tensões na grande mídia 311

A cor sumiu 314

Valeu, apesar dos limites 316

Opor-se à "vontade de atropelar" 318

Silêncio assombroso 320

A marca indelével 323

Um artigo, uma esperança 325

O que me intriga… 327

5. IMAGINÁRIO

O verão da C&A 333

Racismo e educação 335

Resenha: Uma narrativa portuguesa 338

A democracia racial virou apartheid social 340

Crespos são lindos 343

Legislação só não basta 346

Lembo inculpa, Sinhá Moça absolve e nós colaboramos 348

Nossa imagem idealizada pelos brancos: "Aqueles que
prestam serviço, comprazendo-se com isso" 352

Cê vê tudo ao contrário 354

Profetas do terror e a distorção da história 357

Premonições e invisibilidades oníricas 360

"Mesmice esquerdofrênica" 363

História: Prepare-se para o embate ou engula o sapo 366

Doces lundus… 369

TV pública: Falta no debate uma crítica radical ao racismo 371

Enfrentando um certo preconceito 374

Sinal trocado e impunidade 376

Nossas raízes 379

Nenhum espaço 381

Pare de existir 383

Quem precisa de São Sarney? 386

Zés que não ladram 389

Torço pelo Andrade amanhã 391

O negro no topo intimida 393

Para sempre? 396

O consenso das gentes 399

A propósito de *Caçadas de Pedrinho* 401

Dumas e os outros 406

O lenço 409

As pessoas se incomodam 412

Sobre nossa adesão, complexa e contraditória 415

"Quero nascer, quero viver" 418

O passado sempre chega ao presente? 420

"Solte meu cabelo!" 423

O vatapá de Machado 425

Racismo e democracia 428

Afinal, a negrinha era uma mulher? 431

Fontes dos textos e publicações originais 435

Índice remissivo 443

Introdução

Em Brasília, na Praça dos Três Poderes, no dia 13 de abril de 2011, Paulo Sérgio Ferreira, um homem negro, subiu no mastro de cerca de cem metros de altura e tentou botar fogo na grande bandeira brasileira que fica ali hasteada.* Quem ainda se lembra disso?

Ele estava evidentemente tentando alertar todos para algo relevante. Afinal, se você precisa subir, sem nenhuma proteção, numa torre de mais de cem metros para fazer-se ouvir, é de presumir que o que você tem a dizer é muito importante e você não está conseguindo a devida atenção da audiência.

Paulo Sérgio Ferreira, instado a descer da torre pela polícia, que lhe deu voz de prisão, pôs-se a falar aos repórteres e fez alusão a um tema que geralmente costuma causar constrangimentos em muitos setores da vida brasileira.

Paulo referiu-se, segundo alguns veículos de comunicação, ao processo de "esmagamento de negros no Brasil". Em alguns casos, porém, o trabalho de edição suprimiu essa justificativa política do ato praticado ou, pelo menos em um deles, antepôs o adjetivo "suposto" à palavra "esmagamento".

---

* O mastro da Bandeira Nacional na Praça dos Três Poderes foi inaugurado em 1972, no auge da ditadura militar. Com projeto de Sérgio Bernardes, é formado por 26 cilindros de aço que representam os estados da União e o Distrito Federal. A bandeira tem 286 metros quadrados, e o mastro alcança 105 metros de altura.

Assim resulta, portanto, que a fala de Paulo sobre os negros não tem base na realidade, é uma suposição sem comprovação. O esmagamento dos negros seria fictício, falso, se incluirmos outras opções de sentido que nos dá também o dicionário.

Paulo Sérgio Ferreira, um homem que vive na rua, arriscou-se sem proteção nas alturas do panteão nacional e, ao descer, disse, tanto aos repórteres quanto ao delegado no interrogatório policial, "que gostaria de chamar a atenção para a situação dos negros neste país".

Não precisamos ser especialistas em grafologia para verificarmos que, mesmo submetido a grande estresse, sua assinatura, ao final do interrogatório, era firme e equilibrada. Não obstante isso, a tendência deformadora se impôs e acabou fazendo predominar no noticiário as alegações de desequilíbrio e insanidade.

Paulo, ele mesmo, era obviamente uma grande evidência da opressão que denunciava. Morador de rua, suas declarações apontam inequivocamente para o fato de que, entre nós, a cor da pele tem relação íntima com condições materiais de vida.

O que afinal esse homem nos tentou comunicar de forma tão desesperada e que motivou reações de abafamento ou desvirtuamento? Não é razoável supor que a opressão racial esteja na base do desequilíbrio aparente do homem que pôs sua vida em risco para nos dizer algo, que nos recusamos sistematicamente a ouvir?

Ele não era louco pelo que nos disse, como alguns veículos quiseram fazer crer, ao transformar a realidade dos negros numa suposição, num delírio, fazendo pouco-caso da objetividade jornalística.

A altura da torre, o fogo na bandeira, o modo desesperado que Paulo encontrou para dizer o que nos disse é perfeitamente compatível, a meu ver, com a realidade insana que elimina jovens de quinze a 24 anos num ritmo alucinante há muitas décadas e com o inacreditável, absurdo e desumano silêncio das principais forças políticas do país diante do número de homicídios que ameaça o futuro da população negra.

Tenho dúvidas de que alguma vez alcançaremos, por sua imensa grandeza, a real dimensão das perdas humanas provocadas pelas execuções sumárias no Brasil, sob o pretexto de que suas vítimas resistiram à autoridade policial ou se envolveram com o narcotráfico.

A Justiça de São Paulo, em caráter liminar, decidiu, no dia seguinte à denúncia de Paulo Sérgio Ferreira, que não se pode recusar ao morador de rua o direito de abrir uma conta poupança nas instituições bancárias.* O que o morador de rua parece não poder ter é opinião, ainda mais quando sua fala penetra na zona quase proibida da opressão racial.

Hannah Arendt, quando indaga sobre que dano o poder político pode infligir à verdade, ajuda-nos a compreender a importância do testemunho. A verdadeira textura do domínio público, ela afirma, é constituída por fatos e eventos que resultam da ação conjunta de homens e mulheres, e é uma textura muito frágil diante do assédio do poder. E acrescenta: "[Esses fatos], uma vez perdidos, nenhum esforço racional os trará jamais de volta" (*Entre o passado e o futuro*, Perspectiva, 2007, p. 288).

Ao pretender dar, nesta coleção de textos sobre racismo e desigualdade racial, escritos ao longo de décadas, meu testemunho de ativista negro, pensei muitas vezes no imenso silêncio que recobre, em nossa história, pessoas, experiências e o modo como transmitimos essas vivências, assim como na simplificação e na transformação delas em alguma coisa completamente diferente.

As pessoas pareciam se divertir com Paulo Sérgio Ferreira e com o que consideraram sua loucura. No Movimento Negro, aquela loucura atribuída a Paulo é nossa velha conhecida. Sabemos, todo o tempo, que precisamos desenvolver a confiança em nossa própria percepção do real e perder o medo de sermos ridicularizados.

O ativismo me levou muitas vezes para encontros de formação, oficinas e rodas de conversa, e pude constatar que um número significativo de pessoas

---

* Atendendo a pedido da Procuradoria Regional dos Direitos do Cidadão (MPF-SP), a Justiça Federal da capital paulista decidiu que pessoas em situação de rua têm o direito de abrir uma conta poupança na Caixa Econômica Federal sem apresentar comprovante de residência. A validade da decisão se estendeu a todo o território nacional.

nunca teve oportunidade de dialogar abertamente sobre o modo como o racismo afetou e afeta sua vida. Sem compreender a natureza desse silêncio, não se entende o gesto de Paulo Sérgio Ferreira, arriscando-se para nos dizer aquilo que insistimos em calar, ignorar ou negar.

Depois que tal limite é transposto, muitos arriscam-se a narrar experiências cotidianas de discriminação racial; os relatos se sucedem, embora algumas pessoas prefiram chorar ou permanecer em silêncio emocionado. Essa foi uma tarefa fundamental do ativismo dos últimos quarenta anos: fazer a roda e provocar a fala.

Como foi que chegamos a esse ponto? Como podemos nos calar sobre algo tão decisivo em nossa vida? Do que temos medo? De que as coisas possam piorar ainda mais? O que ou quem nos ameaça? A oficina se faz no esforço, coletivo, de responder a perguntas assim.

A questão é que o desprezo pelas experiências, individuais e coletivas, dos negros no Brasil é parte de um conjunto de práticas violentas de negação, e seu efeito prático é extraordinariamente eficiente. Não podemos subestimar isso.

Finalmente, quero dizer que, nos textos reunidos neste livro, valorizei sempre o debate com os principais veículos de comunicação do país, responsáveis, na linha de frente, por dar combate às iniciativas do Movimento Negro no espaço público. Penso ter exercido com rigor a tarefa que me impus. Analisei, critiquei, reagi mesmo à sufocação da crítica dentro do próprio movimento. Convivi durante décadas com o silêncio que cerca nossas iniciativas, e a razão primeira desta coleção é impedir que esse silêncio possa prevalecer.

1.

MOVIMENTO NEGRO

Furor genocida

As contravenções penais são consideradas "delitos de menor importância". Embora incluído entre esses delitos menores, o racismo, além de dar lucro, mata. E vem matando de forma tão alucinante que o desvario racista assume entre nós proporções genocidas. "Morte aos negros!", gritam os muros da UnB,* e, como que obedecendo a esse grito funesto, em todo o país recrudesce a violência contra os negros, deixando atrás de si o horror e centenas de vítimas.

O furor genocida não poupa ninguém: crianças, jovens, idosos, trabalhadores com carteira assinada e sem antecedentes criminais vão sendo friamente executados, muitos arrancados de dentro de suas próprias casas, como o encanador Jorge Luís Flocket (ou Floquet) Rocha, no Calabar, favela de Salvador.**

---

* Em junho de 1987, as paredes do Instituto de Artes (IdA) da Universidade de Brasília (UnB) amanheceram pichados com inscrições como "Morte aos negros!", "Negros fora!" e "Viva o apartheid!". A administração da UnB descartou abrir investigação sobre o caso, e os criminosos não foram identificados.

** Em 19 de julho de 1987, durante uma incursão da Polícia Militar contra o tráfico de drogas na comunidade, o tenente Paulo Marcos Cunha foi atingido por um tiro. Em represália, a PM invadiu residências para prender e torturar moradores. Os irmãos Isaltino e Jorge Luís Floquet foram detidos e levados em viaturas diferentes a destinos ignorados. Isaltino foi apresentado à imprensa numa delegacia horas depois, mas Jorge Luís, de 22 anos, sem antecedentes criminais, jamais foi visto novamente. Na mesma ação, dois supostos traficantes também foram mortos

Já não bastam, para o extermínio do povo negro, as condições de vida e trabalho que conduzem ao aniquilamento, o controle da natalidade, a mortalidade infantil. A polícia está solta, tanto a PM-1 quanto a PM-2, agindo decisivamente no sentido da eliminação pura e simples.

A esse desafio, que envolve sua própria sobrevivência, os negros têm que responder com um amplo movimento nacional de protesto. Os últimos funerais de negros assassinados têm apontado o caminho: transformaram-se em passeatas, manifestações de protesto, com os participantes empunhando faixas e cartazes, pressionando as delegacias e o Ministério da Justiça.

O Movimento Negro tem que ir às ruas — antes que seja tarde.

1987

---

pela polícia. Depois de onze anos de processos administrativos e judiciais, os oficiais que comandaram a operação perderam o direito de ser promovidos, mas nunca deixaram de atuar na PM baiana.

O embranquecimento que nos desune

Vem pro movimento negro
você também.
Vem conosco,
e tudo bem!

I.

Wu'er Kaixi, 21 anos, estudante da Escola Normal de Pequim, disse a um jornalista, nos dias agitados de abril, "que foi sua perspectiva como membro de uma minoria étnica que lhe deu uma percepção especial dos problemas da China" (*Jornal do Brasil*, 28/4/1989, p. 8).*

Há então um ponto de vista, um lugar de onde, representando-se coleti-

---

* Kaixi, cujo nome uigur é Örkesh Dölet, pertence à minoria étnica originária de Xinjiang, território autônomo no noroeste da China. Liderou protestos estudantis pró-democracia durante a primavera de 1989 em Beijing, que culminaram na ocupação da praça da Paz Celestial pelos manifestantes. O exército chinês invadiu a praça em 4 de junho e matou centenas ou milhares de pessoas, dependendo da fonte. Kaixi se exilou em Taiwan, e nos anos 2010 chegou a exercer dois mandatos legislativos no parlamento da ilha.

vamente, se veem (se vivenciam) os problemas de uma sociedade. Na China, Wu'er Kaixi, com plena consciência étnica, quer mudanças.

Entre nós, são muitos os negros que militam nos diversos movimentos sociais e sindicais, inclusive na direção de suas entidades, que, ao nos aproximarmos para discutir com eles as desigualdades raciais, fogem em disparada. Por que isso acontece?

Desde a infância somos submetidos à violenta inculcação de valores negativos, com os brancos se afirmando através de nossa negação. Vamos crescendo, quer dizer, vamos desenvolvendo uma consciência violentada e esvaziada de nossos valores mais caros. É importante frisar que a agressão étnica visa atingir não só o indivíduo, mas também seus mecanismos de representação coletiva. Negando-se e estendendo essa negação aos seus semelhantes, o indivíduo tem enorme dificuldade para participar, enquanto negro, de qualquer movimento coletivo. E foge em disparada, completamente embranquecido.

É impossível qualquer avanço do Movimento Negro no sentido de amplas mobilizações sem priorizarmos as dilacerantes questões que envolvem nossa identidade. Para dar uma ideia das inúmeras tarefas que ainda temos a cumprir nesse campo prioritário: quantas vezes, intoxicado pela historiografia mais que suspeita, não terei dito em palestras por aí que "durante a escravidão, éramos objetos, fomos 'coisificados'"? Sem me dar conta de que, mais do que denunciar a brutalidade do sistema escravista, eu reforçava os sistemas de desumanização e seus estereótipos vigentes. Eu pensava que criticava o passado, mas estava reforçando o presente. Até que tropecei numa citação que reproduzia a fala de um homem negro escravizado, encontrada em autos criminais (Maria Helena P. T. Machado, *Crime e escravidão*, Brasiliense, 1987, p. 87). Ele matou um dono de fazenda, ou um feitor, o livro não esclarece, e, respondendo a um interrogatório, disse: "Matei lobisomem, não matei homem". A fala é de uma humanidade avassaladora. Esta é a história (o ponto de vista, a perspectiva) que nos interessa: a resistência à opressão, que é a afirmação de plena humanidade.

II.

Portanto, o Movimento Negro tem que assumir e estar presente em todas as lutas que contribuam para a desestruturação do regime e do sistema capitalista, deixando muito claras as nossas questões específicas, ou seja, combinando a luta contra o racismo com a luta contra a exploração capitalista que tem matado de fome milhares de negros em nosso país.

Esse é um trecho do documento apresentado e defendido pelos militantes negros da Convergência Socialista no II Sul e Sudeste,* mas poderia ser assinado por militantes de outras tendências, e não só petistas.

O embranquecimento dessa outra militância negra é muito mais sutil, bem menos evidente do que na renúncia que tratamos acima, mas seus resultados são os mesmos: é obstáculo ao fortalecimento de uma articulação étnica capaz de transformar um Movimento Negro de massas numa força revolucionária.

Está publicado em língua portuguesa o *Dicionário do pensamento marxista* (editado por Tom Bottomore, Zahar, 1988). No verbete "raça", pode-se ler que

dentro da problemática marxista da "classe em si", que se transforma na "classe para si", a persistência dos agrupamentos baseados na raça e na etnia pode ser considerada, por vezes, uma forma passageira de falsa consciência, que será substituída, no devido tempo, por uma verdadeira *consciência de classe.*

Até aqui, é isso que está subjacente à tal combinação de raça e classe que privilegia as instâncias brancas de organização. Mas, continuando a transcrição do verbete, vejam que bela surpresa:

A consciência racial e étnica, porém, parece resistir a essa transformação. Essa resistência pode não se basear na falsa consciência, mas num entendimento realista de que a relação de um dado grupo para com a ordem política e econômica é diferente e de que esse grupo tem seus interesses particulares a defender.

Entre a militância negra dita de esquerda, que atraso! Bons quadros, inclusive, completamente embranquecidos por velharias eurocêntricas, recusam-se a participar do esforço de elaboração de uma ideologia étnica transformadora: o Movimento Negro.

1989

---

* Organização esquerdista fundada em 1978, a Convergência participou da fundação do Partido dos Trabalhadores, que integrou até 1992, quando seus membros foram expulsos pela direção petista. Em 1994, originou o Partido Socialista dos Trabalhadores Unificado (PSTU).

O avanço dos bonecos

A candidatura de Celso Pitta à prefeitura de São Paulo tem sido predominantemente caracterizada como desprovida de "luz própria", com origem exclusiva no "bolso do colete" de Paulo Maluf.* A essa visão redutora de Pitta a mero "boneco de ventríloquo" queremos opor uma outra, que sem eliminar os processos rotineiros de cooptação chama a atenção para a crescente visibilidade da questão racial no campo da política.

Enquanto a lógica publicitária dominante entre nós bloqueia as imagens do negro, na candidatura de Pitta seus correligionários justificaram a escolha "principalmente em razão da cor de sua pele". Uma candidatura negra "reforçaria a tentativa de mudança de imagem do malufismo, ainda rotulado como conservador".

Lembrei-me da dúvida do soneto machadiano: mudou o Natal? Eu mu-

---

* Maluf se elegeu à prefeitura paulistana em 1992 pelo antigo Partido Populista Renovador (PPR), herdeiro da Arena, a agremiação oficial da ditadura. Celso Pitta (1946-2009) foi secretário de Finanças da gestão malufista e venceu o pleito municipal em novembro de 1996, na legenda do PPB (atual PP), derivada do PPR, derrotando Luiza Erundina (PT) no segundo turno. Pitta foi o primeiro homem negro a governar a cidade de São Paulo. As administrações de Maluf e Pitta ficaram marcadas por escândalos de corrupção ligados a grandes obras e precatórios judiciais.

dei?* Muitos estão atentos à mudança de imagem do malufismo sem perceber que ela só se torna possível na medida em que se apoia na mudança de imagem do negro, que se vai processando, profundamente, na consciência social brasileira.

O fato é que se atribui aqui à imagem do negro, ao contrário do que ainda acontece com os xampus, os sabonetes e as cervejas, um elevado poder renovador, capaz de, por si só, dar nova feição a um projeto político que transcende os limites da eleição municipal.

A ideia pura e simples de manipulação e uso me parece de todo inadequada. A unilateralidade proveniente de uma vontade absoluta fica muito bem situada no Gênesis, o livro bíblico em que Deus disse: "Haja firmamento". E o firmamento se fez. Na política, em que se relacionam fatos econômicos, sociais, subjetividades, nenhum deus, ainda que possa estar assessorado por diabólicas estratégias de marketing, pode dizer: "Haja candidato negro", e o candidato brotar, assim, do vazio abissal do próprio bolso.

Por um momento, até meados dos anos 1980, a dimensão política da questão racial ameaçou ficar confinada a exclusivos guetos partidários. A impossibilidade da tão sonhada resposta partidária, porém, esfacelou os núcleos, as comissões e as secretarias. O universalismo das esquerdas parece criar dificuldades para a absorção da identidade de grupos, mesmo majoritários. As hesitações do Partido dos Trabalhadores na campanha de Benedita da Silva para a prefeitura do Rio de Janeiro, derrotada na praia,** são uma evidência dramática dos limites que a esquerda se impôs para aprofundar o debate sobre desigualdades raciais. Sua concessão máxima será consubstanciada no esdrúxulo conceito de "apartheid social", no qual o adjetivo cumpre a função exclusiva de negar a dimensão racial inerente ao substantivo.

Nos dias agitados que antecederam a realização da Marcha Zumbi dos

---

* Alusão ao "Soneto de Natal", de *Ocidentais* (1880): "Um homem, — era aquela noite amiga,/ Noite cristã, berço do Nazareno, —/ Ao relembrar os dias de pequeno,/ E a viva dança, e a lépida cantiga,// Quis transportar ao verso doce e ameno/ [...]/ E, em vão lutando contra o metro adverso,/ Só lhe saiu este pequeno verso:/ 'Mudaria o Natal ou mudei eu?'".

** Em 1992, então deputada federal pelo PT carioca, Benedita da Silva candidatou-se à prefeitura do Rio de Janeiro à frente de uma coligação de partidos de esquerda. Foi a mais votada no primeiro turno, com 33% dos votos válidos, mas perdeu na segunda etapa para o também deputado Cesar Maia, do PMDB, por menos de 80 mil votos.

Palmares, em novembro de 1995,* o ministro Edson Arantes do Nascimento, o Pelé,** declarou a representantes de entidades negras que sua trajetória o levara a compreender a importância da política para resolver os problemas, e o negro teria de votar em negro se quisesse, de fato, mudar as coisas.

Seguiu-se um certo escândalo temeroso, mas acabou predominando a percepção de que os ventos que agitavam então as consciências negras em todo o país traziam à superfície uma questão racial finalmente liberta das amarras culturalistas com suas linhas convergindo (até o Pelé!) para o enfrentamento com uma ordem de privilégios e de dominação.

Os avanços políticos do Movimento Negro são expressivos, mas não suficientes para superar suas debilidades organizativas. O alcance de seu ativismo fecundo pode ser medido hoje pelo número significativo de candidaturas a vereador vinculadas a comunidades negras rurais. Vai se consolidando nos grotões mais distantes uma consciência negra que quer poder efetivo para transformar um quadro de profundas desigualdades.

Não vamos jogar fora, portanto, com a simplificação da imagem do "fantoche", a oportunidade de debater a complexidade da conjuntura de nossas relações raciais. Celso Pitta não é candidato do Movimento Negro. No entanto, é nas trilhas abertas pelo Movimento Negro que o malufismo busca, ainda que superficialmente, se renovar no jogo eleitoral.

11/10/1996

---

* Comemorativa do tricentenário da morte do líder palmarista, a Marcha Zumbi dos Palmares contra o Racismo, pela Cidadania e pela Vida reuniu 30 mil manifestantes em Brasília em 20 de novembro de 1995. Na ocasião, a liderança do protesto entregou ao presidente Fernando Henrique Cardoso o documento "Por uma política de combate ao racismo e à desigualdade racial", que originou um grupo de trabalho interministerial sobre o tema.

** Ministro dos Esportes durante o primeiro mandato do presidente Fernando Henrique Cardoso (1995-8).

O desafio de controlar a própria explosão

Fiquei com medo de ti,
meu companheiro moreno.

Carlos Drummond de Andrade, *A rosa do povo*

Estamos por nossa própria conta.

Steve Biko, *Escrevo o que eu quero*

O Movimento Negro, nos últimos trinta anos, combateu com êxito o ideário racista, abrindo importantes brechas no conjunto de valores que busca justificar a subordinação dos negros no Brasil. O que caracteriza o Movimento Negro até aqui é exatamente sua dimensão ideológica — uma vez que nada conseguiu alterar a dominação econômica ou política —, dedicando-se a desbastar o denso cipoal da ideologia racista que, voltada para a negação do passado, do presente e de qualquer esperança de futuro à população negra, inculca sempre e em todos os meios de propaganda e educação a inferioridade congênita dos descendentes de africanos.

As expressões maiores dessa extraordinária vitória ideológica apareceram com evidência nos profundos danos causados ao "mito da democracia racial", poderoso artefato com que as elites brasileiras sempre buscaram distorcer a realidade das desigualdades raciais e das práticas racistas. Mas não só as elites. Os setores médios — professores, jornalistas, intelectuais bem-postos —, todos desenvolveram e naturalizaram um olhar enviesado, que se recusa a ver a opressão racial que direta ou indiretamente os beneficia.

Os avanços do Movimento Negro não serão admitidos senão muito a contragosto, em razão mesmo do conjunto extremamente diversificado de interesses que sua ação contraria. A XVII Conferência Nacional dos Advogados, realizada em agosto e setembro de 1999,* no Rio de Janeiro, incluiu pela primeira vez o tema "racismo e Judiciário". Estive na mesa de abertura e disse que era necessário que fizéssemos uma reflexão sobre como foi possível, durante dezesseis conferências, a abordagem de temas como cidadania e direitos humanos sem levar em consideração a dimensão racial das pessoas e a opressão desumanizadora do racismo.

Eu disse então que uma sólida tradição ideológica tinha construído um modo de não ver a linha de cor e as barreiras raciais que esmagam a população negra. E que se impunha um exame acurado e uma crítica severa desse modo tão deformado de apreensão da realidade concreta, que integra as dimensões cognitivas mais profundas de segmentos considerados progressistas. Acrescentei que, se a instituição — a Ordem dos Advogados do Brasil (OAB) — não se voltasse sobre si mesma para desmontar os arraigados padrões de contorcionismo mental que havia assimilado, o tema racial permaneceria periférico nas conferências futuras, de interesse apenas para um seleto grupo de advogados negros influenciados pelo Movimento Negro, sem jamais penetrar nas estruturas essenciais da corporação. Uma espécie surrealista de anexo sem comunicação com o edifício principal.

Cito esse exemplo porque ele revela o modo de assimilação predominante entre as instituições que vêm incorporando a temática racial sob a influência do Movimento Negro. É assim na vida partidária, na universidade, em diversas instâncias da burocracia estatal etc. Impossibilitadas de continuar negando relevância à temática racial, incorporam-na de maneira tal que ela

---

* Promovido pela Ordem dos Advogados do Brasil (OAB) no campus da Uerj, o evento trienal teve como tema central "Justiça: realidade e utopia".

não possa interferir no núcleo central de atividades ou na visão de mundo preponderante.

Tal acomodação não deve, entretanto, levar-nos a subestimar o caminho percorrido até aqui. Reportagem recente da *Folha de S.Paulo* divulgou dados de estudo realizado pelo Instituto Brasileiro de Geografia (IBGE) para a década de 1990 sobre a população de jovens de quinze a 24 anos.[1] Nessa faixa etária, cresceu o número de pessoas que se definem como negras, crescimento esse atribuído pela coordenação da pesquisa ao trabalho de conscientização desenvolvido pelo Movimento Negro. A população negra já é maior do que a branca, mesmo levando-se em conta o homicídio, a principal causa mortis da juventude negra nas grandes cidades, e o acentuado declínio da fecundidade das mulheres negras nos anos 1980, resultado da onda desenfreada de esterilizações. Não podemos desprezar este fato: o crescimento da consciência negra entre os jovens se dá em um momento de extrema opressão e violência.

A referência ao papel desempenhado pelo Movimento Negro nesse processo é absolutamente singular. Trata-se de um raro reconhecimento da capacidade do ativismo negro de alterar realidades complexas. Regra geral, as referências ao Movimento Negro, quando existem, são sempre vagas e indefinidas, quando não completamente distorcidas.

Jorge Amado, algumas décadas atrás, dizia que "avançados ideólogos se esforçam para liquidar os princípios da mestiçagem e implantar o racismo entre nós".[2] Os avanços da consciência negra colocaram em pânico muitos mulatos de prestígio, aqueles sobre os quais Paulo Prado afirmava nos anos 1920 que "[alguns] já parecem brancos".[3] Pois bem, os esforços do Movimento Negro inverteram o sentido dominante da miscigenação, uma fábrica extraordinária de branquitude, fazendo com que afrodescendentes de diversas tonalidades assumissem a identidade negra. É essa a mudança captada pela pesquisa do IBGE.

---

1. "Cresce número dos que se definem negros", *Folha de S.Paulo*, 8/6/2000, p. C9.
2. Jorge Amado, *Tieta do agreste*, 16. ed. Rio de Janeiro: Record, 1987, p. 28.
3. "Entre nós, a mescla se fez aos poucos, diluindo-se suavemente pela mestiçagem sem rebuço. O negro não é um inimigo; viveu, e vive, em completa intimidade com os brancos e com os mestiços que já parecem brancos." Paulo Prado, *Retrato do Brasil*. 8. ed. São Paulo: Companhia das Letras, 1997, p. 190.

Mas o IBGE também mudou. Em 1983, ao editar sob pressão *O lugar do negro na força de trabalho*,[4] a instituição advertia em folha de rosto que o trabalho não traduzia a opinião do órgão. Hoje, ao que parece, já não se engavetam trabalhos sobre as desigualdades raciais e, de quebra, ainda se reconhece o papel do Movimento Negro.

O Instituto de Pesquisa Econômica Aplicada (Ipea) também mudou. O sr. Sergei Dillon Soares, técnico do Ipea, afirmou em seminário[5] recente na Câmara dos Deputados que "o exercício do racismo entrava até nas pesquisas amostrais". Continuando, o sr. Sergei criticou a forma como se introduziu o quesito cor nas pesquisas, dizendo que "é bem provável — e acho que o Movimento Negro já tem falado sobre isso — que exista uma subdeclaração". O Movimento Negro aparece, outra vez, como uma interlocução crítica a ser considerada.

O presidente do IBGE, Sérgio Besserman, e o presidente do Ipea, Roberto Martins, foram entrevistados pela jornalista Míriam Leitão em sua coluna "Panorama econômico", no jornal *O Globo*.[6] Dois graduados funcionários do governo, como disse a colunista, deitam falação sobre a necessidade de formulação de políticas que favoreçam a população negra — "tem que formular políticas públicas…". Os graduados funcionários falam de medidas especiais que facilitem o acesso da população negra à escola, à universidade, ao mercado de trabalho, à terra e ao crédito. Afastam a escravidão como fator explicativo e concordam que o crescimento da economia por si só não garante a superação das desigualdades. A camada de baixo é negra, no crescimento ou na recessão.

O Movimento Negro mudou não apenas a cabeça dos negros. Suas ideias — a principal delas é a compreensão de que a raça é uma variável independente de outras variáveis, como classe, região, educação etc. — penetraram em desvãos importantes da estrutura do Estado e deram origem a transformações profundas na mentalidade de técnicos responsáveis pela "radiografia estatística do Brasil". Para se ter uma ideia do salto realizado, recorde-se que, ao definir estratégias contra a pobreza num estudo dos anos 1970, o Ipea, embora in-

---

4. Lúcia Elena Garcia de Oliveira et al., *O lugar do negro na força de trabalho*. Rio de Janeiro: Fundação Instituto Brasileiro de Geografia e Estatística, 1981.
5. Seminário Relações Raciais e Desigualdades Econômicas, "Série Ação Parlamentar", n. 104. Brasília: Câmara dos Deputados/ Coordenação de Publicações, 2000.
6. Míriam Leitão, "Escolher o negro", coluna "Panorama econômico", *O Globo*, 28/5/2000, p. 32.

cluísse a cor entre os fatores da pobreza, o fazia de forma superficial, numa única e rápida menção sem maiores consequências.[7] Hoje, a superação do racismo e das desigualdades raciais aparece como condição necessária para o desenvolvimento do país:

> Estamos jogando fora oportunidades de crescimento para o nosso país, porque estamos impedindo que metade da população participe de nossa economia; estamos colocando barreiras ao seu desempenho econômico. Essa coisa afeta todo mundo, reduzindo o PIB e o crescimento. Pergunta-se: por que a Malásia cresce tanto e o Brasil não? Ora, porque a Malásia enfrentou os problemas de racismo que tinha e nós não o fizemos.[8]

Essa mudança profunda na mentalidade dos responsáveis pelo levantamento oficial de indicadores sociais e econômicos revela que as ideias do Movimento Negro conquistaram um espaço privilegiado nas estruturas mais técnicas de governo, influindo nas pesquisas de órgãos cuja assessoria tem algum peso na formulação de políticas públicas. No entanto, se os presidentes do IBGE e do Ipea vêm aos jornais clamar por políticas que beneficiem a população negra, é exatamente porque não conseguem influenciar as instâncias superiores que decidem sobre as tais políticas. Não se tem notícia de decisões ou ações relevantes no âmbito da administração pública que ao menos rocem de leve a compreensão que os presidentes dos órgãos citados vêm manifestando pública e abertamente sobre as violentas consequências do racismo.

Mas a produção de dados estatísticos sobre as desigualdades raciais não está confinada à esfera oficial. O Departamento Intersindical de Estatística e Estudos Socioeconômicos (Dieese), a Federação de Órgãos para Assistência Social e Educacional (Fase), o Instituto Brasileiro de Análises Sociais e Econômicas (Ibase) e centros universitários de prestígio também têm divulgado suas pesquisas e colocado em evidência as condições de vida da população negra. Nenhum pronunciamento, artigo ou justificativa de projeto de lei deixará de legitimar as afirmações em pesquisa de uma dessas fontes citadas aqui. Pode-se mesmo depreender um padrão argumentativo que inclui, além das referên-

---

7. Celsius Lodder, *Distribuição de renda nas áreas metropolitanas*. Rio de Janeiro: Ipea; Inpes, 1976, p. 50. (Coleção Relatórios de Pesquisa Ipea, n. 32).
8. Seminário Relações Raciais e Desigualdades Econômicas, p. 45.

cias a indicadores sociais e econômicos, o respaldo constitucional para a adoção de medidas especiais que favoreçam grupos considerados vulneráveis e a crítica à igualdade de oportunidades restrita ao "campo jurídico".

Existe hoje, na Câmara e no Senado, um conjunto de iniciativas sugerindo ações de "valorização da população negra" e que abarcam um leque diversificado de siglas partidárias. Propõem, regra geral, com argumentação baseada no padrão descrito acima, cotas de afrodescendentes no acesso a empresas públicas e privadas, meios de comunicação e universidades públicas. Refletem, com todas as suas imperfeições e contradições, um adensamento de atmosfera favorável à implementação de medidas especiais destinadas a assegurar o exercício de direitos fundamentais.

A ADVERTÊNCIA DO PASTOR REGINALDO

No dia 16 de maio de 2000, o deputado Reginaldo Germano, negro, do PFL da Bahia, ocupou a tribuna da Câmara dos Deputados para fazer um pronunciamento de Grande Expediente. O pastor Reginaldo, como é mais conhecido, referiu-se à "escalada dos números" que atestam as desigualdades raciais e "contrariam os discursos em defesa do bom convívio racial". Os números citados pelo parlamentar originam-se de pesquisas do Ipea e da Universidade Federal Fluminense.[9]

O pastor Reginaldo enfatizou também o desrespeito sistemático à Constituição, que garante a "igualdade de condições", criticando a omissão do Judiciário e definindo a criminalidade negra como "uma forma de reagir a essa agressão chamada discriminação racial". O deputado referiu-se ainda a um requerimento de sua autoria, já encaminhado à Presidência da República, solicitando que o Executivo "destine 30% dos cargos comissionados [...] aos negros e afrodescendentes".

O pastor Reginaldo elogiou a iniciativa da prefeitura petista de Porto Alegre, que estabeleceu uma cota racial numa negociação com uma rede de super-

---

9. Câmara dos Deputados, Departamento de Taquigrafia, Sessão 083.2.51.0, às 15h40. Disponível em: <https://www.camara.leg.br/internet/plenario/notas/ordinari/2000/5/v160500.pdf>. Acesso em: 13 out. 2021.

mercados, alusão que pode ser entendida também como uma crítica ao seu próprio partido, o PFL, que detém o controle político em Salvador, onde "a hegemonia socioeconômica da minoria branca é incontestável", exemplificando com a realidade brutal das desigualdades no mercado de trabalho baiano.

Interessa-nos aqui particularmente, no discurso do deputado Reginaldo, uma advertência final de que "a nossa luta não é só de boca", seguida de um complemento estrondoso: "Eu gostaria que não tivéssemos de chegar ao ponto em que chegou o Movimento dos Sem-Terra, para ser reconhecido como setor excluído da sociedade".

Ao assumir falar da questão racial de uma ótica negra, o deputado pefelista muda o tom e radicaliza, expondo os limites e os desafios colocados para o encaminhamento das reivindicações do Movimento Negro. O pastor Reginaldo integra no Congresso a base de apoio do governo e vota a favor dele naquelas propostas que conduzem ao aprofundamento das desigualdades raciais. Mas aqui o que importa é que, assumindo num pronunciamento de trinta minutos a defesa da cidadania negra, o parlamentar pefelista foi capaz de apontar formas avançadas de exercer pressão política e buscar influir nos processos decisórios.

A EXIGÊNCIA NA MORAL CATÓLICA

Rubens Ricupero tem se manifestado, reiteradas vezes, em sua coluna de economia na *Folha de S.Paulo*, sobre o tema das reparações. Por ocasião dos festejos dos quinhentos anos, escreveu que seria impossível, "quase imoral", comemorar a data sem associá-la ao "pior padrão de relacionamento que se pode conceber entre seres humanos: o de senhores e escravos".* E indagava: "Por que não preparar, a partir de agora, o lançamento, como se fez nos Estados Unidos, de programa de jubileu de ação afirmativa em favor dos afro-brasileiros?". O processo de "purificação da memória", sugerido pelo papa João Paulo II, seria o ponto de partida, segundo Ricupero, para "uma reflexão crítica sobre o passado e de reparação das injustiças e violências que continuam a ali-

---

* "Um outro aniversário", na edição de 16 de maio de 1999.

mentar ódios e antagonismos".[10] A consciência humana, ainda segundo Ricupero, teria avançado o suficiente para não admitir mais que se coloque uma pedra sobre o passado. Ao contrário, é preciso lançar luz sobre o passado e fortalecer o "direito à verdade". O resgate do passado não se faz para nutrir ódios ou vinganças, "mas para servir à genuína reconciliação, que só pode nascer da contrição, do pedido de perdão e do oferecimento de reparação, concreta ou simbólica". Em primeiro lugar, a verdade histórica, o reconhecimento da culpa, o pedido de perdão. Em segundo lugar, a oferta de reparação, que pode assumir muitas formas. Ricupero conclui afirmando que "se existir vontade política, se a consciência coletiva se mobilizar, não será difícil identificar modalidades concretas de reparar a imensa dívida contraída com os africanos e seus descendentes".

Na vida real, as coisas são bem diferentes. Em Genebra, de 1º a 5 de maio de 2000, o tema abordado por Ricupero, o das reparações, foi o mais polêmico durante os trabalhos da primeira reunião preparatória da III Conferência Mundial contra o Racismo.* A conferência acontecerá na África do Sul, de 31 de agosto a 7 de setembro de 2001, e o tema das reparações ainda não está confirmado no programa. Rejeitado pelo Bloco Ocidental — que inclui Canadá e Estados Unidos —, foi confinado entre colchetes, dependendo de uma nova apreciação na segunda reunião preparatória, que ocorrerá também em Genebra, em maio de 2001.

Não se espere nada do governo brasileiro, que teve um desempenho pífio na primeira reunião preparatória da conferência, literalmente em cima do muro. Na véspera da abertura dos trabalhos em Genebra, o Brasil apresentou uma moção na Comissão de Direitos Humanos, declarando a incompatibilidade entre democracia e racismo. Uma mesura diplomática, uma afetação hipócrita, que a leve inclinação do busto tem o mérito de deixar o rabo a descoberto. Assim que os trabalhos tiveram início, o Brasil retirou a oferta que havia feito anteriormente de sediar a Conferência Preparatória Regional da América La-

---

10. "O tráfico de escravos e a questão das reparações". Texto lido no Seminário Comemorativo de 1 Ano da Frente Parlamentar Brasil-África. Câmara dos Deputados, Auditório do Espaço Cultural Zumbi dos Palmares, 25/5/2000.

* A Conferência Mundial contra o Racismo, Discriminação Racial, Xenofobia e Intolerância Correlata foi realizada pela ONU em Durban.

tina. Quem pode lançar dúvidas sobre as boas intenções desse campeão dos direitos humanos?

O INSONDÁVEL E SUAS EXIGÊNCIAS IRREPRIMÍVEIS

Em sua contribuição ao I Congresso do Partido dos Trabalhadores, em 1991, Florestan Fernandes* chamava, mais uma vez, a atenção do PT para a importância da questão racial. Na tese, Florestan adverte o partido para a necessidade de estudar a natureza dos movimentos sociais que "possuem conteúdos reformistas e revolucionários que não podem ser ignorados", destacando de pronto o exemplo do Movimento Negro:

> O significado revolucionário explícito e larval da raça, como categoria social, contém implicações e desdobramentos insondáveis. Pensar a revolução como possível, no Brasil, sem pôr lado a lado classe e raça, equivale a desperdiçar um arsenal nuclear que nunca funcionará como um todo dentro da ordem. O partido precisa realizar uma rotação para se desprender do horizonte cultural burguês e do seu senso comum, feito de estigmatizações e preconceitos, para encarar de frente o Brasil real e suas exigências históricas irreprimíveis.[11]

Durante algum tempo, utilizei esse trecho da tese de Florestan como fecho de cursinhos rápidos de formação para militantes do Movimento Negro. Era uma espécie de exercício de avaliação. Aquele ou aquela que não conseguisse criticá-lo não tinha realmente entendido a proposta de autonomia do Movimento que estruturava o curso.

Tive a oportunidade de expressar minhas discordâncias pessoalmente ao autor. Duas palavras me atraíram logo nesse precioso fragmento: "insondáveis" e "irreprimíveis". Eu sei que é fundo, mas não sei quanto é fundo. Seja lá como for, não podem ser contidas ou dominadas. Depois, o arsenal, a criação

---

* O professor e sociólogo paulista foi deputado constituinte e exerceu mandato parlamentar até 1995, sempre pelo PT-SP. Edson Cardoso foi seu chefe de gabinete em Brasília entre meados de 1992 e janeiro de 1995.

11. Florestan Fernandes, *O PT em movimento*: *Contribuição ao I Congresso do Partido dos Trabalhadores*. São Paulo: Cortez; Autores Associados, 1991, p. 79.

explosiva de uma nova ordem de justiça e solidariedade. Mas então por que razão nós, fragmentos de núcleos atômicos, iríamos ficar subordinados ao partido? Toda essa fonte de energia transformadora em outras mãos que não sejam as nossas? Por quê? Nossas fontes de energia, de novo, aproveitadas por outros? O que nos impede de conduzir nossa própria explosão criadora?

Entre 1992 e 1998, questões iguais a essas estimulavam um pequeno grupo de ativistas e dirigentes dentro do Movimento Negro Unificado (MNU), que indagavam incessantemente de que maneira as condições de organização política dos negros poderiam vir a se tornar realidade. O impacto das manifestações de massa em todo o país durante o protesto negro de maio de 1988, coincidindo com o marco dos dez anos da organização, impulsionava os talentos mais independentes a debater as novas tarefas políticas. Estávamos conscientes de que era necessário transpor uma linha divisória, rompendo definitivamente com todas as ilusões que acabavam por subordinar e amesquinhar as questões decorrentes da dominação racial. Luiza Bairros, numa entrevista que realizamos em Salvador, em 22 de outubro de 1991, colocava então a importância de fortalecermos um ponto de vista negro, de onde se devia pensar a sociedade brasileira como um todo:

> Estamos apostando hoje na possibilidade de disputar não mais um espaço dentro de outros projetos para as nossas questões, que são tidas como menores. Mas nós estamos apostando na possibilidade de que, através das nossas questões, nós consigamos efetivamente tocar, e tocar muito fundo, nas questões nacionais, nas questões que dizem respeito à sociedade como um todo.[12]

O documento "Projeto político — Desafios e perspectivas" resume boa parte das discussões do período, fazendo emergir uma orientação nova voltada para a construção de um "sujeito político capaz de, reconhecendo-se em outro negro, transformar a realidade que o cerca". O texto expressa em maiúsculas que o projeto político a ser gestado deve ser entendido como uma declaração teórica, política e ideológica de que "PRETENDEMOS A LUTA PELO PODER".[13]

---

12. Entrevista com Luiza Bairros, *Jornal do MNU*, n. 20, out./dez. 1991, pp. 8-11. Participaram também da realização da entrevista Jonatas Conceição e Sayonara.
13. *Jornal do MNU*, op. cit., p. 3.

Quando Florestan Fernandes advertia com o vigor necessário no Partido dos Trabalhadores, excetuando-se as acomodações oportunistas de praxe, já não existia mais nenhuma possibilidade de diálogo consequente entre o partido e a militância negra, esgotado desde meados dos anos 1980. Depois tudo se resumiu a um enfadonho discurso, em período eleitoral, como bem o demonstra o lançamento de uma tal "Frente Negra"[14] para as eleições municipais de 2000 em Salvador. Escárnio amargo, irrisão última e derradeira.

O mais importante no fragmento de Florestan não é, contudo, a advertência ao PT. Um pouco mais tarde, no imbróglio com o partido sobre a reforma constitucional proposta pelo campo conservador em 1993, alegando, em carta à Executiva Nacional, "razão de consciência" para desobedecer ao partido e apresentar uma emenda propondo um capítulo sobre os negros, Florestan declarou: "Prefiro participar da fraternidade dos companheiros negros e combater por uma democracia plena, na qual a liberdade com a igualdade seja válida como objetivo universal".[15]

Em 22 de novembro de 1994, pouco antes de abandonar a vida parlamentar, Florestan fez de improviso, no plenário da Câmara, um pronunciamento lapidar, aproximando-se em definitivo das postulações da vanguarda do Movimento Negro:

> E o fato de terem escolhido o conceito de consciência negra significa que não pretendem apenas uma consciência crítica, e tampouco querem chegar à consciência civil. [...] ela traduz a disposição do negro de ser ele próprio e não o branco o autor de sua autoemancipação coletiva. Os negros não podem esperar de uma sociedade como a nossa que ela se abra para seus problemas fundamentais.[16]

A questão que nos parece central, portanto, no fragmento da tese de Florestan é a da impossibilidade de se resolver a questão racial "dentro da ordem". O documento "Projeto político — Desafios e perspectivas" afirma também que

---

14. *Tribuna da Bahia*, 31/7/2000, p. 3.
15. Florestan Fernandes, "Consciência negra e transformação da realidade". Brasília: Câmara dos Deputados/ Coordenação de Publicações, 1994, separata n. 59, p. 16 (Carta à Liderança do PT).
16. Ibid., p. 8.

medidas reformistas e compensatórias, por si só, não serão suficientes para repor a cidadania plena do negro. As reformas e as medidas compensatórias serão necessárias e consequentes se fizerem parte de um processo que, no limite, subverta as relações raciais no Brasil.

Existirá algum de nós que, com sinceridade, esteja esperando em profunda contrição o oferecimento de reparações, do jeito como se expressa o dilema moral católico? A boa consciência dos dominantes é que deve inspirar mudanças concretas na vida dos negros? O senador José Sarney controla boa parte do poder político no Maranhão. Um humorista de prestígio, inclusive, já declarou que Roseana Sarney, filha do senador e ex-presidente da República, é governadora do Maranhão mais por ser Sarney do que por ser Roseana. O senador apresentou um projeto de lei no Senado — PLS 650/1999 — que institui cotas de ação afirmativa para a população negra.[17]

O projeto estabelece uma cota mínima de 20% para os negros no acesso aos cargos e empregos públicos, à educação superior e aos contratos do Fundo de Financiamento ao Estudante do Ensino Superior. A justificativa da proposição segue o padrão argumentativo já descrito acima: indicadores sociais e econômicos oriundos de pesquisas do IBGE e do Ipea-Programa das Nações Unidas para o Desenvolvimento (Pnud), alusão ao respaldo constitucional para a formulação das medidas especiais que propõe e a crítica à igualdade de oportunidades meramente formal.

O projeto do sr. Sarney afirma também que "é hora de adotarmos discriminações positivas", acrescentando que "este debate deve figurar, a partir de agora, na agenda social brasileira". Se entrasse ao menos na agenda social do Maranhão, já seria alguma coisa. Não podemos esquecer que boa parte dos programas sociais está no domínio dos estados. O Maranhão é um estado de absoluta maioria negra e onde, pelos dados do IBGE, 50,7% das famílias têm

---

17. Projeto de lei do Senado nº 650 de 1999. Publicado no *Diário do Senado Federal*, 1º dez. 1999. [Em 2002, o PL foi aprovado em decisão terminativa pela Comissão de Constituição e Justiça do Senado, mas sua tramitação na Câmara dos Deputados está paralisada desde então. Em 2012, a lei nº 12711 instituiu cotas para estudantes de escolas públicas e autodeclarados pretos, pardos e indígenas e para pessoas com deficiência, de até 50% das vagas em instituições federais de ensino médio, técnico e superior.]

renda per capita muito inferior ao salário mínimo — 75,50 reais por mês.* Mas devemos registrar essa urgência presente nas expressões "é hora" e "a partir de agora". Trata-se de uma urgência muito peculiar, de fundo retórico, que não conduz à ação concreta — nem ao menos no Maranhão, controlado pelo senador —, mas à elaboração de uma vaga proposição legislativa, segundo o costume de nossas elites.

CONCLUSÃO

Edvaldo Valério tornou-se o primeiro nadador negro a conquistar uma vaga na equipe olímpica brasileira.** Segundo a *Folha de S.Paulo*, Valério garantiu que "nunca teve problemas com o racismo". Referindo-se às dificuldades de sua trajetória, disse que "às vezes faltava dinheiro para a passagem, mas meus pais sempre me incentivaram".[18] Colocadas as coisas assim, há um problema econômico, sem dúvida, mas não existem barreiras propriamente raciais. Valério, dócil, endossa a historinha. Valério representa um modo de inserção subalternizada; não espere aqui nada parecido com a Olimpíada do México, punhos erguidos etc.***

Se o Movimento Negro não conseguir se fortalecer como organização política, com um mínimo de unidade orgânica e ideológica, "políticas de valorização do negro" não escaparão às manipulações ardilosas para a conservação da ordem. No primeiro semestre de 1999, as instituições financeiras obtiveram uma rentabilidade excepcional, ganhos elevadíssimos como em nenhum outro

---

* Cerca de 250 reais em 2021, com correção pela inflação oficial. Atualmente, segundo o IBGE, o Maranhão tem a menor renda per capita entre todas as unidades da federação, de 676 reais mensais, em média.

** Em junho de 2000, o nadador baiano venceu a prova dos 200 metros livre no Troféu José Finkel e conquistou uma vaga na equipe do revezamento 4 × 200 na Olimpíada de Sydney, disputada no mesmo ano.

18. "Brasil coloca 1º negro da elite olímpica", *Folha de S.Paulo*, 9/6/2000, p. D4.

*** Nos Jogos Olímpicos de 1968, os afro-americanos Tommie Smith e John Carlos venceram as medalhas de ouro e bronze na prova dos 200 metros rasos. Durante a execução do hino norte-americano na cerimônia de premiação, eles protestaram contra o racismo erguendo os punhos e vestindo luvas pretas, associadas à organização revolucionária Panteras Negras.

momento da história financeira do país. Numa publicação do porte da revista *Veja*, era possível encontrar, no período, até três anúncios de instituições financeiras, numa mesma edição, com imagens de negros. Lideranças negras equivocadas comemoraram as imagens de uns poucos negros sorridentes, enquanto os b(r)ancos riam ainda mais.

2001

Algumas dimensões do ser negro no Brasil

Quando o Movimento pelas Reparações (MPR) recolhia assinaturas em apoio ao projeto de lei que, a título de reparação, exige da União o pagamento de 102 mil dólares a cada descendente de pessoas negras escravizadas no Brasil,* o jornalista Josias de Souza, editorialista da *Folha de S.Paulo*, reagiu prontamente afirmando que assim ele também era negro.

O episódio ilustra o fato de que, quando as circunstâncias obrigam, descobrimos negros até na redação do mais importante jornal brasileiro. Não esquecendo do presidente da República que, quando acuado pelas vicissitudes da campanha eleitoral, embora instalado em cômodos bem mais confortáveis, admitiu seu parentesco com o pessoal da cozinha.**

---

* Em fevereiro de 1995, o Núcleo de Consciência Negra da Universidade de São Paulo (USP) iniciou uma campanha para coletar 1 milhão de assinaturas, número mínimo requerido para o envio do projeto de lei ao Congresso, com o slogan "Eu também quero o meu". Representando o movimento, o deputado Paulo Paim (PT-RS) protocolou o projeto nº 1239 um dia depois da Marcha Zumbi dos Palmares, em novembro de 1995. Em 2001, o projeto legislativo foi retirado de tramitação a pedido de Paim. Atualmente, o valor reivindicado corresponderia a cerca de 1 milhão de reais.

** Em maio de 1994, durante um ato eleitoral em Jundiaí (SP), Fernando Henrique respondeu à acusação de ser um candidato de "mãos brancas", feita pelo pemedebista Orestes Quércia:

No entanto, em nosso cotidiano, a opressão desumanizadora do racismo, que pune com rigor as afirmações de identidade racial dos segmentos subalternizados, não estimula nem de longe adesões espontâneas e entusiásticas, como a do jornalista da *Folha*, nem aproximações refinadas e hierarquizantes como as de FHC.

Imaginemos, só para efeito de ilustração, um adolescente negro em casa assistindo na TV ao programa de Chico Anysio. Muitos quadros envolvem, além dos atores que contracenam diretamente com o humorista, um conjunto apreciável de coadjuvantes. Quase não se vislumbra ali um negro sequer. O programa é gravado no Rio de Janeiro, cidade com expressiva população negra.

Em dois quadros, porém, há referência ao universo afro-brasileiro, caricaturado ao extremo. Em um botequim, ao som do samba, todos os personagens dançam pintados de preto e usando perucas do tipo afro. Em outro quadro, a reprodução deformada de um pai de santo diz para uma adolescente negra (a única personagem negra em todo o programa!): "Eu adoro essa neguinha". A ironia, sabemos, diz uma coisa para significar outra.

A negação transcende em muito a questão do mercado de trabalho, por si só fundamental. Não há espaços para negros na televisão brasileira e, mais além, sua produção simbólica, artística e religiosa, é vilipendiada. Nem trabalho, nem nada.

Se o adolescente negro, a que nos referimos, tiver alguma chance de escapar, ele o fará. Se os traços e a aparência física permitirem, ele levará consigo o corpo, com a ajuda dos recenseadores do IBGE. Se não, ele o abandonará. Ou melhor, gastará muito de suas energias vitais tentando esse impossível descarte. Conseguirá um razoável distanciamento, ao final de tudo.

Por mais paradoxal que possa parecer, o Brasil é o segundo maior país negro do mundo (logo após a Nigéria) e, simultaneamente, é o primeiro dentre aqueles em que se pergunta com irritante insistência: "Mas onde estão os negros?". Enquanto as circunstâncias forem tão violentamente restritas quanto as vivenciadas no presente, seremos sempre uma população subdimensionada. Uma questão mesmo de sobrevivência.

"Minhas mãos são mulatinhas. Eu sempre disse isso, sempre brinquei comigo mesmo. Tenho um pé na cozinha. Eu não tenho preconceito".

O incêndio na Embaixada da Nigéria e os constrangimentos a que foram submetidos os estudantes africanos na Universidade de Brasília, na mesma noite da derrota da seleção brasileira para os campeões nigerianos,* talvez pudessem ter sido evitados se as transmissões dos Jogos Olímpicos destacassem, a exemplo do que fizeram com a equipe de Portugal, nossos vínculos íntimos e profundos com a África Ocidental. "Eles", "os africanos", somos nós também.

Eu vim ao mundo pelas mãos de d. Inês Alakija, uma parteira cuja família nigeriana tinha um ramo estabelecido em Salvador. E creio não ser necessário fazer aqui a relação infinita das contribuições iorubanas à civilização brasileira.

UMA QUESTÃO POLÍTICA

Na linguagem oficial, eu sou pardo e minha mãe é preta. Meu pai é pardo e tenho irmãos pretos e pardos. Mas os critérios de classificação que permitem o levantamento de um conjunto de dados estatísticos, envolvendo a dimensão racial dos brasileiros, só assumem a diversidade do lado branco.

Sendo assim, um branco baiano está incluso na mesma rubrica que um descendente de alemães, em São Leopoldo (RS), ou um descendente de italianos, em Caxias do Sul (RS), ao contrário da fragmentação que ocorre com milhões de família como a minha.

Para ser negro, deveríamos ter todos uma e a mesma aparência? A diversidade de tipo físico, textura do cabelo, cor da pele etc. seria, na visão predominante entre nós, um obstáculo ao emprego da palavra para cobrir uma realidade por demais diferenciada.

Esquecemos muito rapidamente que a exploração colonial utilizou a palavra "negro" para referir-se a uma realidade africana muito mais diversificada do que a realidade constituída hoje pelos afro-brasileiros. O emprego da palavra era tão elástico que ela serviu também para designar, no início da coloni-

---

* O Brasil foi eliminado pela Nigéria ao perder por 4 × 3 a partida da semifinal olímpica do futebol masculino, no torneio de Atlanta em 1996. Depois da partida, um incêndio criminoso destruiu a garagem da embaixada nigeriana em Brasília, sem fazer vítimas, e estudantes de intercâmbio foram agredidos verbalmente no campus da UnB.

zação portuguesa do Brasil, os futuros indígenas (os negros da terra). Trata-se na verdade de uma delicada questão política. Os senhores do empreendimento colonial e do tráfico de escravos designavam a realidade que queriam dominar conforme seus próprios interesses.

No Brasil de hoje, quando o Movimento Negro diz que pardos e pretos são negros, e constituem a maioria da população brasileira, está menos interessado na descrição da aparência física do que na organização política desse segmento superexplorado. A designação, o ato de nomear, em si, encerra um princípio ativo de poder. É também um ato político-organizativo. O que se disputa não é uma nomenclatura, um conjunto de termos mais ou menos peculiares ou apropriados a nossas relações raciais. Trata-se, na verdade, de dimensionar um instrumento de ação política. Pardo e preto são a expressão de nossa dominação e subalternidade. A palavra "negro", no passado, serviu aos interesses dos colonialistas. Hoje, na afirmação contemporânea do Movimento Negro, significa um sujeito político que articula suas referências de massa para a superação de um quadro de profundas desigualdades.

2004

Zumbi + 10 emerge no horizonte

Recebida com entusiasmo, a edição de retorno do *Ìrohìn** se esgotou rapidamente. Nunca duvidamos de que a imprensa negra tem um papel relevante a desempenhar nesta hora decisiva. O presidente do Supremo Tribunal Federal foi a São Paulo, a convite da vereadora Claudete Alves. Pronunciou-se sobre as ações afirmativas no auditório lotado da Câmara de Vereadores da principal cidade do país.** O tema tem motivado polêmicas, e a manifestação do sr. Nelson Jobim era, inequivocamente, um fato.

Como dizem os manuais, "as pautas devem obedecer a hierarquias estabelecidas pela editoria". Só que as "hierarquias" se estabelecem mesmo com base nos preconceitos das editorias. A palestra do presidente do Supremo não foi considerada relevante porque contrariava posições cristalizadas nas redações.

Era um fato, mas sua repercussão poderia enfraquecer a posição daqueles editoriais já clássicos, que afirmam despudoradamente que são "filosoficamente contra as cotas", como fez a *Folha de S.Paulo*. Nesse contexto, que porcaria é mesmo filosofia?

---

* Fundado e editado por Edson Lopes Cardoso em Brasília, o jornal circulou entre 1996 e 2009 e no ano seguinte inaugurou sua versão on-line. Seu título ioruba significa "notícia".
** O seminário "Cotas & contas: a inserção dos afrodescendentes na sociedade brasileira" foi promovido por Claudete Alves (PT) e realizado em 20 de agosto de 2004.

A palestra do presidente do Supremo foi tratada como se não tivesse nenhuma importância jornalística, nenhuma relevância para a vida pública. Simplesmente não foi divulgada em nenhuma mídia. Se o ministro tivesse ido a São Paulo pronunciar-se contrariamente às ações afirmativas, teria tido espaço nas primeiras páginas, com direito a imagem nos jornais televisivos.

Não adianta mesmo chover no molhado. Precisamos fazer crescer e vingar a nossa própria mídia, se temos a convicção de que é necessário consolidar uma agenda política cuja resolução seja encaminhada no sentido de alterar substancialmente as condições de vida da população negra no Brasil.

Novembro está aí, num transbordamento que supera nossa capacidade de apreender um fenômeno que abarca múltiplas e variadas manifestações. Palestras, debates, seminários, encontros, shows, algumas passeatas.

Contra um sistema injusto e opressivo, recorremos à história passada para legitimar a constituição do poder político. Ser herdeiro de Zumbi significa principalmente proclamar pretensões a uma história futura.

À medida que as instituições vão, num crescendo impressionante, abrindo-se para as comemorações da Consciência Negra* (até o STJ faz seminário), é necessário nos acautelarmos contra os riscos inerentes à absorção institucional. São distorções e acomodações cujo sentido principal é impedir a articulação, essencial, entre os grandes problemas nacionais e o racismo e a exclusão dos afro-brasileiros.

Ao comemorarmos o Vinte de Novembro e a saga heroica de Palmares, afirmamos não apenas nosso direito a um passado. O que fizemos foi tomar à força das mãos da historiografia oficial um capítulo significativo, dentre muitos outros que aguardam ainda resgate, da afirmação de nossa dignidade humana e que é fonte perene de legitimidade para nossos esforços de organização política no presente.

Quando afirmamos a "Consciência Negra", negamos acomodações e soluções artificiais. Estamos dizendo que não transigimos, não contemporizamos. Estamos destacando nosso protagonismo, compartilhando expectativas de que

---

* Em janeiro de 2003, a lei nº 10 639 incluiu a temática "história e cultura afro-brasileira" no currículo obrigatório da rede de ensino e criou no calendário escolar o Dia Nacional da Consciência Negra, em 20 de novembro, data da morte do líder palmarino. A efeméride é celebrada oficialmente desde 2011, quando entrou em vigor a lei nº 12 519, como Dia Nacional de Zumbi e da Consciência Negra. Atualmente, o Vinte de Novembro é feriado em cinco estados e cerca de mil municípios.

nós somos os sujeitos na luta pela superação das estruturas de opressão racial. Os corpos perfurados a bala não são sequer identificados nos jornais. Com o sangue da juventude negra, vai-se desfazendo nosso futuro na vala ou no matagal de periferia. O homicídio de negros é fato banalizado no Brasil. As autoridades governamentais não reagem. Nem nós. São demasiadamente tímidos nossos protestos diante de uma avalanche de assassinatos. Como ser Movimento Negro sem reagir à violência racial? Como espelhar-se na saga de Palmares sem protestar contra o aniquilamento da juventude negra?

Várias reuniões preparatórias da Marcha Zumbi + 10* estão ocorrendo nas cidades: São Luís, Goiânia, Campo Grande, Salvador, Porto Alegre, Teresina, Rio de Janeiro, Vitória, Curitiba, Recife, São Paulo. O Movimento Negro lança as raízes de uma mobilização histórica.

O processo de construção da Marcha Zumbi + 10, já em curso, vai-se desenvolvendo com a consciência da necessidade de ampliação do engajamento da população negra. A marcha deve começar na pressão aos prefeitos recém-eleitos, na luta nos estados, para que Brasília seja o coroamento de nosso enraizamento na realidade concreta vivida pela população negra em todas as regiões do país.

É fundamental também afastar a ideia equivocada de que a Marcha é "anti" quem quer que seja. Já se ouvem murmúrios, aqui e aí, da turma de sempre. Todas as vezes que uma proposta catalisa nossas aspirações e impulsiona a mobilização, o Movimento Negro vira um campo de disputa cega, disputa essa estimulada por aqueles que se sentem ameaçados em sua tradição de subserviência e incapacidade política.

Estranha rinha, essa. Trata-se de impedir que possamos aprofundar nossa experiência de luta e organização. Trata-se, na verdade, de impedir que se possa expressar a imensa potencialidade libertadora da Consciência Negra.

Não criticamos a fragmentação das entidades por temermos o pluralismo. Não pretendemos abrir mão do *Ìrohìn*, evidentemente. Mas precisamos de um consenso majoritário que permita a ação coletiva.

---

* Alusivo à Marcha Zumbi dos Palmares, em novembro de 1995, o protesto aconteceu em Brasília no Dia da Consciência Negra de 2005 para reivindicar igualdade de direitos e acesso à educação, à moradia, ao emprego e à saúde, além da promulgação do Estatuto da Igualdade Racial, cujo projeto tramitava na Câmara. Centenas de cruzes de madeira foram fixadas no gramado da Esplanada dos Ministérios para denunciar o genocídio da população negra.

Respeitar a autonomia, respeitar a diversidade, tudo bem, estamos de acordo, mas precisamos agir como sujeito coletivo, numa conjuntura em que os partidos, definitivamente, não são os instrumentos adequados para filtrar as demandas, legítimas e históricas, do Movimento Negro. A Marcha Zumbi + 10 emerge no horizonte com grande força política.

4/11/2004

Pesquisa, extermínio e omissões

A polêmica causada pela divulgação dos dados da pesquisa do IBGE sobre nutrição e obesidade* trouxe uma novidade: a associação vibrante, estridente, entre levantamento de indicadores sociais e econômicos e formulação adequada de políticas públicas.

A mídia e políticos de oposição destacaram a profundidade e a confiabilidade dos dados colhidos pelo IBGE e exigiram, de pronto, mudanças nas políticas sociais do governo Lula. Imediatamente, *O Globo* on-line, numa consulta a seus leitores, indagava: "O governo deveria levar em consideração os dados do IBGE em seus programas sociais?".

Nada mal, para um país que coleciona, há décadas, pesquisas macabras sobre desigualdades raciais sem que nunca se tenha tentado, nem de leve, garantir ao tema um lugar relevante na agenda dos governos.

Manifestamos, pois, nossa alegria pela extraordinária mudança de mentalidade de formadores de opinião, responsável por uma associação inédita en-

---

* Em dezembro de 2004, o IBGE divulgou os resultados da Pesquisa de Orçamentos Familiares, mostrando que a insuficiência de peso afetava 4% da população adulta, ou 3,8 milhões de pessoas. Outras 40,6%, ou 38,8 milhões, estavam obesas ou com excesso de peso. A oposição ao governo Lula usou os dados para criticar os programas oficiais de combate à fome.

tre nós, diríamos até que se trata de uma associação estrategicamente prioritá-ria entre pesquisas de indicadores sociais e econômicos e políticas públicas.

Só lamentamos que essa vinculação não tenha sido feita dias antes, no próprio mês de dezembro, quando da divulgação dos dados do relatório do Unicef sobre a situação da infância no mundo. O impacto da violência urbana na infância e na adolescência faz, no Brasil, 14 mil vítimas por ano. Em sua maioria, crianças e jovens negros de doze a dezenove anos, segundo a repre-sentante do Unicef, Marie-Pierre Poirier.

Há outros indicadores na pesquisa que contribuem para compor o qua-dro dramático no qual 27,4 milhões de brasileiros, com idade até dezessete anos, vivem na miséria. O que se seguiu à divulgação do relatório do Unicef foi um silêncio constrangedor. Nenhuma estridência, nenhuma cobrança de ação institucional e governamental.

Há um negócio contra o preto, no Brasil. Essa é uma frase do sociólogo Guerreiro Ramos, de saudosa memória. Um troço entranhado, profundo, que quer impedir a todo custo a continuidade da vida dos descendentes daqueles que "criaram a possibilidade de existência do Brasil".

Uma cultura política que recebe esses dados extremos, do extermínio de toda uma geração de jovens negros, sem tugir nem mugir, está evidentemente impregnada de racismo. E, dessa ótica preconceituosa, entende que os confli-tos gerados pelas desigualdades raciais são irreconciliáveis. Não podem ser re-solvidos de nenhuma outra forma, só matando.

Não se age contra esse estado de coisas porque não se encontra uma razão que justifique por que os negros devem permanecer vivos. É simples assim.

Nesse contexto, imagina-se o dilema aflitivo, dilacerador, vivido por aqueles que se veem obrigados a ensaiar algum tipo de ação afirmativa, mas pretende fazê-lo sem a participação dos negros. A reivindicação de natureza racial é uma ameaça insuportável para essa gente. Os dados do relatório do Unicef não permitem vacilação. Temos de introduzir no debate sobre políticas públicas a prioridade de assegurarmos, por todos os meios, a continuidade da vida para o povo negro no Brasil.

O Estado é incapaz de impedir os atos generalizados de violência que pro-duzem 14 mil vítimas por ano? O que o governo Lula entende, afinal, por Se-gurança Pública? Não há só ineficácia, há omissão e descompromisso. A paralisia política do Movimento Negro, em parte sacudida pela proposta da Marcha Zumbi + 10, tem aqui o seu quinhão de responsabilidade.

Somos os cordeiros do poema de Enzensberger. Nos deitamos no leito preguiçoso da obediência, queremos ser devorados.

5/1/2005

O momento é de afirmação política

"Na minha geração havia uma crença de que não há um problema racial, e sim um problema social, e que se resolvêssemos o problema social nós resolveríamos o problema racial. Creio que a questão, hoje em dia, se coloca no sentido inverso."

A frase é do ministro das Relações Exteriores, Celso Amorim, num painel em Brasília, no dia 29 de junho. Trata-se de uma inversão que coloca em destaque a importância do racismo e das práticas de discriminação racial na estruturação das desigualdades brasileiras.

Podemos afirmar com segurança que a linha de argumentação que sustenta a inversão citada pelo ministro foi construída e disseminada pelo Movimento Negro, protagonista no processo longo e penoso que gerou esse novo enfoque, que agora alcança a consciência de representantes de primeiro plano da administração pública federal.

Mas a frase utilizada pelo ministro omite o agente. A questão se coloca, é colocada, por quem? Reconhecer a centralidade da questão racial é fundamental para o combate efetivo à pobreza e à exclusão, isto é, com consequências práticas na vida de milhões de pessoas. Mas é preciso reconhecer o protagonismo negro para além dos limites de uma ação meramente reivindicatória se, de fato, queremos mudança.

A inversão a que se referiu Amorim permite antever um redirecionamento das políticas públicas. Mas o não reconhecimento do protagonismo negro permite, por sua vez, antecipar o quanto essas políticas podem ser adiadas, ou aplicadas de modo distorcido, desvirtuado, superficial, como mero paliativo.

É extremamente relevante o reconhecimento da importância das desigualdades raciais, mas elas são desigualdades entre pessoas, e a superação do sistema que produz desigualdades tão profundas só poderá acontecer de verdade com a ampliação da participação política, do engajamento daqueles diretamente interessados na mudança do quadro injusto.

Entre nós, o reconhecimento da importância da questão racial, conquistado a duras penas, vem acompanhado com frequência da negação da participação política do negro como um segmento organizado e autônomo do movimento social.

De um lado, reconhecem-se as desigualdades, mas se negam as práticas racistas do cotidiano que recriam e reforçam as mesmas desigualdades. Não há, portanto, responsabilidades. De outro lado, se reconhece, tardiamente, a importância das desigualdades raciais para a manutenção da pobreza e da exclusão, mas continuamos a negar a participação política dos negros fora dos limites colocados pela tutela branca (nos partidos ou fora deles).

A ideia de reivindicarmos para que outros façam é falsa. Nada, em mais de quinhentos anos de história de opressão racial, autoriza e justifica que os negros se deixem embalar por essa ilusão. Nossas reivindicações por políticas públicas coexistem, intimamente, com nossas reivindicações por direitos políticos plenos.

Não queremos participar apenas da montagem de uma foto com o presidente da República. Repudiamos o instantâneo fotográfico de natureza populista, assim como toda subalternidade que caracteriza quase a totalidade da inserção negra institucional. Queremos aprofundar nossa experiência de luta e organização para a conquista efetiva de poder político.

A construção da Marcha Zumbi dos Palmares + 10 ocorre numa conjuntura de crise político-partidária, o que exige de nós a disposição para afirmarmos o Movimento Negro como sujeito político, que faz denúncias, que reivindica, mas que exige, por sua trajetória e essencialidade, o direito de participar das decisões que afetam a vida de todos.

Na construção da Marcha, além de elencarmos nossas reivindicações dirigidas ao Executivo e ao Congresso Nacional, devemos ser capazes de elaborar, com ampla participação, uma fala à Nação, que expresse a conquista de nossa maioridade política e esteja à altura de nossa relevância histórica, social e econômica.

Queremos opinar e sugerir, queremos dirigir, decidir, queremos comando, queremos monitorar e implementar, queremos a gerência de recursos públicos, queremos o controle das riquezas que ajudamos a construir.

5/7/2005

Recebe, não recebe — acabou que recebeu

Quatro horas da manhã do dia 16 de novembro. Estava escuro e frio, e alguns vultos de homens e mulheres curvados pregavam cruzes no gramado em frente ao Ministério da Justiça. São mais de quinhentas cruzes que simbolizam as vítimas da violência contra a população negra em todo o país. Mais tarde, um banner com a frase "O Brasil é um país que mata negros" e fotos de pessoas assassinadas deveria ser fincado ao lado das cruzes.

Os seguranças do Senado Federal, que assistiam a tudo pelas câmeras de controle, viriam em seguida, quando o grupo se retirou, para arbitrariamente arrancar as cruzes. Foi preciso a intervenção de um senador, três horas depois, para que as cruzes retornassem ao gramado.

No início da tarde, a ministra Nilcéa Freire, da Secretaria Especial de Políticas para as Mulheres, e o presidente do Tribunal Superior do Trabalho (TST), Vantuil Abdala, atenderam às solicitações de audiência previamente agendadas e reafirmaram compromissos com a luta contra o racismo e as desigualdades raciais.

O ministro da Justiça Márcio Thomaz Bastos respondeu a ofício protocolado havia mais de cinquenta dias indicando um assessor sem importância ou interesse para atender à marcha. Diante do Ministério da Justiça, uma enorme vaia foi o bastante para o ministro mudar de opinião. Sim, o ministro vai receber.

A Presidência da República, que silenciara diante das solicitações de audiência, respondeu no calor da Marcha: "Tudo bem, vocês venceram, o presidente vai receber no final da tarde". (Na portaria do Palácio do Planalto, à noitinha, um misto de constrangimento, porque não fazíamos parte da agenda, e orgulho, porque soubéramos impor nossa presença ali.)

Foram tantos os obstáculos transpostos pelas delegações que chegaram a Brasília, que o entusiasmo e a vibração tornaram-se mais intensos, atingiram a euforia a partir dessas vitórias que saíam do chão, como disse W. Santana. Estávamos vencendo meses de calúnia e difamação, de satanização da Marcha, que, na boca de seus detratores, tinha se transformado numa iniciativa com intenções desestabilizadoras, para dizer o mínimo.

A ocupação do conjunto das pistas da Esplanada, bloqueando o tráfego, criou momentos de grande tensão com o policiamento. Mas durou de quinze a vinte minutos e logo se desfez sem incidentes maiores.

Durante todo o dia prevaleceu um ambiente de confraternização entre os ativistas e manifestantes em geral, conscientes da importância e grandiosidade do gesto que reafirmava a autonomia do Movimento Negro diante dos partidos e centrais sindicais da base do governo, que tudo fizeram para impedir o ato que reuniu algo em torno de 8 mil pessoas vindas de todo o país, mulheres negras em sua esmagadora maioria.

Quando uma manifestação pacífica de movimento social busca o diálogo institucional e encontra a resistência que se opôs à Marcha Zumbi + 10, o que pensar? Não é preciso ser profeta para antever dias pesados de confronto. A década que nos separa de Zumbi + 20 deverá ser palco de novas formas de acirramento do conflito racial, obrigando a uma revisão radical das práticas de Movimento Negro, que devem ganhar mais pressão e contundência. Nossa disposição: a luta.

As audiências arrancadas "na marra", com vaias e apupos, entre alguns representantes de entidades e o ministro da Justiça, e, logo a seguir, com o presidente da República, foram acompanhadas pelo constrangido staff da Seppir* e dois deputados do PT que mal podiam esconder também o constrangimento diante do presidente Lula, que foi advertido pelos representantes da Marcha a não errar novamente com o Estatuto da Igualdade Racial. Surpreso com a rea-

---

* Secretaria Especial de Políticas de Promoção da Igualdade Racial, criada em 2003.

ção ao que imaginava ser consenso, de imediato, na nossa frente, o presidente pediu aos parlamentares que providenciassem uma reunião urgente, "só com os nossos", para discutir a tramitação do Estatuto.*

O presidente comprometeu-se, também, a ler o documento da Marcha e marcar reunião de trabalho. Esperemos. Ouviu ainda as graves denúncias dos representantes dos quilombolas sobre o deslocamento forçado das comunidades de Alcântara, no Maranhão, levantou-se para buscar papel e pessoalmente anotou sugestões que envolveram o Estatuto, a lei nº 10 639** e a data nacional de combate à dengue.

Depois de ouvir sobre Alcântara, o presidente virou-se para a ministra da Seppir Matilde Ribeiro e perguntou de modo que todos pudessem ouvi-lo: "Que relatório é esse?". Trata-se do relatório do Grupo Executivo Interministerial, coordenado pela Casa Civil da Presidência da República, e que foi duramente criticado na reunião. Bem, agora o presidente já sabe.

Enquanto o governo federal não consegue definir recursos para o combate às desigualdades raciais, e reage negativamente à proposta de criação do Fundo da Igualdade Racial, os representantes da Marcha disseram ao presidente Lula, com detalhes, que ele precisaria alocar no orçamento da União, por exemplo, 67,2 bilhões de reais para superar a distância que separa negros e brancos no que diz respeito a indicadores como saneamento, habitação e educação.

Para o presidente com larga história de negociação, o que resultava evidente da reunião era a falta de diálogo entre a Seppir e o Movimento Negro. A Marcha trazia críticas e propostas, buscava o diálogo. Parece que o presidente Lula entendeu o recado. Deixamos o Palácio do Planalto após duas horas de reunião com a certeza de que havíamos conquistado uma vitória política significativa contra a inércia do governo federal.

5/10/2005

* A lei nº 12 288 foi promulgada em julho de 2010, depois de sete anos de tramitação do projeto do senador Paulo Paim (PT-RS).
** Sancionada em janeiro de 2003, modificou a Lei de Diretrizes e Bases para incluir a temática "história e cultura afro-brasileira" no currículo escolar da rede de ensino e promover a comemoração do Dia Nacional da Consciência Negra nas escolas.

Frente a frente com nossas debilidades

Muitas entidades negras parecem perplexas, com razão, diante do complexo cenário que ajudaram a construir. Esforçaram-se durante décadas para tocar um conjunto de demandas que, embora sigam guardando sua especificidade, revelam agora em sua inteireza uma visão mais ampla de seus desdobramentos e implicações estruturais. A institucionalização, longe de reduzir seu impacto, vem ampliando vínculos e possibilidades.

Nosso papel, obviamente, na construção desse cenário, não é nem nunca foi passivo ou secundário. O que não significa que possamos exercer nossa autonomia de movimento social mais antigo do país sem constrangimentos ou coações, com origem em todos os setores, à direita e à esquerda do espectro ideológico, que ainda almejam, muito além da discordância e da oposição, nosso controle e subalternização, quando não o apagamento definitivo.

Quando estávamos distantes das instituições, nossas reivindicações podiam mais facilmente ser amesquinhadas e pulverizadas — pequenos grupos postos à margem da agenda político-institucional. É verdade que em termos práticos, materiais e políticos fomos muito pouco além dos primeiros passos. Mas, sem dúvida, abrimos um leque amplo de possibilidades e expectativas de mudança institucional.

Tudo que podíamos resolver em nossos encontros, no passado recente, com a formação de grupos de discussão em uma plenária, para apresentação de relatório setorial após um breve tempo de discussão, precisa hoje de muito mais tempo e especialização, por suas numerosas relações, num terreno que, por ser novo para nós, apresenta-se cheio de embaraços e dificuldades. Considerem-se ainda as espessas barreiras erguidas pelo racismo no cerne mesmo das instituições.

Assim, nos faltam pernas para acompanhar nossas próprias demandas ao Ministério Público, na área do emprego e da implementação da lei nº 10 639/2003; pressionar o Congresso Nacional para a aprovação de projetos fundamentais, monitorar e fiscalizar a implementação de políticas já aprovadas, como saúde e acesso dos quilombolas à terra; influenciar a opinião no debate sobre políticas afirmativas, numa luta bastante desigual com a grande mídia; reagir à violência racial e deter o extermínio de nossa juventude; buscar influenciar o novo plano plurianual, que anuncia retrocesso no que diz respeito à superação das desigualdades raciais, e ainda participar da Cúpula das Américas* e da Cúpula da África e da Diáspora,** da reforma da previdência, da reforma política etc. etc.

Nossas entidades e organizações são débeis. Estamos visivelmente perdendo terreno e com sério risco de morrer na praia das expectativas frustradas e das desilusões. Precisamos renovar e ampliar nossas fontes de financiamento e alcançar por meios políticos a sustentabilidade de nossas iniciativas, a capacitação e o aperfeiçoamento de nossos militantes. A hora é agora.

22/4/2007

---

* Encontro continental promovido pela OEA entre 1994 e 2018 para estimular a integração comercial. Na primeira cúpula, em Miami, os Estados Unidos propuseram a criação de uma área de livre comércio entre os países americanos, até hoje não implementada.

** A I Cúpula da Diáspora Africana Global aconteceu em maio de 2012, em Joanesburgo, na África do Sul.

Consciência e representação em mudança acelerada

Na entrevista que o professor Otávio Velho concedeu a *O Globo* na semana passada, fomos informados de que os antropólogos, ao menos os mais lúcidos, entregaram os pontos. Desistiram de "domesticar a realidade" e, finalmente, reconheceram a impossibilidade de continuar dando sustentação a uma representação de nação que, segundo o professor da UFRJ, já teria explodido.

As cotas aparecem nessa leitura como responsáveis por uma grande divisão na antropologia brasileira, porque teriam forçado uma revisão radical de representações do Brasil miscigenado, representações essas que se mostrariam agora improdutivas para o "fazer antropológico". Tenho algumas divergências neste ponto, mas não é o caso de expô-las aqui.

Acrescento que o IBGE também já detectou mudanças no modo de representação — refiro-me aqui ao modo como as pessoas se percebem e se autodefinem, quanto à cor/ raça, diante dos recenseadores. Consciência e representação em mudança acelerada ameaçam influir no rumo dos acontecimentos. Afinal, essas representações explodidas configuravam sistemas de controle e de coerção e já não servem mais aos fins a que serviam antes.

Quem sou eu para dizer a cientistas sociais o que essas transformações podem antecipar? Otávio Velho deixa claro que não se trata de "novos objetos de estudo", mas de "novos atores sociais". Atores agem, principalmente quando parecem dispostos a confrontar privilégios de cidadania que não se resumem ao acesso à universidade.

Vencida essa etapa da luta, a pulverização de esforços (muitas vezes contraditórios) à qual denominamos Movimento Negro terá que reexaminar cuidadosa e radicalmente seus pressupostos. Ele está sendo desafiado a reavaliar seu papel, suas práticas e objetivos diante de novas e profundas definições da realidade individual e coletiva, diante inclusive do reconhecimento de cientistas sociais de que os valores por eles difundidos e inculcados precisam ser revistos, como exemplifica a entrevista de Otávio Velho.

Um bom começo poderia ser a libertação das injunções partidárias, rompendo-se o consenso que, independentemente das siglas, postula mesmo é a subordinação do negro. Sem enfrentarmos esse desafio fundamental (política de alianças é uma coisa, sujeição/ vassalagem é outra), vamos retardar a construção de instrumentos políticos que permitam articular essa realidade promissora, que ergue consciências, resgata identidades e explode modelos interpretativos, com uma outra realidade de justiça social e de plenitude da cidadania negra.

11/3/2007

No reino da igualdade mais perfeita

Começamos o ano de 2009 com um zum-zum-zum que aventava a possibilidade de um candidato negro à presidência da República nas eleições de 2010.* O fato de que, até o momento, tudo tenha se limitado a mais um passatempo da internet não impede que possamos refletir sobre as nossas dificuldades no campo da política.

Nada pode ser mais reprimido ou contestado no Brasil do que uma candidatura negra, ainda que seja à Câmara Municipal. Tolera-se de má vontade, no faz de conta do jogo eleitoral vigente, candidatos de pele negra que possam ser estrategicamente usados para atrair votos indispensáveis à eleição das candidaturas não negras previamente definidas como prioritárias.

A candidatura negra é quase sempre uma candidatura fadada a recolher os votos necessários à eleição de outrem. Curiosamente, na busca de justificação para o fracasso de sua candidatura, esses "candidatos que quase nunca se elegem" raramente voltam-se contra suas legendas ou direções partidárias. Ao contrário, atribuem o fracasso, geralmente, à despolitização do meio negro, à

---

* Aventavam-se as candidaturas da senadora Marina Silva (PT-AC), do senador Paulo Paim (PT-RS) e do ministro Joaquim Barbosa (STF).

miscigenação, alardeando-se como verdadeira a suposição de que negro não vota em negro.

Os poucos que se elegem apressam-se a negar que se elegeram em razão do apelo racial. Devem sua eleição ao sindicato, ao partido, ao trabalho de sua mulher branca no seio da igreja, aos contatos profissionais, mas jamais irão reconhecer a existência real e/ ou decisiva de um eleitorado negro.

Nesse caso, a campanha faz propaganda da condição racial do candidato, inclusive no aumentativo (negão/ negona), mas a eleição fará a natural inversão das prioridades: "Sou antes de tudo sindicalista, socialista, comunista, brasileiro". Diante das cobranças do Movimento Negro, esses políticos costumam dizer, com desdém, que não foram eleitos por causa do voto negro.

Uma variável aqui é o negro "excepcional", aquele que se ilude na contemplação de seus presumidos dotes intelectuais ao ponto de se julgar diferente dos demais negros. Ambiguidade que reforça e estimula com toques de distinção (joga tênis com pequenos empresários, compra ternos em Paris e Nova York) e reiteradas afirmações de que as pessoas que o cercam não julgam mais ninguém pela cor da pele.

No início da República, Monteiro Lopes,* cujo mandato completa agora cem anos (1909-2009), lutou por direitos iguais no plano da representação política com apoio de ampla mobilização negra. Negros que eram então considerados "corrompidos" pelo "prolongado cativeiro" foram capazes de agir coletiva e politicamente na defesa de uma igualdade radical, até hoje desconhecida de nossos republicanos.

De lá para cá, as condições da dominação racial se aprofundaram e esvaziaram de sentido a nossa ação política. É a "morte civil" a que se referiu Abdias Nascimento em 1968. Sofremos enquanto negros, mas não podemos reagir de modo a afirmar nossa identidade racial. Isso é crime de lesa-pátria.

A candidatura à presidência de mentirinha, lançada no Rio Grande do Sul, pretende apenas resolver questões relacionadas ao desgaste político na disputa da legenda do PT para o Senado em 2010. A eleição de Obama é absor-

---

* Manoel da Motta Monteiro Lopes foi o primeiro deputado federal negro do Brasil. Em duas ocasiões, o jurista pernambucano precisou lutar contra a exclusão de seu nome das listas de parlamentares eleitos. Foi preterido em 1905 e finalmente diplomado em 1909, mas morreu no ano seguinte.

vida tão somente como um fato midiático, igual a tantos outros, a ser explorado em proveito próprio.

Em 1934, Carolina Nabuco lançou o romance *A sucessora*. Ocorre-me uma cena de festa junina, na antiga casa da fazenda, no antigo quarto das mucamas (agora agregadas e semiescravas), ilustrativa do tipo de convivência harmoniosa e degradante a que estamos condenados no processo eleitoral e fora dele. A esfera privada ilumina aqui as hierarquizações da esfera pública.

A personagem Marina, sinhazinha aristocrática, entra no aposento e contempla todos os matizes, "desde o preto acetinado" de sua irmã de leite "até as faces rosadas da portuguesinha da copa". E completa o narrador: "A igualdade reinava perfeitamente, até no respeito comum por Marina. Todas se puseram de pé, quando ela entrou".

No reino da igualdade a coisa rola assim: servimos na cozinha e na cama e sabemos quais as tarefas que devemos realizar e executar no processo eleitoral. Ser presidente não se inclui entre elas.

8/6/2008

Uma droga tudo

Em julho de 1988, após os protestos de maio contra as celebrações oficiais do Centenário da Abolição, protestos esses que denunciavam o racismo e as desigualdades raciais, três cientistas políticos da Universidade de Brasília estiveram na Escola Nacional de Informações para falar sobre métodos de previsão e análise de risco político.

Segundo reportagem de Dora Tavares (*Jornal do Brasil*, 22/7/1988, p. 3), Alexandre Barros, David Fleischer e Paulo Kramer eram convidados do Serviço Nacional de Informações (SNI). Alexandre Barros, em sua palestra, previa que, nos anos 1990, os conflitos raciais tendiam a se acirrar no Brasil, repetindo-se entre nós o que houve nos Estados Unidos no final da década de 1950.

As previsões eram então do agrado do Comando Militar do Leste, envolvido diretamente na repressão à marcha do Movimento Negro realizada no Rio de Janeiro, em 11 de maio do mesmo ano. Elas justificavam, por assim dizer, a intervenção que o Exército fizera no passado recentíssimo, pouco mais de dois meses. Coisas da ciência política.

As previsões, no que diz respeito ao futuro, infelizmente goraram. Hoje nos dedicamos principalmente à contemplação desinteressada de gráficos e tabelas. Contemplação que nos esforçamos por vincular à ciência. São essas as novas fortalezas onde se resguarda nossa impotência.

No aspecto político mais imediato — refiro-me à luta política, ao ato concreto —, os negros constroem nos partidos uma causa sem substância. Ao menos para eles, que vivem a paixão dos outros, carreiam votos para a eleição dos outros. Resta o consolo de serem seduzidos por dirigentes partidários, que lhes asseguram que o segurança de hoje, canino, avião, é o assessor ou consultor de amanhã. A vitória é certa.

Nossa submissão é de tal ordem nessa esfera que inviabiliza qualquer tentativa de se negociar seja lá o que for. Aceita-se o controle, a persistência do domínio. O mais leve sinal de resistência política é sufocado no nascedouro, abafado pelo sujeito mesmo que ousou balbuciar a palavra maldita.

Cidades de grande população negra estão envolvidas na disputa de segundo turno das eleições municipais. E daí? O que isso significa, além de relações imaginárias de pequenos grupos com o que supõem serem as condições de vida e existência de milhões de pessoas? Acrescente-se que esses agrupamentos não conseguem também avançar internamente no diálogo com os chefões partidários, que mal e mal os toleram. Não há candidatos, não há programas, talvez aqui e ali uma alusão vaga, algum tipo de celebração eleitoreira, nada significativo.

Somos, na política e fora dela, uns pobres coitados. O dr. Joaquim Barbosa, no STF, parece curado do daltonismo dos primeiros dias de posse e apresenta-se agora como negro insubmisso. Bom, muito bom. Seu voto histórico, previsto ainda para este semestre, talvez nos redima do malogro eleitoral. Talvez.

22/10/2008

Ainda não

Que feriado foi ontem, Quinze de Novembro? Como entender o esvaziamento ideológico dessa data? Em nossa experiência cotidiana da desigualdade, não cabe a fantasia de papel republicana. Novembro parece dominado. A fonte dessa resistência e conquista foi e é, sem dúvida, Zumbi dos Palmares. Sigo cantarolando os versos da canção de Jorge Ben:

Zumbi é senhor das guerras
É senhor das demandas
Quando Zumbi chega
É Zumbi é quem manda

Fomos capazes de opor o Vinte ao Treze e ao Quinze, jogando para ganhar numa disputa pelo passado, abrindo caminho por entre visões desumanizadoras que bloqueavam nossa iniciativa política.

A "história oficial" nos obrigava a um confronto com nossa incapacidade de agir. E, pior ainda, uma incapacidade que tinha origem em nossa própria natureza inferior. Desse modo, ainda que o passado fosse apresentado como uma experiência de desigualdade (impossível apagar isso), o fato de que tudo tivesse origem em nossa própria inferioridade intrínseca acabava por justificar a dominação e a opressão "civilizadoras".

A principal vitória da "história oficial" sempre foi, portanto, sua capacidade de disseminar medo e desconfiança entre nós. Medo de agir em nosso próprio benefício, de fazer política. E a desconfiança que torna impossível o reconhecimento mútuo, a ação conjunta.

A vitória do Vinte é, em sua essência, a reconquista da iniciativa política. Sim, somos capazes de agir. Zumbi está conosco, ele também empenhado na luta. A afirmação da vontade em estreita ligação com a experiência de luta que remonta aos tempos coloniais. Grandiosa ousadia!

O Quinze virou pó, um feriado esvaziado de conteúdo e referências, mas, não se iludam, a tensão permanece viva na institucionalização redutora do Vinte a que assistimos. A prefeitura, a secretaria, a fundação, os governos, em suma, ao promoverem eventos de celebração da "consciência negra" não necessariamente estão assumindo uma pauta de reivindicações vinculada aos interesses efetivos da população negra.

Ao contrário, o apoio institucional tem servido de controle da pressão proveniente de demandas urgentes e concretas. E, além disso, transformadoras do poder, como ele é exercido entre nós. Novembro parece dominado, mas não está. Parece negro, mas não é. Estamos ainda excluídos da esfera pública.

16/11/2008

"Que é vento, e que passa…"

Do ponto de vista político, arriscaria dizer que a grande movimentação em torno do Vinte de Novembro apenas acentuou a distância e os limites institucionais diante das exigências de cidadania do segmento negro da população.

Há um esgotamento definitivo dos apelos e questionamentos de ordem moral, do tipo: "Quando esta sociedade irá se convencer do mal que ela própria praticou e dos estigmas que criou por não reconhecer a dívida desse passado de mais de quatrocentos anos?". A pergunta é de Emanoel Araújo, na edição de novembro de *Le Monde Diplomatique Brasil* (2008, p. 21), e a resposta é: nunca. Nessa dimensão moral e emotiva, a batalha política está, para sempre, perdida.

No fundo, são apelos conservadores, de quem teme as consequências de uma ação política mais independente. Os constrangimentos que devemos criar são de outra natureza. Nossa experiência de luta contemporânea, que se manifesta numa enfiada infinita de eventos ditos "culturais", parece toda ela centralizada em torno de princípios clientelistas. E a clientela negra, desde tempos imemoriais, é atendida mesmo com migalhas orçamentárias.

Quem poderá determinar com exatidão, por exemplo, o significado da expressão "consciência negra" na boca do governador do Rio de Janeiro?

Imagino não ser uma interpretação segura cogitar que ele esteja se referindo a seu interesse, e de seu governo, em fortalecer as condições que possam, mesmo remotamente, propiciar uma participação mais autônoma da população negra organizada. Ao contrário, ele parece expressar uma abstração dissociada de qualquer demanda política concreta, de quaisquer interesses coletivos imediatos.

A programação oficial lhe deve transmitir o delírio, como na canção tropicalista, de que organiza o movimento, orienta o Carnaval e inaugura o monumento. A agenda do Vinte não encerra assim nenhuma ameaça, embora as autoridades sejam obrigadas a tolerar, durante uma tarde inteira, alguns urubus passeando entre girassóis. Há providências e iniciativas destinadas a conter os (im)prováveis excessos? Sim.

Os eventos do Vinte de Novembro, regulamentados em grande parte por diferentes níveis de governo, anunciam, portanto, a impossibilidade de qualquer avanço político no sentido da superação das desigualdades raciais. Encarnam, de certo modo, uma rendição.

19/11/2008

Há que adular — a regra geral
das grandes transformações sociais

O que vivenciamos de sujeição e dependência no ativismo negro permitirá algum dia a autonomia da organização política?

Durante as comemorações do Vinte de Novembro, com que intenções mesmo algumas instituições negras cortejam empresários, autoridades e políticos brancos, distribuindo com mão generosa e sem nenhum critério razoável comendas e medalhas?

Trata-se de perseguir resultados? Quais? O fato é que critérios de distinção de impossível definição estão criando entre nós "os beneméritos da causa negra". Estamos dedicados a falsificar e vender currículos de iniciativas "em prol da comunidade negra", do mesmo modo como a Igreja católica vendia indulgências.

Na verdade, essas cerimônias parecem dizer muito de nossa incapacidade para definir padrões de comportamento político desejáveis e, por outro lado, sabe-se que a bajulação tem estranha predileção pelos tapetes vermelhos. Penso que eles encarnam valores inalcançáveis para as nossas mentes comuns.

Pressinto ainda que a disseminação e o crescente prestígio dessas práticas de subalternidade irão em breve operar mudanças ainda mais radicais no Vinte de Novembro. Aonde poderá nos levar, afinal, essa aguçada percepção da fidalguia e da nobreza de caráter de autoridades, empresários e políticos brancos revelada por algumas entidades negras?

Segundo os promotores dessas cerimônias de reconhecimento, sem a bajulação não seremos capazes de romper as barreiras da intolerância e do racismo. Há que adular se você quer, de fato, transformar essa sociedade injusta e desigual. Sendo assim, creio ter descrito aqui não apenas casos particulares, mas a lei geral que preside as grandes transformações sociais.

21/11/2008

Algumas questões políticas

Em 2009, os setores do Movimento Negro que barganharam espaços de ação política em diferentes níveis de governo continuarão marcando passo no relativo simbolismo e enriquecendo a crônica dos eventos infrutíferos?

Temo que sim. Nesse momento, falta vitalidade ao pensamento do ativismo negro, que muito pouco produz capaz de estimular o indispensável debate. O que se segue é uma tentativa de contribuir.

A concretização de quais objetivos políticos assinala, de verdade, a trajetória da inserção institucional negra na última década? Fomos capazes de desenvolver alguma ação política consequente, a partir da ocupação de espaços institucionais? Utilizando-se de meios e recursos institucionais, que realidade adversa da população negra se conseguiu modificar?

Que limites, internos e externos, restringem a possibilidade de geração de poder a partir da ocupação de espaços institucionais? Não seria grave simplismo de nossa parte reduzir a ação política à mera ocupação de espaços secundários e desprovidos de recursos em diferentes instâncias de governo?

Em que níveis de submissão nos atolamos para trocar a dignidade que reveste os atos coletivos de sujeitos espoliados, em sua busca para alcançar a emancipação política, por cargos que atendem a interesses individuais ou de pequenos grupos?

E mais, sem receio de melindrar os brios partidários, como é costume entre nós, por que as pessoas que ocupam cargos em nome do Movimento Negro não se permitem, nunca, serem avaliadas e nem ensaiam uma autoavaliação?

Se é na ação política que devemos colocar nossas garantias de que poderemos, um dia, vir a superar as desigualdades raciais na sociedade brasileira, entendo que o ano de 2008 foi pouco animador. Nossa fragilidade ou inconsistência com respeito às ações de mobilização e pressão efetiva por mudanças está diretamente relacionada a uma visão da política que parte do princípio de que cabe ao partido e ao governo a iniciativa da ação. A adesão expressa em nossa inserção institucional está longe de significar participação política efetiva. Estamos apenas renunciando a nossas responsabilidades.

1/1/2009

Bombas

A identidade negra traz a discórdia e faz explodir a unidade dos brasileiros como uma "bomba social". Antes de Lula, éramos todos brasileiros. Agora, somos negros e brancos.

Esses argumentos ideológicos são reiterados por Demétrio Magnoli na revista *Veja* desta semana (edição 2094, ano 42, n. 1, 7/1/2009, p. 22).

Sem preocupar-se em exibir evidências, Magnoli, que vive a magia dos meios de comunicação, acusa Lula de conduzir "um programa de racialização". Frio e calculista, segundo Magnoli, o presidente visaria à manutenção de uma "ampla coalizão com as ONGs racialistas, financiadas pela Fundação Ford".

O texto de Demétrio Magnoli também não diz quais os resultados perseguidos por Lula ao pretender manter a ampla coalizão, fruto de cálculo e frieza maquiavélica. Razões de Estado à parte, o fato é que se trata de um petardo de efeito retardado, que ameaça a segurança de "filhos e netos da atual geração" (de brancos?).

Não sei se Magnoli participou do I Congresso do Partido dos Trabalhadores, no início dos anos 1990. Mas suponho que tenha lido uma das teses defendidas por Florestan Fernandes ("PT: Os dilemas da organização", em *O PT em movimento*, Cortez, 1991, p. 51). Florestan chama a atenção do PT para o "arsenal nuclear" que representa a raça como categoria social, o qual não estava sendo considerado pelo partido. Na visão de Florestan, a categoria raça faria parte do "Brasil real e suas exigências históricas irreprimíveis".

São "bombas" muito diversas, como se pode avaliar. A de Magnoli resulta de uma manobra para manutenção do poder, com o sacrifício da unidade da nação e do futuro das novas gerações. A bomba de Magnoli é efeito da utilização do Movimento Negro com fins instrumentais. Raça é uma manipulação para que se conserve o poder do Estado, sem que se leve em conta suas possíveis consequências desastrosas. O príncipe incompetente.

Em Florestan, trata-se de criticar o partido que não percebe o "significado revolucionário explícito e larval da raça, como categoria social". Florestan quer que o partido deixe de ser reformista e assuma o potencial explosivo e transformador da ordem embutido na categoria raça. Magnoli quer conservar, Florestan anseia por mudanças.

Nem o partido nem Lula ousaram nunca se aproximar dessa batata quente que Florestan depositou na mesa do I Congresso do PT. Poucos anos depois, retirando-se da cena partidária, Florestan diria: "Prefiro participar da fraternidade dos companheiros negros e combater por uma democracia plena, na qual a liberdade com a igualdade seja válida como objetivo universal" ("Consciência negra e transformação da realidade", Centro de Documentação e Informação da Câmara dos Deputados, 1994, p. 16).

Apoiando-se no princípio da salvação da pátria, Magnoli repete as preocupações, sem tirar nem pôr, da Doutrina da Segurança Nacional dos militares ditatoriais, de cujo índex constava a proibição de qualquer alusão à temática racial, vista como manipulada pelo comunismo internacional com o objetivo de solapar a unidade da nação.

Os negros ou são manipulados pelo imperialismo (a Fundação Ford), ou pelo comunismo internacional, ou pelo petismo. É uma marca acentuada de nossa desigualdade essa incapacidade de andarmos por nossas próprias pernas, ou de enxergarmos por nossos próprios olhos. Ou ainda, o impossível, de pensarmos por nossas próprias cabeças.

Para figuras como Demétrio Magnoli, não se deve perder um minuto falando de negros, já que eles aceitam livremente a sujeição. Trata-se apenas de zelar para que se evitem as manipulações, digamos, das camadas inferiores. Pelo bem da nação/ pátria e das gerações futuras.

6/1/2009

Elipse, eclipse e os geometricamente achatados, que sei eu?

Não é preciso muito esforço para aproximar a frase de Eduardo Coutinho ("Não existe cinema sem apoio estatal") da realidade do Movimento Negro hoje no Brasil.

Existe um processo tão avançado de substituição de iniciativas (inclusive "ato público") que, creio, já deixamos para trás aquelas explicações baseadas apenas na debilidade intrínseca dos movimentos sociais.

No enunciado "Completamente perdido", o dicionário diz que a estrutura da frase pode impor as palavras "ele" e "está". É a chamada elipse gramatical. Introduzimos aqui a elipse política, quando em determinadas situações históricas as instituições governamentais impedem ou dificultam o reconhecimento das organizações de movimento social.

Não se trata, no segundo caso, de uma omissão facilmente subentendida. Aliás, não se trata de admitir ou supor nada. A gramática aqui é outra. E a palavra também. Talvez seja mais apropriado falarmos de eclipse, no sentido de "esconder", "encobrir", "obscurecer".

O eclipse do Movimento Negro seria do tipo total ou parcial? Parece uma questão muito simples de responder. Mas não é. Outro dia uma amiga me perguntou ao telefone: "Onde está todo mundo?". Fiquei com vontade de responder como o personagem do conto de Sartre: no cemitério. Mas fiquei com medo de, como o personagem do conto, acabar acertando.

Não se trata evidentemente de uma ausência muito vistosa. Nada ostentoso. Não se pode sair sem dar nas vistas? Pois foi assim que o caso se deu.

Vejam esta conferência.* Não importa qual, se local, se nacional, se internacional. É apenas um processo de amplificação do mesmo, resultante da rotação incessante de ativistas do Movimento Negro em torno dos eixos de poder. Não houve assim um eclipse do Movimento Negro, sendo mais apropriado dizer que ele é, pela rotação que realiza, do tipo elipsoide achatado. Tão achatado que você (quase) não o vê.

4/2/2009

* A Conferência de Revisão de Durban 2001 foi realizada em Genebra em abril de 2009.

Quando iremos reconhecer nossas prioridades?

Ao Movimento Negro faz falta uma estratégia política? Quais decisões e ações efetivas poderiam lhe assegurar o desempenho de um ator político relevante?

Na conjuntura, o que se coloca como único método de ação política para o Movimento Negro é a contemporização institucional. Uma comprovada acomodação de baixíssimo rendimento às circunstâncias definidas por diferentes instâncias de governo.

Eventos, mais ou menos sofisticados, continuam a exercer uma especial atração sobre os ativistas. Mais do que moderação política, o que assistimos é ao esvaziamento de toda tensão polarizadora.

Quando a militância perceberá que, geralmente, está envolvida em atividades que contrariam sua condição histórica e, no final de tudo, não alcançam nenhum fim prático, verificável, que beneficie a população negra em seu conjunto?

Caso não se submetesse, despojado de toda grandeza, ao "diálogo institucional", quais seriam os instrumentos práticos de ação à disposição do Movimento Negro? Qual o problema com a formulação dessa questão? Por que tememos mergulhar em nossa própria experiência histórica, rastreando, comparando, pensando?

Quando falamos de Movimento Negro, falamos de significados e de realidades. A questão me parece ser definir quais as escolhas políticas que não requerem distanciamento de pessoas e situações concretas.

Essa conexão indispensável poderia neutralizar o fenômeno que atua entre nós no sentido de impedir a formação e o reconhecimento de autênticas lideranças. Tendemos a considerá-lo um fenômeno de natureza predominantemente psicológica e sugiro que comecemos a indagar de sua natureza política, uma vez que acaba facilitando o surgimento de personalidades, não digo apenas oportunistas, mas descoladas o suficiente para não estabelecer limites muito nítidos entre interesses individuais e coletivos.

A recusa em construir um programa, com coordenação, compromissos e objetivos bem expressos e definidos aparentemente encontraria justificativa na afirmação de uma individualidade que afirma querer se guiar por sua própria conta, avessa a toda e qualquer centralização. Mas como no sindicato e no partido a conversa é outra, desconfia-se que um conjunto de práticas e procedimentos desagregadores (o que inclui a negação sistemática das poucas lideranças efetivas) tenha origem em concepções mal dissimuladas, que negariam validade e importância à organização política dos negros.

De concreto, o que há são instâncias de governo promovendo reuniões municipais, estaduais, federais e internacionais. Não podemos deixar de ver aqui uma forma de sujeição muito requintada. Seu requinte consiste em acenar com o diálogo no espaço institucional, sempre definido como "espaço estratégico de formulação e implementação de políticas", mas o único resultado palpável até aqui é uma boa imagem da "governança" para consumo interno e externo (Genebra).

Estamos diante não apenas de um movimento cindido, mas de um movimento sem poder de transformação, levando a sério a retórica governamental que, no fundo, exige do Movimento Negro a renúncia de sua identidade política. Apenas para que se possa falar não de um mundo melhor, mas de um melhor governo.

4/12/2009

O inimigo interno sob controle

Em sua página na revista *CartaCapital* desta semana, Delfim Netto listou muitas razões pelas quais os brasileiros não devem temer a crise econômica, fazendo referência ao campo das relações étnico-raciais.

> Os preconceitos de toda natureza estão diminuindo (a despeito de insistirmos em reforçá-los com o regime de cotas). Não temos conflitos étnicos insuperáveis (a não ser os que tentam criar, artificialmente, as ONGS financiadas pelo próprio governo). (*CartaCapital*, ano XV, n. 529, 21/1/2009, p. 31.)

A negação e/ ou atenuação de desigualdades e conflitos, do "preconceito" (a palavra "racismo", como se sabe, é interditada nesse tipo de discurso) e a inculpação das entidades do Movimento Negro (com apoio do governo) constituem um padrão de argumentação com ampla circulação nos meios de comunicação.

A propósito da inculpação, coisa muito velha entre nós, lembro aqui um depoimento de José Correia Leite, em 1968, referindo-se ao passado dos anos 1930 e 1940: "E havia o perigo da palavra 'racismo' também. O negro não podia abrir a boca que era denunciado como racista" (*Cadernos Brasileiros*, ano X, n. 3, maio/jun. 1968, p. 21).

Dez anos depois, em 1978, respondendo a uma pergunta sobre se "a agressividade do Movimento Negro não poderia levar a um novo tipo de racismo", Fernando Henrique Cardoso responderia que

Pode, mas não necessariamente. É um risco que devemos correr. [...] O que não se pode é algemar duplamente as minorias, primeiro com a opressão que sofrem e, segundo, condenando seu esforço para libertar-se, sob o pretexto de que fere uma igualdade abstrata que, para as minorias, nunca funcionou na prática. (*Democracia para mudar: Fernando Henrique Cardoso em 30 horas de entrevistas*, Paz e Terra, 1978, p. 32.)

No texto de Delfim na *CartaCapital*, o fragmento transcrito acima é seguido de uma alusão ao fato de o país já ter resolvido "problemas de fronteira (com nossos dez vizinhos)". Ou seja, não temos inimigo externo, e o Movimento Negro é o "inimigo interno", aquele cujos falsos argumentos visam a destruir nossa grande unidade. Isso nos soa familiar, claro, pois se trata do eixo principal da Doutrina da Segurança Interna, de especial apreço dos militares aos quais Delfim Netto serviu com zelo incomum após o golpe de Estado de 1964.

Maria Helena Moreira Alves, que estudou o período, disse: "A ameaça à segurança nacional era assim definida como uma ameaça antes a *fronteiras ideológicas* do que a *fronteiras territoriais*" (*Estado e oposição no Brasil*, 3. ed., Vozes, 1986, p. 108). Nos dias de hoje, a luta é contra um racismo artificialmente criado, que se constitui na base de toda a ideologia, na visão de Delfim, que ameaça a segurança nacional.

Curiosa nesse padrão de argumentação é a participação do governo, financiando organizações com objetivos particularmente antinacionais. Demétrio Magnoli, Ali Kamel e muitos outros, sem uma especificação mais detalhada, fazem o mesmo tipo de acusação. Seria mais pertinente dizer que o governo controla um conjunto de entidades, ou melhor, que impede a ação de um conjunto de entidades. Os programas de governo não se desenvolvem, e, fora do Executivo, no Congresso e no STF, reina a mesma pasmaceira. A participação do governo nos poucos avanços realizados pela sociedade na luta contra o racismo é grandemente exagerada e frequentemente distorcida.

Delfim pode dormir tranquilo, porque o "interesse nacional" está preservado. Teremos mais uma conferência este ano. Não se poderia imaginar simulacro de participação política mais eficiente. Em função mesmo da renúncia, das motivações subalternas. Pode esquecer.

25/11/2010

Não precisava cuspir no prato

A Campanha Reaja ou Será Morto ou Será Morta foi à rua segunda-feira em Salvador (24 de agosto de 2015), com participação expressiva da juventude.* Uma indicação bastante concreta de que se amplia a mobilização dos jovens negros e negras, principais vítimas da violência homicida. Uma disposição e um estado de ânimo cujos reflexos devem acelerar mudanças nas práticas do Movimento Negro, em suas várias orientações político-ideológicas.

A questão é: a consciência crescente de que nenhuma discussão de agenda política, que leve em conta o enfrentamento do racismo, é viável sem referência às altas taxas de homicídio da juventude poderá produzir o milagre da unidade de ação?

Quando se corre o risco de desaparição completa, a defesa do direito à vida obviamente se impõe sobre tudo o mais, e não pertence ao reino da fantasia a ideia de que aqueles que podem sumir na próxima esquina se mobilizem, como "espécie em extinção", para dialogar sobre os meios de defender sua própria sobrevivência.

---

* A Marcha Internacional contra o Genocídio do Povo Negro se concentrou no largo dos Aflitos, em frente ao quartel do comando da Polícia Militar em Salvador, e seguiu pelas ruas do centro da cidade.

O povo negro está morrendo e as lentes estreitas do sectarismo não poderão ajudar a reverter esse quadro de "iminência do extermínio". A postura que se impõe a todos nós é aquela exatamente oposta ao sectarismo. Devemos fazer tudo que esteja ao nosso alcance para assegurar a continuidade de nossa população, por isso é fundamental reforçarmos os nexos entre a agenda histórica do Movimento Negro e as questões que envolvem o assassinato de jovens hoje (e ontem).

O Movimento Negro e o Movimento contra o Genocídio do Povo Negro não se originam em culturas políticas distintas e hostis, como se quer falsamente caracterizar. É um despropósito isso. São distinções legítimas, claro, mas que constituem momentos intrinsecamente vinculados ao mesmo processo, à mesma realidade histórica de exclusão e desumanização.

Diante da beleza do ato e de seu grandioso significado político, foram pequenos e mesquinhos muitos dos comentários que se propagavam a partir do carro que conduzia a marcha, como o ataque a intelectuais, aos que sabem escrever.

Tratando do tema da violência racial há quase trinta anos, Lourdes Teodoro afirmou:

> Quero […] tentar a alquimia que mostrará a todo e qualquer negro que somos espécie em extinção. Para que façam alianças, aprendam a conciliar entre si, se deem as mãos, para que transformem cada favela em um Quilombo Palmares do século XXI. ("Ícone pela identidade cultural afro-brasileira", *Raça & Classe*, n. 2, ago./set. 1987, p. 6.)

Intelectuais foram agredidos por palavras de ordem que apenas visavam o aliciamento da juventude. É preciso dizer, no entanto, que nas últimas décadas foram muitos os intelectuais e pesquisadores, a exemplo de Lourdes Teodoro, que expressaram em alto e bom som suas expectativas e receios, denunciaram, intervieram nas atividades culturais, fizeram livros, teses e jornais e lutaram com os meios disponíveis para alcançar os mesmos objetivos perseguidos pela manifestação de Salvador.

Depois de brigar para que negros e negras pudessem ter acesso às principais carreiras do Estado, tivemos também que ouvir que a inserção institucional, a presença negra na administração pública, é sinal de picaretagem! Que função política nessa conjuntura acaba tendo esse tipo de crítica?

Desde o início dos anos 1980, a militância negra vem agindo de forma mais ou menos coordenada em espaços da administração pública. É impressionante como encontra ressonância em nosso meio um discurso que faz terra arrasada desse já longo percurso, e encontramos sinais de receptividade mesmo em jovens diretamente beneficiados pela ação política institucional.

Mais do que uma atitude de necessária avaliação crítica ou de hostilidade, que sabemos muitas vezes necessária, trata-se de negação, de violenta negação de si mesmo e de sua história recente. Apagar os esforços legítimos do passado, distorcê-los ao ponto em que todos os agentes transformam-se em picaretas e oportunistas, é uma ação arbitrária e discricionária que, salvo engano, será bem aproveitada pelos oportunistas de diferentes matrizes.

Recebemos com entusiasmo e esperança o engajamento político crescente da juventude, mas lamentamos a tentativa de imposição de uma atitude uniforme e sectária ("fardamento", cara fechada, proibição disso, proibição daquilo), a teatralização excessiva de falas e gestos, que acabavam projetando uma sombra dos algozes sobre as vítimas.

O fato de existirem questões de orientação política bastante equivocadas não retira, porém, o mérito da intensidade da adesão da juventude à causa justa. Para caracterizar sua força de oposição e resistência, o Reaja, definitivamente, não precisa negar os esforços históricos do Movimento Negro.

28/8/2015

A propósito de uma velha carta de Luiza Bairros

Acredito que a morte de Luiza Bairros* nunca será lamentada o suficiente pelos agentes envolvidos com o que chamamos Movimento Negro. Sabemos todos a posição nele ocupada por sua liderança intelectual e moral, ao longo de décadas. Quanto mais dimensionamos a singularidade de sua contribuição inestimável, tanto mais nos desarvoramos diante de responsabilidades inadiáveis, para cujo enfrentamento não podemos contar mais com sua intervenção decisiva.

Não importava a hora, o dia, a circunstância pessoal ou familiar — nunca levávamos em conta essas relações, porque nunca a víamos envolvida com uma situação que impedisse seu pronto engajamento, sua ativa solidariedade.

Encontrei em meus arquivos uma velha carta de Luiza Bairros, datada de 2 de dezembro de 1993, enviada de East Lansing, Michigan. Nos quatro anos anteriores a sua ida aos Estados Unidos, estivemos muito próximos em duras disputas dentro e fora do Movimento Negro Unificado.

Luiza estava vinculada então ao African Diaspora Research Project, na

---

* Mestra em ciências sociais pela UFBA e doutora em sociologia pela Universidade de Michigan, foi pesquisadora e militante do Movimento Negro. Entre 2011 e 2014, chefiou a Secretaria de Políticas de Promoção de Igualdade Racial (Seppir) do governo federal.

Universidade de Michigan, mas não conseguia se desvincular das tarefas do ativismo aqui no Brasil. A carta traz um relato detalhado das atividades de que participou no mês de novembro, que ela chamou disciplinadamente de "Relato do 20 de Novembro/1993 nos EUA":

(1) dia 6 de novembro dei uma entrevista de quinze minutos (por telefone) a uma emissora de rádio negra de São Francisco, Califórnia. A rádio é a KPOO, num programa comandado por Harrison Chastang, cujo nome é *Wake Up Everybody*. Vai ao ar das 8h30 às 10h30 da manhã. O assunto girou em torno, principalmente, dos assassinatos patrocinados pelo Estado e da necessidade de cooperação política entre negros aqui e no Brasil.

(2) dia 18 de novembro, em Washington, D.C., dei uma palestra sobre o significado do dia Vinte de Novembro no Brasil. Foi realizada na sede da Pacifica Radio Station, com a presença de um público representativo de vários setores da comunidade de Washington: professores de escolas negras independentes, professores da Howard University (a maior universidade negra do país), comunicadores da área de rádio e TV, membros da Anistia Internacional e pessoas individuais interessadas em Brasil. Para além das coisas do Vinte, discutiu-se muito a necessidade de tratar a questão racial em diferentes países como resultante de processos que se estabelecem a nível internacional.

(3) dia 19 de novembro, dei uma entrevista de vinte minutos para o programa WE OURSELVES, na Pacifica Radio Station, comandada por Ambrose Lane. Neste o assunto principal foram as comunidades remanescentes de quilombos e a violência policial. O programa foi ao ar dia 26 de novembro.

(4) dia 20 de novembro, na mesma rádio, dei uma entrevista para o programa de Giselle Mills. É um programa de música brasileira, e neste dia dedicou quase todo o espaço (das nove às onze da manhã) para minha entrevista. O programa se chama *Berimbau*. Como foi feito ao vivo, deu para sentir melhor a repercussão. Impressionante, as pessoas ligavam para a rádio interessadas no que se dizia, ou para dizer que queriam novos contatos. Na minha opinião, foi o evento mais importante de todos, graças à grande audiência que o programa tem.

A carta traz ainda um conjunto de preocupações de Luiza com as possibilidades de diálogo nos Estados Unidos que pudessem fortalecer iniciativas do MNU, o debate sobre os limites das ações afirmativas, os trezentos anos da morte de Zumbi. Censura-me a ausência de notícias sobre um evento realizado em Belo Horizonte: "Soube que participaste do tal Encontro da CUT sobre questão racial. Como foi? Isto me interessa muito, e tu nem pra me mandar algum material que tenha sido produzido lá!". Queria saber de tudo e de tudo participar, sempre.

O ativismo de Luiza, desafiador, não poderia deixar de envolver-se com "a cotidianidade militante que nos mata", a que se referiu uma vez Daniel Cohn-Bendit. Ao deixar o país, num momento em que era a principal liderança e fiadora de uma proposta que fazia avançar nossa organização política, em meio a boicotes de toda ordem, Luiza não pôde suprimir dúvidas, nem deixar de afirmar sua concepção de política.

Às vezes, sou assaltada por incontroláveis sentimentos de culpa por ter saído num momento tão delicado. Pra ti posso confessar: não tenho a fibra das grandes guerreiras, se continuasse aí acho que teria morrido. Não é exagero. Só senti o quanto estava esvaziada depois que cheguei aqui. Levou um tempo enorme para eu me recuperar emocionalmente desta experiência que vivemos nos últimos anos.

Quando, há algum tempo atrás, falei que precisava me reciclar não estava mentindo, mas sou obrigada a admitir que também precisava me livrar de um clima onde não consigo produzir. Chamem isto do que quiserem, mas para mim política não é nem nunca será a arte da enganação, da criação de mentiras sistemáticas a respeito do "outro", ou de disputa eterna pelo poder no interior da entidade, mesmo na ausência de propostas. É uma forma até certo ponto infantil de encarar a atividade política, mas não consigo pensar de outro jeito.

Ela tinha, sim, a fibra das grandes guerreiras, posso testemunhar isso. Ela podia, atendendo às exigências da conjuntura, rascunhar um panfleto num banco de praça, no largo do Machado, Rio de Janeiro, com a mesma intensidade e verdade com que fechava um pronunciamento no Waldorf-Astoria Hotel, em Nova York. Ao começarmos 2017, afirmo aos mais jovens que estão na luta que há caminhos e trajetórias indispensáveis. Luiza Bairros é um desses.

1/1/2017

Aprender com Luiz Orlando

O ambiente da luta política contra o racismo, o ambiente do Movimento Negro, parece também saturado de pessimismo e acusações mútuas. O fato é que todos os lados da disputa se defrontam com emergências assustadoras — cada um se encolhe, cheio de apreensões, na defesa justificada ou não de suas prerrogativas.

Como contribuição modesta à harmonia política, sugiro que se abra um espaço mínimo para considerarmos a figura de Luiz Orlando. Excetuando-se Lélia Gonzalez e Abdias Nascimento, poucos nomes têm recebido o merecido reconhecimento entre nós. Penso que se deve destacar o modo como Luiz Orlando assumiu suas responsabilidades perante a história do Movimento Negro e perante sua própria consciência.

Decorridos nove anos de sua morte, sua memória já vai rareando fora dos círculos de cineclubistas. Queria falar um pouco de antes do cinema, do período mais remoto de sua juventude. Para mim, Luiz Orlando foi primeiro "Batista", um codinome seu em 1968. Fui apresentado a Batista na Biblioteca Pública, na Praça Municipal de Salvador, por Roberto Santos, o "João Luís". Havia um grupinho que ficava na porta da biblioteca depois que ela fechava, conversando. Jovens em tempos sombrios. Roberto Santos eu conheci num grupo de estudos da Ação Popular, formado no Colégio da Bahia. Fui resgatado a tempo pelo amigo.

Roberto Santos foi decisivo também, mas Luiz Orlando emitia uma luz mais serena, contornava as asperezas do debate com sabedoria. Eu os conheci profundamente amigos, complementares. A questão era que Luiz Orlando assumia responsabilidades especiais com seu entorno de um modo — como dizer?

Para que os mais jovens possam compreender o modo como Luiz Orlando assumia responsabilidades coletivas, basta dizer que ele foi a primeira biblioteca itinerante de que tivemos notícia. Estimulava a leitura, disseminava novidades, emprestava, doava. Doava, isso mesmo, dava, presenteava. Adivinhava seus interesses, percorria sebos e livrarias, desencavava preciosidades. Biblioteca itinerante que não era kombi nem van. Luiz Orlando deambulava, incansável, pelas ruas de Salvador.

Conheço muito sonho de ativista que projeta um destino público para os livros que reuniu com muita dificuldade. Ironides Rodrigues, para citar um exemplo, vinculado ao Teatro Experimental do Negro e responsável pela alfabetização de adultos, deixou registrado em seu *Diário de um negro atuante* que de seu testamento deveria constar

> que o apartamento em que moro seja transformado num centro de estudos, principalmente dos problemas afro-brasileiros, com os 4 mil livros servindo de consulta aos estudiosos ou para os alunos pobres, que não podem comprar os compêndios indicados pelo professor. (*Thoth*, n. 3, set./dez. 1997, p. 155.)

Biblioteca tem que servir a uma coletividade, acrescentava Ironides. Sonho meu, sonho seu e dela. Todo mundo sonha sua Saubara, para lembrar Jônatas Conceição, outro encantado. Não sei se as disposições testamentárias de Ironides foram cumpridas, quero crer que não. Mas Luiz Orlando, desde a juventude, transformou-se em biblioteca pública itinerante e marcou com sua atitude uma porção de espíritos desarvorados.

Nós sempre o encontrávamos entre a Biblioteca Pública (onde hoje é o Sucupira) e o Gabinete Português de Leitura (a biblioteca do Goethe veio depois). Carregar livros era uma ousadia no período e Luiz Orlando personificava o desafio, conduzindo exemplares com os quais exercitava sua fraternidade política, coletiva.

Ele não era tão mais velho, talvez três ou quatro anos. Parecia ter mais porque seu fruto maduro era o estímulo à solidariedade que provocava em nós. Eu emitia algum sinal que ele soube captar e de que eu mesmo ignorava a existência. Se eu parecia, a meus próprios olhos, irremediavelmente perdido, o fato é que não estava. Quem sabia disso, quem poderia saber? O certo é que com Luiz Orlando seu desamparo não virava galhofa, você sabia que teria o tempo de que precisava para assumir responsabilidades com o fardo da identidade.

Nos anos 1980 em diante, o cineclubista e animador cultural iria levar o cinema e o vídeo para as associações de bairro, as que existiam e aquelas que seu entusiasmo contribuiu decisivamente para que existissem. Estimulou novos hábitos e práticas culturais, articulou pessoas em muitas cidades do país. Minava o controle da informação disseminando livros, filmes e vídeos, formando plateias e produtores, aprofundando a recepção crítica. Acho que temos a chance de renovar nossas práticas resgatando o exemplo de pessoas como Luiz Orlando do esquecimento coletivo. Axé.

11/1/2016

Os palhaços e a lição dos negros de Jaú

Eliane Cantanhêde entrevistou para *O Estado de S. Paulo*, em 11 de dezembro de 2016, o general Eduardo Villas Bôas, comandante do Exército, e perguntou-lhe se era viável a candidatura de Bolsonaro a presidente da República.

A resposta do general, afirmou Cantanhêde, não era direta, mas dizia muito: "Bolsonaro, a exemplo do [Donald] Trump, fala e se comporta contra essa exacerbação sem sentido do tal politicamente correto".

Como se viu na palestra na sede da Hebraica, no Rio de Janeiro, em 3 de abril,* essa condição necessária do presidenciável (voltar-se contra o politicamente correto) se expressa pela repulsa, aversão e execração de negros, indígenas, mulheres, homossexuais, entre outras identidades.

Não sei até onde podemos dimensionar, em termos eleitorais, o alcance e apoio à pregação racista, machista, homofóbica e xenófoba de Bolsonaro. A fala de apoio do comandante do Exército, sua blindagem ostensiva no Congres-

---

* Então deputado federal, Bolsonaro proferiu insultos racistas contra a população negra e quilombola: "Eu fui num quilombo. O afrodescendente mais leve lá pesava sete arrobas. Não fazem nada. Eu acho que nem para procriador ele serve mais". Parlamentares e ativistas processaram o ex-capitão, mas a ação foi arquivada pela segunda instância da Justiça Federal em 2019.

so, o convite da Hebraica, os aplausos delirantes e algumas pesquisas eleitorais preliminares sugerem que Bolsonaro é um homem ajustado a seu meio.

Desconfio das críticas que o definem como desajustado e patológico. Sobram indícios, a meu ver, que aproximam as afirmações do presidenciável e muitas práticas políticas, econômicas e sociais, administrativas e policialescas vigentes entre nós.

Vamos vencer nossas resistências e admitir, por exemplo, que há afinidades entre a metáfora desumanizadora das arrobas de gado gordo e preguiçoso pastando nos quilombos e a imagem real do grande matadouro de gente negra que é o Brasil. Sua pregação, convenhamos, corresponde ao que esperam dele amplos setores da sociedade brasileira.

Outra coisa: se você está se sentindo agredido pela fala do palhaço, impeça-o de continuar com o espetáculo. O palhaço Arrelia (Waldemar Seyssel) contou certa vez um caso que teria acontecido na cidade de Jaú, no interior de São Paulo, numa data imprecisa na segunda década do século xx (*Arrelia e o circo*, Melhoramentos, 1977, pp. 12-3).

Um palhaço chamado Serrano era a grande atração do Circo Chileno, propriedade do tio de Arrelia, na época garoto. Serrano, com o violão, cantava, para grande agrado da plateia branca, uma canção, um lundu ofensivo à mulher negra.

Na noite seguinte à estreia, antes do espetáculo, uma representação de pessoas negras, alguns já muito exaltados, combinou com o proprietário a retirada da música racista do repertório do palhaço Serrano.

Assim foi feito, mas

Quando chegou a hora do Serrano, ele entrou sob estrondosa roda de palmas por parte da plateia, que estivera no circo na noite anterior. Serrano contou piadas, historietas etc. Pegou no violão e cantou uma modinha da época, agradando muito. Todavia, os espectadores da véspera, que haviam gostado do lundu da preta, começaram a gritar:

— O lundu da preta!

E os pretos gritaram:

— Não canta, não!

E os outros — que eram os brancos — berraram:

— Canta, sim! Canta o lundu da preta!

Fez-se uma gritaria dos infernos! Nisto, levanta-se o delegado e diz para o palhaço Serrano:

— Pode cantar o lundu da preta!

Formou-se um alvoroço daqueles. O delegado, para mostrar autoridade, mandou chamar dois praças, colocou-os na frente do picadeiro e disse:

— O Serrano pode cantar!

E o Serrano começou a cantar, debaixo de tremenda vaia dos pretos e palmas dos brancos. Terminada a canção, saiu, ainda debaixo de vaias e aplausos, mas o pior aconteceu quando acabou o espetáculo. Os pretos ficaram do lado de fora, esperando: queriam pegá-lo. O delegado, então, ficou de sentinela com os praças, aguardando a saída do palhaço. Quando Serrano surgiu entre os dois soldados do destacamento local, foi a maior vaia que já vi na minha vida. Os pretos jogavam pedras, laranjas e ovos, gritando:

— Vamos linchar ele!

Os soldados tiraram seus revólveres e deram tiros para o ar. Foi uma correria louca! Tudo terminado, Serrano e meu tio foram para o hotel. Serrano disse ao tio Roberto:

— Olhe, "seu" Roberto, é melhor eu ir embora. Passa um trem agora, às duas horas para São Paulo e eu vou nele.

Serrano assim fez e nunca mais ouvi falar dele.

Os ativistas que travam a luta da resistência devem se organizar para seguir a lição dos negros de Jaú, no início do século passado, e botar para correr os palhaços que, a exemplo de Bolsonaro, nos agridem com seus espetáculos.

4/7/2017

O que acontece é muito diferente

Enquanto o clichê, bastante afastado da realidade, insiste em enxergar uma ameaçadora volta à senzala, algo muito diferente disso parece estar acontecendo com a população negra.

Na busca por razões que possam dar conta da desmobilização e o que entendem como passividade do "povo brasileiro", alguns formadores de opinião preferem buscar marcas da sociedade colonial escravista no corpo de descendentes de africanos, maioria da população, e elegeram Debret e seus bonecos como a representação conveniente, que traria ainda o prestígio da autoridade cultural.

Um problema para essa explicação cômoda e consoladora é que os negros não se mostram entorpecidos e há sinais evidentes, na conjuntura, de ampliação da mobilização, com destaque para as várias frentes do movimento de mulheres. Uma presença efetiva que vem se adensando, com envolvimento crescente da juventude inquieta.

Não é, deve-se realçar isso, uma intervenção política de tipo único que possa ser reduzida ou controlada dentro de limites partidários. Creio mesmo que as tendências principais que caracterizam o momento não têm origem em organizações partidárias.

Antes da internet, as iniciativas do Movimento Negro expandiam-se em um subterrâneo praticamente inalcançável por pautas jornalísticas e coberturas, as quais se mostravam indiferentes a fatos políticos que envolvessem o protagonismo de mulheres e homens negros.

Hoje, que há uma avalanche de iniciativas facilmente acessíveis na web, impressiona a pouca atenção que continuam a receber das editorias, num momento, acrescente-se, "em que o jornal é mais lido em sua versão digital do que em sua versão impressa".

Campanhas, denúncias, marchas, transmissões de debates e palestras quase nunca são mencionadas pela grande mídia, que permanece aferrada a um paradigma que exclui sumariamente um grupo humano expressivo de suas preocupações.

O discurso da volta à senzala e das marcas do escravismo é expressão desse distanciamento, uma explicação ilusória que cria obstáculos para uma análise mais rigorosa. Nosso jornalismo nem imagina que negros possam colocar em questão o poder político, quando os negócios públicos e de Estado apresentam teor elevado de obscenidades, como assistimos na votação da última quarta-feira na Câmara dos Deputados.*

Desprezam ainda o fato histórico de que a maior contribuição que demos à cultura brasileira é o fio contínuo, persistente, de nossa luta por liberdade e pela afirmação da dignidade humana de africanos e seus descendentes. Corta essa de voltar à senzala.

As ruas e praças vazias devem ser encaradas como um problema político e que deve ser politicamente resolvido. Sem recorrer a atavismos e semelhantes. Há medo e insegurança porque a brutalidade policial irrompe a qualquer momento, diuturnamente vigilante, e o fortalecimento do narcotráfico acrescenta sempre novas formas de opressão. Mas quem fala em omissão e alheamento desconhece o cotidiano de mulheres negras e homens negros. Orientem-se, ou melhor, reorientem suas pautas e livrem-se de representações coletivas prisioneiras da miopia e da preguiça.

2/8/2017

---

* Em 2 de agosto de 2017, a Câmara dos Deputados livrou o ex-presidente Michel Temer de ser processado por corrupção e perder o mandato, com o placar de 264 a 227 (eram necessários dois terços dos votos). Temer foi acusado de ser o destinatário de um suborno de 500 mil reais, apreendidos durante uma operação controlada da Polícia Federal. A reforma trabalhista, que suprimiu vários direitos dos trabalhadores consagrados na CLT, fora sancionada no mês anterior.

Nada mudou, vamos mudar?

Em 21 de março de 1988, o discurso do presidente Sarney abria oficialmente as comemorações do Centenário da Abolição. Creio mesmo que tenha sido a primeira alusão histórica, no Palácio do Planalto, "à militância dos movimentos negros".

Na Câmara dos Deputados, desde 1984, Abdias Nascimento* já havia sido porta-voz da reação à comissão de "figuras notáveis", articulada pelo ministro da Justiça, Ibrahim Abi-Ackel, e presidida por dom Pedro Gastão de Orleans e Bragança.**

Abdias, preocupado com a ausência de negros e a presença de notáveis meramente decorativos, indagava da tribuna da Câmara: "A Comissão vai comemorar a libertação dos escravos, ou comemorar a instituição escravocrata?".

A coisa começou mal e depois desandou de vez. O discurso de Sarney, com apelos ao congraçamento, à unidade e à integração, recheado de afirmações bem eloquentes sobre "nossa democracia racial", mordia e assoprava, acautelando-se diante da onda de protestos que se avolumava:

---

* Abdias Nascimento foi deputado federal (1983-6) e senador (1991-2 e 1997-9) pelo PDT-RJ.
** Em julho de 1984, o governo Figueiredo criou uma "comissão de notáveis", entre políticos e acadêmicos, para planejar os festejos do Centenário da Abolição, presidida pelo neto da princesa Isabel.

"Não cabe ao Estado brasileiro conduzir as comemorações do Centenário da Abolição da Escravatura como se detivesse ele a chave de interpretação da nossa história."

O Estado, lembrava Sarney, é o dono da chave do cofre e vai apoiar as iniciativas da sociedade e da militância: "E por isso estou abrindo um crédito especial para as comemorações".

Sarney acenou com algum dinheiro e "espaço institucional", anunciou a criação de uma fundação, "que se chamará de Fundação Palmares" (ardilosamente encostaram por um breve momento a princesa Isabel), e vaticinou que essa fundação apoiaria "as inteligências, as lideranças e as consciências que se formarem na raça negra no Brasil para que, dentro de poucos anos, nós tenhamos formado no país um contingente [...] que possa atuar em todos os setores [...]".

Agora que o jogo acabou, decorridos trinta anos, ninguém nem sabe o nome do atual presidente da Fundação Palmares, nem imagina que ele tenha atuação relevante em "algum setor" da vida nacional. Em 1988, Sarney propunha um pacto, diante das evidências nacionais do protesto negro. Toma lá, dá cá.

"É assim que desejamos que a Abolição seja comemorada. Com uma prestação de contas na ordem da comunhão humana. E com um avanço a mais na ordem das altas decisões históricas. Fraternalmente. Como deve ser. Lado a lado. De mãos dadas, com os olhos no futuro."

As forças que propunham o pacto sem nenhum futuro tinham tido o cuidado de neutralizar a proposta de Abdias, que, desde 1983, queria instalar uma Comissão do Negro na Câmara dos Deputados. Abdias não pensava apenas nos cinco primeiros meses de 1988, mas mirava "a década do Centenário da Abolição da Escravatura", outra coisa bem diferente. A Comissão do Ministério da Justiça, de 1984, visava confrontar essa iniciativa.

A Comissão do Negro defendida por Abdias queria meter o bedelho em "todos os assuntos relacionados ao negro" e se propunha a "receber e investigar denúncias de atentados aos direitos humanos e civis dos brasileiros de ascendência africana" e "propor medidas legislativas atinentes ao resgate da história, respeito à identidade étnica e cultural, interesses da educação, treinamento profissional, emprego, segurança, moradia e saúde das populações negras no Brasil".*

---

* Trechos do projeto de resolução nº 58, proposto por Abdias Nascimento em 1983 e considerado inconstitucional pela Comissão de Constituição e Justiça da Câmara.

A proposta de Comissão do Negro vai estacionar e morrer na Mesa da Câmara. Os fiadores do pacto explícito apresentado por Sarney foram o ministro da Cultura, Celso Furtado, e Carlos Moura,* "um dos líderes mais dinâmicos da comunidade negra" [sic], ambos citados no discurso presidencial.

Na retaguarda de Sarney, estava o general que chefiava o Centro de Comunicação Social do Exército, Olavo Guimarães, o qual vinha alertando para graves sinais de perturbações da lei e da ordem, em especial uma muito temida "releitura da história", agitada por baderneiros e baderneiras de um Movimento Negro que não faltaria, por dinheiro nenhum, a seus compromissos e recusaria todas as restrições impostas de fora.

Foi um momento inesquecível, vocês nem queiram saber.

1/9/2018

---

* Historiador e coordenador do programa comemorativo do Centenário da Abolição no Ministério da Cultura. Foi o primeiro presidente da Fundação Palmares.

2.

DENÚNCIA DO GENOCÍDIO NEGRO

Pouco adianta falar

Setenta por cento dos jovens assassinados no Brasil são negros. A reportagem de ontem da *Folha de S.Paulo* reproduz dados do Relatório sobre a Violência contra a Criança, produzido pelas Nações Unidas. Além dos assassinatos, as crianças negras são 70% das crianças brasileiras sem registro civil e têm elevadas taxas de mortalidade infantil. Esses indicadores são repisados à exaustão, há décadas, sem que nada se altere na realidade dramática a que se referem. Nós do *Ìrohìn* temos abordado incansavelmente o tema do genocídio — porque, afinal, é do extermínio de uma população que estamos tratando — sem nenhum resultado prático.

O ministro da Justiça, Márcio Thomaz Bastos, ouviu, durante uma hora, em 16 de novembro de 2005, apelos dramáticos de lideranças negras sobre o tema do assassinato de nossa juventude, pegou o chapéu, despediu-se com elegância e foi embora. Plantamos mais de quinhentas cruzes em frente a seu ministério, simbolizando as vítimas dos assassinatos impunes, e, por um triz, o ministro quase não recebe a Marcha. Recebeu no grito, todos se recordam. Isso ocorreu há exatos onze meses. Segundo as pesquisas da ONU, catorze jovens são assassinados em média por dia, entre quinze e dezoito anos. Nesse intervalo, então, entre a Marcha Zumbi + 10 e hoje, morreram, considerando que 70%

eram negros, 3 mil e duzentos e tantos jovens negros — deixo aos leitores a exatidão dessa conta macabra.

O sistema ONU é bom de relatório. Segundo a coordenadora do Unicef, eles pretendem sensibilizar os gestores públicos. É pouco, muito pouco. Trata-se de uma crosta inalcançável pelo tipo de "sensibilização" que a organização vem fazendo no Brasil. Que tal uma campanha internacional, com sanções e bloqueios etc. como se fez contra o apartheid? Mas nem mesmo uma moção de censura, aprovada pelo plenário da Assembleia das Nações Unidas? Que tal, por exemplo, carimbar o dinheiro do governo federal, que alimenta o sistema ONU entre nós, dando prioridade absoluta ao combate ao racismo?

E a *Folha*? Se sente culpada? Ela disputa o campeonato de "Negação da Raça" com *O Globo*. O velho torneio Rio-São Paulo. Na reportagem, há negros eventuais. No editorial, que avalia nossas propostas de políticas públicas, a negação da raça é a pedra de toque da moralidade pública e dos bons costumes.

Essas vidas decepadas no nascedouro cobram de nós algo mais que retórica vazia.

16/10/2006

Estávamos todos obrigados a ir à Piedade, em respeito a nossos mortos de ontem e de hoje

Para ser eleito, um candidato negro deve sinalizar em algum nível sua independência da população negra. A frase de uma pesquisadora de Princeton, que li no *The Washington Post* e cito de memória, é uma referência às possibilidades de vitória que teria Barack Obama em sua disputa pela indicação do Partido Democrata para a eleição de 2008 que escolherá o próximo presidente dos Estados Unidos. Mas serve como parâmetro, em sociedades racistas que temem acima de tudo a organização política dos negros, para que se avaliem as chances reais de qualquer um que pretenda disputar algum cargo relevante, digo, exclusivo para brancos.

Recordo-me da fala de um dirigente bancário de Florianópolis, em um seminário em Belo Horizonte, no início dos anos 1990, que em sua palestra afirmou com veemência que, antes de ser negro, ele era sindicalista. Essa é uma sinalização muito concreta, reveladora, como o tempo demonstrou, do alcance de suas pretensões no meio sindical e partidário. Seguindo essa linha torta, você pode dizer que é muitas coisas, antes de ser negro: brasileiro, socialista, deputado, secretário, militante do partido tal ou qual, artista, advogado, assessor, gestor público, como está na moda dizer.

Vale perguntar também, como no documentário sobre Ruanda,* quantos atos genocidas precisam acontecer para configurar e caracterizar um quadro de genocídio? Pode-se refazer a pergunta assim: quantos brancos precisam se manifestar sobre o genocídio do negro para que se acredite que ele, de fato, acontece no Brasil?

Horrenda, ameaçadora, repugnante é a omissão, que se manifesta em diferentes níveis da vida pública diante do extermínio da juventude negra no Brasil. Na tarde da última sexta-feira (9 de fevereiro de 2007), na praça da Piedade, em Salvador, em frente ao prédio da Secretaria de Segurança, trinta e poucos ativistas, liderados por Hamilton Borges, expressaram seu repúdio à violência policial, escancaradamente aniquiladora, discriminatória e racista, e a uma política de segurança que, entra governo e sai governo, não se altera no que diz respeito à abordagem e tratamento dos cidadãos negros.

Algumas entidades estavam correndo atrás do dinheiro público para o Carnaval. Outras corriam para antecipar o Carnaval nas reuniões festivas do PT. Outros são gestores públicos, graves, prudentes e reservados. O fato é que colocamos as mãos para trás, ou na cintura, ou olhamos para o mar, como na foto em que o soldado pisoteia a cabeça de um jovem negro suspeito de furto.

A ausência de importantes lideranças e entidades no ato da última sexta-feira pode condenar ao isolamento aqueles que buscam responder à altura as agressões radicalizadas da opressão racial.

Não podemos esquecer que havia muita gente na praça da Piedade em 8 de novembro de 1799 para assistir ao enforcamento e esquartejamento de Manuel Faustino dos Santos, Lucas Dantas de Amorim Torres, João de Deus do Nascimento e Luís Gonzaga das Virgens.** E que eles não eram os únicos revoltosos, mas foram os únicos enforcados e esquartejados pela justiça de Sua Majestade.

12/2/2007

* *Screamers* (2006), dirigido por Carla Garapedian.
** Líderes da Revolta dos Búzios ou Conjuração Baiana, movimento autonomista e republicano que eclodiu na capital baiana em 1798.

A catadora de miolos — o que ela nos diz?

A imagem de Débora, curvada, catando pedaços de miolos de seu irmão, um "neguinho abusado" segundo o policial que esmigalhou sua cabeça com um tiro de fuzil, será capaz de atravessar as barreiras erguidas para proteger a sensibilidade de autoridades de governo, lideranças empresariais e da sociedade civil quanto aos custos humanos do racismo e da discriminação racial entre nós?

Os valores desumanizadores que estimulam as agressões e crimes racistas, como sabemos, estão longe de confinar-se aos quartéis e às delegacias e circulam na família, nos meios de comunicação, na escola, na política etc.

Os dados estatísticos — sobre como essas crianças são rejeitadas e assassinadas, de mais de três décadas — são ignorados por quase todos e ninguém nunca é cobrado a assumir uma parcela mínima de responsabilidade no extermínio da juventude negra.

Essa catadora de restos humanos é avalizadora de que democracia? Esse sentimento de respeito e dignidade e corajosa responsabilidade pelos seus entes queridos — essa esperança sobre-humana — é real?

Nossa esperança de futuro parece repousar na fé inabalável da catadora de miolos — fragmentos de nossas possibilidades abortadas, nosso processo mutilado de crescimento e desenvolvimento.

Débora apura sua tarefa porque, ao contrário das autoridades, está envolvida com o mundo das responsabilidades, da ética e da decência. Quem matou seu irmão? Quem matou meu irmão? Quem matou e mata nosso irmão, afinal? A catadora de miolos nos transmite assim, com sua determinação, uma visão engajada de futuro. Os negros mortos têm mãe e irmãos que se curvam para recolher seus restos dispersos, mas se erguem para perseguir obstinadamente os responsáveis pelos crimes covardes. "Reaja à violência racial", é o que nos diz Débora.

23/8/2007

Um dia rotineiro e, acreditem, muito especial

A homogeneidade da identidade nacional e a censura das editorias não permitem que se registre a cor da vítima, a qual se revela, não obstante o esforço de apagamento, nas fotos do garoto e da mãe do garoto.* A cor que se vê nas fotos. Uma fala de uma amiga da mãe do garoto parecia, contudo, ameaçar nossa tão decantada predisposição para a convivência harmoniosa.

Marielle Franco,** amiga da mãe de Matheus, disse a Ana Paula Verly, repórter do *JB Online*, que "Tem a coisa do estereótipo: o menino era negro, de cabeça raspada, descalço e sem camisa". É disso que se trata. Não pode ser negro e ainda mais descalço, sem camisa e de cabeça raspada. Leva bala de fuzil na nuca. Trata-se de representação de delitos, pelos quais as pessoas devem pagar com a própria vida.

---

* A notícia "Menino morto na Maré segurava moeda de 1 real para comprar pão" registrou que Matheus Rodrigues de Carvalho, de oito anos, morreu ao ser atingido por um tiro de fuzil na comunidade Baixa do Sapateiro na manhã de 3 de dezembro de 2008, quando ia comprar pão. Diversas testemunhas afirmaram que o tiro partiu da Polícia Militar. Um protesto de moradores do Complexo da Maré chegou a fechar a Linha Vermelha, principal acesso rodoviário do Rio. O assassino não foi identificado.

** A ativista e futura vereadora, assassinada por milicianos em 2018, era moradora da Maré e assessora do deputado estadual Marcelo Freixo (PSOL).

A ausência de reação ao assassinato de crianças negras deveria ser o ponto de partida para que alcançássemos tanto uma melhor compreensão do que somos quanto do aviltamento de nossa cultura política.

Moradores da Baixa do Sapateiro, no Complexo da Maré, onde residia Matheus Rodrigues Carvalho, o garoto de oito anos assassinado pela PM, revoltaram-se e interditaram algumas pistas, botaram fogo em um automóvel. A polícia chegou e dispersou o grupo de moradores indignados. Isso é tudo.

O delegado Carlos Eduardo Almeida disse que "tradicionalmente" apresentam-se duas versões, a da polícia e a dos moradores. O delegado fala como aqueles detetives entediados e entorpecidos dos romances policiais. Tradicionalmente. No caso, refere-se a práticas de ódio, habituais e rotineiras. Nenhum choque, nenhuma turbulência institucional. Tudo dentro da tradição, dentro dos hábitos e costumes brasileiros. Morreu um preto.

Wilson Tosta, repórter de *O Estado de S. Paulo*, registrou para a história o entusiasmo da comitiva presidencial no Morro do Alemão,* menos de cinco horas depois do assassinato de Matheus, no Complexo da Maré. Polícia comunitária, a nova companheirada, territórios da paz, projetos do governo federal. Coisas futuras, como dizia e repetia a cabocla adivinha do Morro do Castelo em *Esaú e Jacó*, romance machadiano. O ministro da Justiça Tarso Genro não se podia conter: "Hoje é um dia muito importante para o Rio, é um dia muito importante para o Brasil". Tosta acha que a comitiva ainda não sabia de nada. Eu acho que eles nunca ficarão sabendo de nada. Matheus era apenas mais um garoto negro.

12/5/2008

---

* O presidente Lula visitou a comunidade da Zona Norte carioca para lançar o programa Território de Paz, de policiamento comunitário e ações sociais, em parceria com o governo fluminense e a prefeitura do Rio.

Nenhuma esperança

Costuma-se incluir, no histórico do surgimento do Movimento Negro Unificado (MNU), em 18 de junho de 1978, a reação à discriminação praticada pelo Clube Tietê, em São Paulo, contra quatro atletas negros,* como um dos fatos que impulsionaram a mobilização decisiva de um conjunto de entidades e pessoas que desaguaria na criação da organização política. Menos de um mês depois, em 7 de julho de 1978, nas escadarias do Theatro Municipal, um ato público anunciava que a luta contra o racismo alcançava um patamar superior: "Um novo dia começa a surgir para o negro! Estamos saindo das salas de reuniões, das salas de conferências e estamos indo para as ruas".

Trinta anos se passaram e as atitudes de aversão ao negro se extremaram na sociedade brasileira. Mas não se tem notícia de iniciativas do Movimento Negro que, mesmo remotamente, possa se aproximar da indignação e do protesto consequente das escadarias do Theatro Municipal em 1978, em São Pau-

---

* Jogadores do time juvenil de vôlei do Tietê, de treze a catorze anos, foram impedidos de treinar e usar as dependências do clube por serem negros. O treinador do time levou o caso à imprensa. A manifestação que originou o MNU também protestou contra o assassinato de Robson Silveira da Luz, de 24 anos, torturado até a morte numa delegacia sob a acusação de roubar frutas.

lo. A violência e o crime contra os negros convivem com o discurso hipócrita da "inclusão nunca vista", que embala os sonhos daqueles que renunciaram a combater o racismo. Os corpos de Marcos Paulo Campos (dezessete anos), Wellington Gonzaga Ferreira (dezenove anos), David Wilson da Silva (24 anos), jovens negros do Morro da Providência que militares do Exército entregaram para o sacrifício inominável,* tinham marcas de tortura (porretes de madeira e barras de ferro), rostos e/ ou cabeças destroçadas por 46 tiros, além das "marcas deixadas pelo triturador de lixo do caminhão" (*Folha de S.Paulo* 19/6/2008, p. C1). O nosso Clube Tietê é o lixão de Gramacho, mas quem se importa?

Há alguns anos, constatam-se as evidências de um profundo retrocesso histórico. Não apenas se retornou às salas de reuniões, a renúncia é de natureza mais profunda. Estamos renunciando a nossos direitos políticos, à condição de sujeitos em um conflito que, sem tergiversações, visa aniquilar a população negra.

Nos jornais, os editoriais interrogam-se sobre o conceito e a missão das Forças Armadas. Fala-se em "aventura militar", "pântano" e "contaminação da tropa".** Aqui e ali reponta uma crítica ao presidente da República pela aliança com o senador Marcelo Crivella (PRB-RJ), beneficiário eleitoral de projeto dito habitacional em execução no morro da Providência. O tema em debate é mesmo "a atuação do Exército em áreas urbanas", se e quando. David, Wellington e Marcos são chamados de "três rapazes", ou "três jovens". A cor não é citada porque se entende (entendimento unânime, exceto em algumas cartas de leitores) que esta não é uma variável relevante, nem na vida nem na morte. Está completamente fora de cogitação qualquer alusão a racismo e ódio racial. Por isso mesmo, o ministro Edson Santos*** ainda não apareceu. Sente-se

---

* Os três assassinados foram entregues por uma patrulha do Exército a traficantes de uma facção rival à que controla o morro da Providência. O MPF denunciou onze militares por homicídio triplamente qualificado, dos quais nove foram inocentados. O tenente Vinícius Ghidetti de Moraes Andrade e o sargento Leandro Maia Bueno chegaram a ser presos preventivamente, mas foram absolvidos pelo júri popular.

** Alusão às operações de garantia de lei e ordem com tropas das Forças Armadas nas comunidades cariocas.

*** Ministro da Secretaria Especial de Políticas de Promoção da Igualdade Racial (Seppir).

contemplado na fala de Paulo Vannuchi.* Sente-se contemplado na fala do ministro da Defesa. Sente-se contemplado na fala de Celso Amorim.** É um contemplativo, esse ministro que nos arrumaram para descuidar-se das coisas de preto. Mais um submisso, mais um concessivo.

É exatamente porque ninguém põe em dúvida a alardeada falta de pertinência da dimensão racial que podemos antever novos crimes, e não só no Rio de Janeiro. Políticos, jornalistas, intelectuais, professores, militares unem-se para "sustentar uma conclusão preestabelecida": não há crimes contra negros. E, por extensão, não há Movimento Negro, não há ministro negro.

David, Wellington, Marcos, pessoas, seres humanos barbaramente assassinados, não estão no centro do debate. Despelados e desumanizados, suas famílias agora terão que se proteger das ameaças e intimidações. Em tempos de retrocesso político para o Movimento Negro, estamos privados de qualquer esperança.

21/6/2008

* Ministro da Secretaria de Direitos Humanos da Presidência da República.
** Ministro das Relações Exteriores.

Estado de Direito e racismo

"Entre racismo e democracia, toda e qualquer conciliação é impossível." Essa é uma afirmação de Norberto Bobbio em *Do fascismo à democracia* (Elsevier; Campus, 2007, p. 55).

O racismo proclama a eterna superioridade de uma raça e a inferioridade também eterna de todas as outras, o que seria incompatível com "o espírito universalista da democracia".

Trago aqui esta reflexão a propósito do artigo de Tarso Genro, publicado hoje na *Folha de S.Paulo*, uma receita para a "afirmação do Estado democrático e social de Direito, com a recuperação plena do controle territorial da cidade do Rio" ("Milícias e Estado de Direito", 29/6/2008, p. 3). O ministro da Justiça afirma que

> um novo contrato social nesses territórios só será possível se o Estado, em todas as suas esferas, tiver a competência de retomar a confiança da população em relação a sua capacidade de garantir direitos fundamentais. A começar pelo direito de viver num ambiente livre da violência.

O limite dessa concepção de democracia é evidente, à luz da afirmação de Bobbio sobre a conciliação impossível. Ignora a dimensão racial predominante nos "territórios", ignora o histórico de subordinação de seus habitantes, aos quais sempre se negou aptidões e potenciais e possibilidades de desenvolvimento humano; ignora, numa palavra, o racismo.

O sacrifício de David, Wellington e Marcos* poderia ter produzido algum impacto nas ideias e nas concepções tradicionais de nossas autoridades de governo, rompendo com restrições e condicionamentos que os impedem de dimensionar as origens mais profundas da crise do "Estado democrático de Direito". Mas eles não podem, ao que parece, renunciar a pensar dentro dos moldes definidos por uma presunção de superioridade já naturalizada.

A questão não se limita à "competência" na formulação e implementação de políticas sociais e políticas de segurança. Há uma concepção do humano entre nós inerentemente violenta e perversa, que abre caminho para o ambiente definido pelo ministro como "fascismo societal".

Estamos tratando de uma visão de mundo que integra os partidos, as milícias e os agentes do Estado, os intelectuais e os empresários, cuja origem histórica está relacionada ao pensamento antidemocrático, na sua recusa obstinada em admitir a humanidade plena de mais da metade da população brasileira. É essa negação última que garante o ordenamento de nossa vida social de modo tão injusto e desigual, senhor ministro. Sem combatê-la, por todos os meios, não há saída para a "crise profunda" do Estado de Direito.

29/6/2008

* Ver pp. 109-11.

Mandões, racismo e democracia

"Passamos por este mundo apenas uma vez. Poucas tragédias podem ser maiores que a atrofia da vida; poucas injustiças podem ser mais profundas do que ser privado da oportunidade de competir, ou mesmo de ter esperança, por causa da imposição de um limite externo, mas que se tenta passar por interno."

O fragmento acima, de Stephen Jay Gould, é parte de uma reflexão sobre os limites impostos a seres humanos pelo determinismo biológico e as teorias racistas (*A falsa medida do homem*, Martins Fontes, 1991). É dessa perspectiva, a da caça, que saudamos aqui o Dia Internacional da Democracia, comemorado pela primeira vez na segunda-feira, 15 de setembro de 2008.

A data lamentavelmente teve pouca repercussão entre nós. O Brasil, em 2000, em Genebra, num evento sobre direitos humanos na ONU, apresentou uma moção declarando a incompatibilidade entre democracia e racismo. Ou seja, ninguém deveria ser privado da oportunidade de competir em razão da cor da pele. Eu escrevi então num artigo ("O desafio de controlar a própria explosão", em *Entre Áfricas e Brasis*, 2001) que a declaração brasileira não passava de "uma mesura diplomática, uma afetação hipócrita, que a leve inclinação do busto [tinha] o mérito de deixar o rabo a descoberto".

Salvemos, no entanto, nossa democracia: um general de Exército, incomodado com o rumo dos interrogatórios dos militares envolvidos com a chacina do Morro da Providência, pediu o afastamento do juiz federal responsável pela condução do processo* (*Folha de S.Paulo*, 6/9/2008, p. C9). Pediu e levou. Salve, general, salve.

Salvemos também nossos zeladores da Segurança Interna, servidores da Agência Brasileira de Inteligência (Abin), pelas horas que consomem acompanhando nossas marchas, reuniões, telefonemas, jornais (*Folha de S.Paulo*, 6/9/2008, p. A9). Salve, zelador, salve.

Por falar em zelador, lembrei-me de uma cena de *Estorvo*, de Chico Buarque (Companhia das Letras, 1991, p. 92). O pai do personagem que narra o romance, incomodado com o rádio do porteiro do edifício que, no momento da cena, ouvia o horóscopo,

> mandou o porteiro desligar aquela porcaria. E disse que nunca se viu empregado ligar para astrologia, ainda por cima crioulo, que nem signo tem. O porteiro achou aquilo a coisa mais engraçada. Vendeu o rádio e passou meses rindo muito e repetindo "crioulo não tem signo, crioulo não tem signo".

Alguns intelectuais têm afirmado que sofrer é uma coisa, entender é outra. Começaram com uma historinha de "branco mais preto do Brasil" e terminaram com um "chega pra lá, meu preto básico". Da varanda da casa-grande, falando às vezes um ioruba de raiz, eles acrescentam, não sem algum carinho: "Você não entende mesmo nada disso, meu pretinho".

A submissão do negro, cujo destino é decidido por ordens emanadas de seres superiores, fixados em constelações dispostas nos andares acima da portaria, produz nessa gente um gozo todo especial.

Não, não há nada de perverso nisso. É a democracia, meu velho, ao menos a que nos coube vivenciar. Ou melhor, ponha perversão nisso. O general e o pai, mandões e preconceituosos, eles controlam o processo democrático. O

---

* Na matéria "Servidores da Abin dizem que Lacerda é vítima de complô", de Claudio Dantas Siqueira, o presidente da associação de servidores da Abin, Nery Aguiar Filho, afirmou que 70% das atividades da agência se referiam à vigilância interna, sobretudo de movimentos sociais, e que "o pessoal do sni ainda [estava] na direção".

juiz obedece, o porteiro obedece. O porteiro é negro, logo obedece por limitações intrínsecas, segundo diversas autoridades; quanto ao juiz, não se sabe. Mas deve ser porque ele tem juízo, não é mesmo?

18/9/2008

Márcia mostra o caminho

Márcia de Oliveira Jacinto é uma das ganhadoras do Prêmio Faz Diferença do jornal *O Globo*. Após seis anos de luta obstinada, ela conseguiu reunir provas de que seu filho Hanry Silva Gomes de Siqueira, estudante de dezesseis anos, foi assassinado por policiais militares, em 2002, numa favela de Lins dos Vasconcelos, Rio de Janeiro.

O julgamento que condenou dois policiais militares responsáveis pela execução do garoto aconteceu em setembro deste ano. Márcia, uma dona de casa, negra, conduziu a investigação, desde a vistoria do local do crime, onde colheu evidências diversas, até a identificação dos criminosos.* Cursou no período uma faculdade de direito e disse a *O Globo* que sua luta é "uma vitória de todas as pessoas que moram em favela e querem respeito da polícia, que querem ser tratadas com dignidade" (20/12/2008, Cad. Prêmio faz Diferença, p. 3).

Márcia se recusou a aceitar como verdadeira a informação fornecida pela polícia, mas seu exemplo não nos comove apenas como apelo contra toda aco-

---

* Em 2019, o ex-PM Paulo Roberto Paschuini foi julgado pela terceira vez e condenado a onze anos de prisão em regime fechado por fraude processual e homicídio. A cena do crime foi adulterada para tentar associar Hanry ao tráfico de drogas.

modação que nos impede de buscar uma transformação da realidade como ela se apresenta, injusta e desigual.

Sua luta obstinada expressa uma concepção do que seja a vida muito superior ao que anda por aí. Moralmente superior.

Os corpos de jovens negros espalhados por todo o país revelam na verdade nosso entendimento da vida, as noções predominantes do que seja e não seja humano entre nós. Afinal, os lugares habitados por negros constituem uma comunidade humana? Márcia acredita que sim e se dispôs a provar que essas pessoas, seres humanos, devem ser tratadas com "dignidade e respeito".

O pano de fundo da história de Márcia é uma redenção possível do país. Sua intervenção critica o essencial: a degradação do humano e seu triunfo é a revalorização da humanidade vilipendiada.

Com todas as limitações das circunstâncias, a mulher da favela de Lins de Vasconcelos não se deixou intimidar e cumpriu uma trajetória que expande a percepção do humano entre nós.

20/12/2008

Um grito varonil

Escolheria como frase do ano a do presidente da OAB-RJ, dr. Wadih Damous. Ele considera "inadmissível a política adotada pela polícia do Rio de Janeiro: atirar primeiro e depois conversar". Diante dos repórteres, dr. Wadih expressou sua indignação: "A OAB vai entrar com tudo e vai utilizar todos os meios legais para que esse tipo de situação pare no Rio de Janeiro".*

Onde todo mundo imaginava uma acomodação passiva e absoluta, eis que desperta a consciência jurídica de seu sono profundo. Um grito varonil, como se cantava nos hinos. A gravidade do dr. Wadih no *Jornal Nacional*, ao anunciar sua decisão de procurar o Ministério Público, não deixa dúvidas de que a coisa é pra valer.

Pra valer até quando, indagam os mais céticos. Não sei, mas o dr. Wadih parecia disposto, quando rejeitou a "política adotada", a peitar não mais que as práticas assassinas do cotidiano policial, que ele sabe envolvidas em relações de poder. O homem da lei, julgo eu, vai querer rastrear as entranhas mesmo do governo. Afinal, a política da polícia é ou não política de governo?

---

* Damous se referia à morte de dois reféns e três supostos assaltantes durante uma perseguição de policiais da Delegacia de Repressão a Armas e Explosivos no subúrbio carioca de Brás de Pina.

Penso comigo que, no entendimento de toda gente, o que inclui o dr. Wadih, o responsável pela política adotada pela polícia do Rio de Janeiro é o governador Sérgio Cabral. E se entendemos bem a mensagem do dr. Wadih ("longe vá temor servil"), a coisa deve ir até o impeachment do governador.

Pare, agora. Pare, agora, com essa política. Pare, agora. O dr. Wadih, não tenho dúvidas, terá que parar o governador. Parece-me contraditório imaginar qualquer outro caminho. Quem sinalizou as conexões foi mesmo a OAB. A violência policial iluminada pela expressão "política adotada" amplia os critérios de classificação dos criminosos no Rio de Janeiro.

26/12/2008

Como um cão

Só o *Jornal da Band* noticiou ontem (5 de março de 2009) a violência extrema praticada por soldados do GOE da Polícia Militar de São Paulo contra o vendedor André Luís de Souza, de 29 anos, empregado em "uma grande rede de lojas, após rigoroso processo de seleção", segundo nos informou o repórter Rodrigo Hidalgo.

André Luís de Souza é negro, e podemos imaginar o rigor do processo de seleção a que foi submetido para conseguir finalmente a vaga nessa tal "grande rede de lojas".

Ao voltar de táxi para casa, na zona sul de São Paulo, André Luiz de Souza não conseguiu, contudo, ultrapassar a barreira do racismo da Polícia Militar e foi "confundido", segundo informa o GOE, com um assaltante de táxi.

Retirado com violência do veículo, atirado ao chão, André foi atingido nas pernas por disparos à queima-roupa feitos pelos soldados do GOE.

Deitado na cama de um hospital, André relatou ao repórter Rodrigo Hidalgo ter ouvido um policial perguntar: "Mata ou não mata?".

Imaginemos a cena. Um jovem voltando do trabalho para casa é violentamente agredido e baleado duas vezes por soldados da Polícia Militar, que ignoram seus apelos de inocência. Imobilizado no chão, aguarda o veredicto final, que será proferido por um soldado com o poder de decidir se ele continuará vivo ou não.

"Onde estava o juiz que ele nunca tinha visto? Onde estava o alto tribunal ao qual ele nunca havia chegado?" Essas questões foram feitas por Josef K., em *O processo*, de Franz Kafka, nos segundos que antecederam seu assassinato, e poderiam ter ocorrido também a André.

Após as indagações de Josef K., seus dois carrascos cravaram "a faca profundamente no seu coração". André julga que a presença de testemunhas evitou que ele dissesse também as palavras finais de Josef K.: "Como um cão".

André disse ainda à reportagem da Band que sente "medo, revolta e desamparo".

Pela pouca repercussão, o fato não parece ter muita importância para os formadores da opinião pacífica e ordeira dos brasileiros. André ainda não sente ódio. Mas não me parece necessário prenunciar o inevitável.

6/3/2009

Detalhamento dos óbitos

O que fizeram os jovens negros para merecer um castigo tão extremo — a pena de morte? A pergunta tem que ser formulada dessa maneira, porque numa sociedade sem racismo os culpados são os assassinados e sua conduta delituosa.

Por que temos tanta dificuldade para reagir diante dessa desumanidade? Sérias estatísticas divulgadas com regularidade impressionante pela mídia, com base em fontes as mais diversas, são a expressão de uma tendência social que não deixa margem a dúvidas. Como disse Nelson Rodrigues numa crônica famosa: "Nós não gostamos de negros". Demonstramos nossa verdade existencial mais profunda quando torturamos e matamos adolescentes criminalizados.

De outra forma, morre-se também nos baixos desvãos do poder. Após quase vinte anos de diálogo institucional, preferimos a adulação, a anulação do caráter, o oportunismo individualista. Preferimos o autoelogio, as referências hipócritas ao "massacre de Sharpeville"* em ritos e cerimônias cujo caráter institucional de terceira, de periferia do poder, é indisfarçável.

---

* Em 21 de março de 1960, 69 jovens negros foram assassinados pela polícia durante um protesto contra o apartheid do regime sul-africano, no subúrbio de Sharpeville, em Joanesburgo. Mais de duzentos manifestantes ficaram feridos. Nove anos depois, a ONU instituiu o Dia Internacional de Luta pela Eliminação da Discriminação Racial, comemorado em 21 de março.

Restam focos isolados de resistência, murmúrios na internet, a vergonha, a cabeça baixa.

2/1/2010

Indesculpável

Os promotores Maurício Lopes e Marcelo Rovere encaminharam denúncia à Justiça contra quatro soldados da PM paulista que assassinaram Alexandre Meneses dos Santos, no dia 8 de maio.* Os promotores argumentam que não se pode dissociar o crime de suas circunstâncias agravantes que envolvem preconceito racial. A denúncia foi aceita por juíza da 1ª Vara do Tribunal do Júri.

Os quatro militares interrogados (Carlos Magno dos Santos Diniz, Ricardo José Manso Monteiro, Márcio Barra da Rocha e Alex Sandro Soares Machado) não souberam precisar o motivo que teria justificado a abordagem violenta e brutal. "Talvez", declararam os promotores, "pela única circunstância de se tratar de pessoa negra e pobre." Uma nota de rodapé no texto da denúncia dos promotores explica que o boletim de ocorrência registrou a vítima como parda.

Afonso Benites, da equipe de reportagem da *Folha de S.Paulo* (18/5/2010, p. C7), reproduziu importante fragmento da argumentação dos promotores, quando estes chamam a atenção da Justiça para a ausência de registro de abor-

---

* O motoboy de 25 anos foi espancado diante de casa, na Cidade Ademar, Zona Sul de São Paulo, depois de supostamente desobedecer a uma ordem de parada da PM, e morreu no hospital. O Ministério Público denunciou os policiais por homicídio triplamente qualificado, fraude processual e racismo. Em 2013, todos foram absolvidos pelo júri popular.

dagem violentamente discriminatória da Polícia Militar em bairro nobre da cidade de São Paulo. "Aquele" (aquela pessoa branca e rica dirigindo um famoso carro de luxo) pode dispensar placas e nunca será incomodado pela PM: "Não se tem notícia de que abordagem semelhante se faça por policiais militares no Jardim Europa com aquele que trafegue em uma Lamborghini sem placas. A ação, além de desastrosa, foi movida por preconceito racial e social".

O fragmento acima foi transcrito da *Folha*. Na denúncia dos promotores, a última frase é: "A ação, além de desastrosa, foi movida indesculpavelmente por preconceito racial e social". A diferença é o advérbio ("indesculpavelmente") que a *Folha* julgou talvez irrelevante e dispensou.

O ato que não merece desculpa é aquele que não merece perdão, indulgência, absolvição — nem escusa, nem justificação. Está assim no dicionário. A ausência do advérbio, portanto, modifica o sentido de toda a frase dos promotores. Os assassinos de negros em todo o país, com raríssimas exceções, permanecem impunes.

A pele negra, estigmatizada, motivou a abordagem e tudo o mais que se seguiu. Abdias Nascimento disse isso em carta aberta ao chefe de Polícia do Rio de Janeiro em 1949: "Dir-se-ia que a polícia considera o homem de cor um delinquente nato, e está criando o delito de ser negro". Foi esse o delito; podemos dispensar o "talvez" dos promotores.

Mas você não precisa de uma Lamborghini para circular no Jardim Europa, basta ligar a TV. O que entre nós confronta para valer o processo de desumanização das pessoas não brancas? A escola? A propaganda? O mercado de trabalho? Os partidos políticos? A polícia, afinal, extrai significados surpreendentes e inusitados da pele negra ou eles circulam livremente em todo lugar? Além de punir severamente os assassinos fardados, devemos refletir sobre as conexões racistas que aproximam diferentes aspectos da vida social brasileira.

Uma última observação sobre muletas inadequadas e, portanto, dispensáveis, para que não se perca ou dilua o essencial. Algumas expressões utilizadas pelos promotores na denúncia, tais como "preconceito racial e social", "pessoa negra e pobre", "jovem pardo, pobre, periférico", ao invés de agravar acabam por atenuar.

A informação transmitida pela cor negra da pele, ninguém se iluda, é a de que se pode dispor, quem assim queira, quem assim o desejar, da vida desse ser inferior que exibe tão acintosa e provocativamente as marcas de sua inferioridade. Contrariamente, o tipo de relação que se acaba por estabelecer com as muletas indicadas é de outra natureza: bastaria então não ser pobre para ficar livre dos constrangimentos raciais. Ledo engano.

21/5/2010

Negro, não

A funcionária Rosana Bullara afirmou à *Folha de S.Paulo* (21/3/2010) que "foi discriminação", porque o estudante de filosofia Samuel de Sousa era "pobre e negro".

Samuel desmaiou subitamente após descer do ônibus e morreu na praça do Relógio Solar, na Cidade Universitária (USP). O corpo de Samuel ficou "por quase seis horas" estirado no chão. Existe um hospital no campus da USP, localizado a menos de três quilômetros do local onde estava o corpo.

No Rio, os porcos comeram partes do corpo apodrecido de Davi Basílio Alves, jovem de dezessete anos assassinado pela polícia na Vila Cruzeiro. Segundo reportagem da *Folha*, Davi era "soldado do tráfico" e seu corpo ficou abandonado "numa rua de terra da Vila Cruzeiro" de quinta (25 de novembro de 2011) até sábado (*Folha de S.Paulo*, 5/12/2010).

Além dos corpos negros atirados em vielas e entulhos e na Cidade Universitária de grande prestígio, há os que desaparecem, recolhidos pela polícia, que não tem como provar o envolvimento dessas pessoas assassinadas com o tráfico, e as enterra como indigentes, com a cumplicidade dos IMLs.

Entre as normas que definem o que é ou o que deve ser aceito entre nós, há uma que implica a rejeição perpétua à cor negra da pele. A repulsa ao negro é uma dimensão social e psicológica que constitui a própria nacionalidade. José Bonifácio de Andrada e Silva referiu-se a ela na proposta que encaminhou à Assembleia Constituinte, em 1823: "Mas o negro conserva indelevelmente um sinal de separação e de desprezo". Bonifácio afirma ainda que entre nós "uma das causas que concorre a perpetuar e piorar a escravidão dos negros é a cor" (*Projetos para o Brasil*, Companhia das Letras; Publifolha, 2000, p. 44).

Uma coisa era o escravo, outra coisa a cor do escravo. Sinal indelével é isso mesmo, que não se dissipa, indestrutível. A televisão, a cultura, os partidos, as vanguardas e as retaguardas, o mundo que nos é familiar se encarrega de disseminar a repulsa e a rejeição e a favorecer e estimular a ação criminosa de assassinos, fardados ou não. Criou-se um consenso de larga memória, cruel e sanguinário: negro, não.

9/12/2010

Atlas da Violência — conte algo que não sei

Os negros, segundo o Atlas da Violência do Instituto de Pesquisa Econômica Aplicada (Ipea) divulgado no último dia 5, tornam-se, cada vez mais, alvo de ataques homicidas. De 2005 a 2015, 318 mil jovens foram assassinados no Brasil, negros em sua esmagadora maioria. "Futuro perdido", dizia a chamada de primeira página de *O Globo*, na edição de 6 de junho de 2017, para a reportagem de Juliana Castro e Miguel Caballero.

A divulgação do atlas, no entanto, gerou poucos comentários na mídia e está muito longe de representar algum escândalo público. Até a indignação que ouvi de um comentarista da rádio BandNews me pareceu construída com palavras meramente rituais: "Não é possível que você tenha um número como esse, em que mais de sete, a cada dez vítimas de homicídios, sejam negros e dizer que é um país onde tem uma democracia racial, isso é brincadeira, é uma ilusão que a gente vive".

Estou tentando dizer que o comentário não se incorpora à situação. Democracia racial? Quem realmente viveu ou vive essa ilusão entre nós? Ou melhor, quanta hipocrisia e quantos cadáveres são necessários para se conservar uma convicção de fachada? A alegação para abandoná-la somente agora é a de que não se dispunha de informações completas e de cadáveres suficientes. Todo mundo, finalmente, toma conhecimento de tudo.

Colho as frases seguintes da reportagem de *O Globo* (p. 8): "A já conhecida predominância de população jovem e negra entre as vítimas não só se manteve como se acentuou"; e esta outra: "Ser negro no Brasil aumenta a chance de ser assassinado, e este é um dado que está se acentuando".

Se, a cada cem assassinatos, em 71 a vítima é negra e essa realidade está em franco progresso, com certeza será uma ironia macabra alguém expressar entusiasmo e confiança no futuro do povo negro no Brasil.

Não há também, que eu saiba, após a divulgação da pesquisa, nenhuma compaixão, nenhuma solidariedade diante do sofrimento revelado pelos números. Desnecessário dizer que, dentro das regras estabelecidas pelo racismo, trata-se de eliminar vidas que não importam, elementos indesejáveis.

Outro dado interessante dessas pesquisas é que elas não incluem a avaliação de nenhuma política pública. Os textos midiáticos também não registram a avaliação de nenhum fracasso, porque afinal o subentendido é que nunca se tentou a sério fazer mesmo alguma coisa.

Após várias CPIs, na Câmara e no Senado, de debates com a participação de familiares de vítimas e representantes de movimentos negros, viagens pelos estados, cursos e oficinas buscando o diálogo com o Ministério Público e outros atores, livros, filmes, cartilhas e campanhas, a sensação diante dos números do Atlas da Violência é a de que estivemos todos empenhados em atos fraudulentos.

A consciência de que se comete no Brasil um massacre contra os negros pode ainda abandonar todos os escrúpulos e usar os dados do extermínio como recurso argumentativo para propagar que os negros se odeiam.

Um bom exemplo é o prólogo da coletânea *Bala perdida: A violência policial no Brasil e os desafios para sua superação*, no qual Marcelo Freixo afirma que "A tragédia carioca e brasileira é ver homens de preto, quase todos pretos, matando homens pretos".

Entendo que a tragicidade decorre do fato de os pretos se matarem entre si. Gente doida, muito doida mesmo. O que seria uma estratégia política coerente com essa leitura de nossa realidade? Não aceitar policiais negros? Não permitir que policiais negros, em razão do ódio racial, possam andar armados? Ou manter prudente distância desses rituais africanos macabros?

O certo é que os brancos atilados e espertos conseguem ver as razões mais profundas que determinam o fim da população negra ("essa gente não se suporta…"), mas nada podem fazer para salvar-nos de nosso fim trágico.

A falta de novidade parece reduzir o impacto do atlas. "Conte algo que não sei" é o nome de uma coluna de *O Globo*, e a expressão pode servir de paradigma para o oportunismo cínico. Mas não podemos aceitar que essas sejam as últimas palavras sobre a continuidade da vida dos descendentes de africanos no Brasil. A recepção silenciosa a essa barbárie diz muito do que somos e só fortalece as condições para que os assassinatos continuem a acontecer.

6/7/2017

3.

INCIDÊNCIA POLÍTICA

Visões conservadoras

1. Em maio de 1985, o repórter Rubem de Azevedo Lima, da Folha de S.Paulo, noticiava[1] as preocupações manifestadas por deputados do PDS com os rumos do processo político. O porta-voz dessas preocupações era o deputado Gorgônio Neto, do PDS baiano. Alguns fatos políticos recentes configurariam uma ameaça de "ruptura do equilíbrio social" e estariam sendo promovidos pelas "forças da esquerda". Segundo a visão dos pedessistas, os temas que agravariam as "tensões políticas no país" eram os seguintes: a questão agrária (o projeto governamental de reforma agrária); a questão racial (a estranha criação de um Movimento Negro); e a questão militar (a convocação do general Medeiros para depor em inquérito judicial).

2. Meses depois, uma coligação PDS/ PTB disputava a prefeitura de Salvador com um candidato negro, Edvaldo Brito, cujo "slogan" de campanha era "Pra quem tem a Bahia no sangue".[2] Entrevista-

---

1. Rubem de Azevedo Lima, "Revanchismo preocupa pedessistas", *Folha de S.Paulo*, 30/5/1985, p. 5.

2. Embora vitorioso nas eleições para o governo do estado da Bahia em 1982, o grupo liderado

mos na época alguns membros de seu comitê, que nos confirmaram o óbvio: a Bahia era negra, negro devia votar em negro etc.

3. Sob o título "Comunismo angolano exporta o racismo", O Estado de S. Paulo *veiculava em sua edição de 7 de abril de 1988 matéria assinada pelas iniciais N.M., que afirmava que* "Países do Terceiro Mundo, acumpliciados com certos líderes duvidosos da África, pretendem agora substituir, na América do Sul em geral e no Brasil em particular, a arma ideológica pelo ódio racial insuflado na alma dos seus povos ignorantes. [...] Essa nova onda da reflexão negra, visando acender o estopim do ódio inter-racial do País, é mais uma tática revolucionária terceiro-mundista importada de Angola, da área do 'comunismo pobre' que, ao contrário da área do 'comunismo a caminho do capitalismo', quer ver o circo pegar fogo".

4. Trecho da fala do presidente da República no Treze de Maio último: "Para marcar esta data, estou criando a Fundação Palmares, que se destina à promoção da raça negra, para tornar possível a presença do negro em todos os setores de liderança deste país, numa fecunda revolução de resgate de uma dívida que ainda permanece".[3]

Como se pode observar, foram relacionadas duas diferentes visões das contradições raciais no Brasil de hoje no seio de forças conservadoras. Uma, expressa pela entrevista de Gorgônio Neto e pelo artigo panfletário de O Estado de S. Paulo, atribui à manipulação de forças da esquerda ou do comunismo internacional, como sempre quis o Estado da Segurança Nacional, o avanço do Movimento Negro. Outra, bem mais sutil, representada pelo episódio eleitoral baiano e pela fala do Sarney, quer alcançar seus objetivos políticos através do que Golbery chamou de "hábil e esclarecida manobra de cooptação por partes".[4]

---

por Antônio Carlos Magalhães foi derrotado pelo PMDB em Salvador. Na disputa pela Prefeitura em 1985 tenta, diante do avanço do Movimento Negro, a manobra eleitoreira de apelo racial.

3. *Correio Braziliense*, 14/5/1988, p. 4.

4. Citado por Octavio Ianni em *O ciclo da revolução burguesa* (Vozes, 1985), p. 20.

Fique claro que não se trata aqui de visões excludentes. São vozes diversas, ou diferentes instrumentos, da riquíssima polifonia que expressa o pensamento das classes dominantes.

Nesta breve exposição, analisaremos alguns aspectos do projeto do Executivo que cria a Fundação Cultural Palmares (FCP). É importante assinalar, de passagem, que desde às 7h50 do Treze de Maio emissoras de TV divulgaram o pronunciamento do Palácio do Planalto, retransmitido ao longo do dia. À noite, o debate anunciado pelo Fundo de Financiamento da Televisão Educativa (Funtevê) e previsto no calendário oficial foi simplesmente cancelado, atribuindo-se a censura aos efeitos da passeata realizada pelo Movimento Negro no Rio de Janeiro.

FUNDAÇÃO PALMARES

Antes de tudo, o nome da coisa criada revela a tentativa de atrair para "os de cima", para o generoso e aristocrático Treze de Maio, o símbolo da luta obstinada e secular dos "de baixo".[5] Palmares é Zumbi, Zumbi é o espírito negro que combate. A consubstanciação de essências tão divergentes, o Vinte no Treze, foi muito bem explicitada também por Pelé à revista *Manchete*: "Me perguntaram outro dia se devemos comemorar o Treze de Maio ou o Vinte de Novembro, dia de Zumbi dos Palmares. Não acho que se deva separar — são duas datas importantes —, vamos unir as duas, festejar, e pronto".

Se confrontarmos a fala presidencial citada anteriormente com o texto mesmo do projeto,[6] especialmente o art. 1º, que define os objetivos da FCP, notaremos que, em um, trata-se da promoção de lideranças negras, e, em outro, de "promover a preservação dos valores culturais, sociais e econômicos decorrentes da influência negra na formação da sociedade brasileira".

Ainda que a exposição de motivos que acompanha o projeto esteja assinada pelo ministro da Cultura Celso Furtado, eminente economista, não conseguimos atinar com o que venha a ser preservação de valores econômicos,

5. *Folha de S.Paulo*, 14/5/1988, p. A-13.
6. Projeto de lei nº 549, que autoriza o poder Executivo a constituir a Fundação Palmares e dá outras providências.

quando se trata, como é o caso, de uma massa de espoliados. E a avaliação de que os valores culturais negros precisam ser resguardados e protegidos (afinal é esse o significado do verbo "preservar") desvela a perspectiva conservadora que insiste em ver as manifestações da cultura negra como sobrevivências do passado, em vias de extinção.

A uma desastrosa política indigenista de cunho oficial segue-se agora um Serviço de Proteção ao Negro, reforçando a ideia preconceituosa de um núcleo essencialmente branco de identidade nacional, a que se acrescentam minúsculos penduricalhos indígenas e negros, protegidos pela tutela do grupo dominante. Cem anos depois, um novo documento legal reafirma a "generosidade" da raça branca.

Uma das mais flagrantes distorções do texto que justifica a FCP incide exatamente na tentativa de esboço histórico do Movimento Negro no Brasil. Embora haja mais estudantes negros em universidades negras sul-africanas do que em universidades brasileiras, atribui-se a uma geração fictícia de graduados negros em ciências sociais (além das lutas de libertação na África e da luta pelos direitos civis nos Estados Unidos) a responsabilidade pela "emergência de uma sociedade civil negra militante".

Ora, aqui se matam dois coelhos com uma só FRAUDAÇÃO: por um lado, apaga-se a continuidade histórica da luta obstinada contra a opressão racista e por melhores condições de vida e trabalho, e, por outro, destaca-se o papel das "elites negras" (meta do Sarney também explicitada no discurso de 21 de março)* e das influências vindas de fora (ver artigo em *O Estado de S. Paulo* já citado), obliterando-se o papel fundamental das lutas das entidades e das massas negras espoliadas.

Abro aqui um parêntesis para comentar um texto de Gilberto Gil publicado na revista *IRIS/ FOTO* (n. 414, maio 1988). Segundo Gil, existem "as falsas encruzilhadas dos assim chamados 'xiitas da negritude' (que chegam ao absurdo de dizer que existe apartheid no Brasil, por exemplo)". Trago aqui esse fragmento a propósito da aproximação que fiz entre a presença negra nas universidades brasileiras e sul-africanas. A esse respeito quero lembrar ainda um artigo do professor José Galbinski, da Faculdade de Arquitetura e Urbanismo

---

* Discurso em cadeia de rádio e TV para o lançamento oficial das comemorações do Centenário da Abolição.

da Universidade de Brasília, publicado no *Jornal do Brasil* (21/4/1985) com o título "Guerra espacial em Brasília", onde, analisando problemas diversos de uso do solo, afirma, sem meias palavras, que os altos níveis de segregação socioespacial do Distrito Federal somente são comparados aos da África do Sul. Que eu saiba, o professor Galbinski não pode ser chamado de "xiita da negritude", como quer o Gil.

A REVOLUÇÃO DE CIMA PARA BAIXO

O projeto de lei que cria a Fundação Palmares, encaminhado pelo presidente da República ao Legislativo, aprofunda os laços orgânicos entre determinados segmentos do Movimento Negro e o Estado. Não por acaso, o ano do Centenário da Abolição vem coroar uma política de envolvimento em que, a rigor, o Estado não teve que fazer nem muito esforço, nem grandes concessões para seduzir arrivistas e conquistar terreno junto às bases do Movimento Negro.

À frente de um governo que vem reagindo negativamente ao conjunto das reivindicações populares, Sarney acena para o Movimento Negro com o ardil da representação nos blocos de poder. Como decorrência de uma "revolução de resgate", uma elite de funcionários servirá à "ascensão da raça negra". O poder estatal no Brasil recorre sempre a velhas formas de conciliação pelo alto.[7]

Uma das grandes tarefas que se colocam no presente para o Movimento Negro é compreender e superar os desafios lançados à sua capacidade de organização e mobilização autônomas pela intervenção do Estado autoritário.

1987

7. Cf. Octavio Ianni, op. cit.

Confusões e enganos

"Não sei por que me convidaram." A frase, dita por Arnaldo Jabor, é reveladora das confusões e equívocos em que se envolveu a organização do seminário "Multiculturalismo e racismo".*

Quando se esperava que o debatedor realizasse o impossível, estabelecendo algum tipo de ligação entre a fala dos quatro componentes do bloco dito de Contextualização, o que se viu foi uma conexão explosiva entre a perplexidade da mesa e o assombro da plenária.

A organização das mesas, o acúmulo meio desordenado de comunicações, a intervenção pulverizada dos debatedores, o horário rigidamente burocrático das tradutoras e o longo "coffee break", tudo era limitador do debate, que, caso ocorresse, deveria se restringir a uma ou duas questões insossas.

O público do seminário era constituído principalmente de representantes de entidades e organizações negras. Convidados, transportados e hospedados pelo Ministério da Justiça. Imaginem um imenso poleiro, onde as aves pousam, mas são rigorosamente proibidas de cacarejar. Um luxo.

Arnaldo Jabor, que não sabia por que o haviam convidado, percebeu rapi-

---

* Seminário internacional "Multiculturalismo e racismo: O papel da ação afirmativa nos Estados democráticos contemporâneos".

damente o óbvio: os negros estavam ali para ouvir o que os brancos tinham a dizer sobre relações raciais. Acrescente-se que alguns pesquisadores literalmente debutavam, fazendo a estreia triunfante de conceitos como o de "racismo sutil" e citando a bibliografia dos anos 1950.

Na abertura dos trabalhos, a fala do presidente da República levava a supor um quadro bem diverso. Fernando Henrique Cardoso, falando do privilégio brasileiro por abrigar diferentes raças e culturas, enfatizou que os benefícios imensos da diversidade só advirão "se nós nos organizarmos democraticamente, ou seja, se aumentarmos as oportunidades de acesso à cultura, de acesso à participação na economia, de acesso dos diversos segmentos da população brasileira aos processos decisórios".

Embora evitando a palavra "racismo" (FHC prefere falar de preconceito e discriminação), o presidente da República foi enérgico ao afirmar a necessidade de

> dar uma injeção de criatividade nas nossas práticas, inclusive nas práticas legislativas, nas práticas burocráticas, na maneira pela qual o governo atua nessa matéria, que é matéria difícil de nela atuar, porque diz respeito a valores muito profundos e a interesses também. E diz respeito a situações que são inaceitáveis. [...] A discriminação como que se consolida em termos de alguma coisa que se repete, que se reproduz. E aí não dá para hipócrita também dizer: "Não, o nosso jeito não é esse". Não, o nosso jeito está errado mesmo, há uma repetição de discriminações, há uma área muito dura na inaceitabilidade de preconceito. Isso tem que ser desmascarado, tem que ser, realmente, contra-atacado, não só em termos verbais como em termos de mecanismos e de processos que possam levar a uma transformação na direção de uma relação mais democrática entre as raças.

A pasta distribuída aos participantes do seminário continha um exemplar impresso do Programa Nacional de Direitos Humanos, lançado este ano como guia das ações do governo na construção de um Brasil mais justo.

A expectativa das entidades era a de que a conversa começasse por aí: pelo exame, que conduzisse a encaminhamentos práticos, das 22 propostas relacionadas no Programa, que compõem uma espécie de agenda mínima construída a partir da pauta de reivindicações do Movimento Negro.

O desfile de acadêmicos (independentemente do mérito das comunicações) entre o Movimento Negro e o Estado provocou recuos inesperados. Em outro contexto, algumas comunicações poderiam até mesmo sugerir a presença de um espírito inquieto e questionador, mas ali algumas questões ressoaram como sinais evidentes de gratuidade e alheamento: "Quem é negro no Brasil?", "Existe uma identidade afro-brasileira?".

Do episódio constrangedor parece ficar algum ensinamento. A Comissão de Direitos Humanos do Ministério da Justiça deve abrir mão de suas pretensões acadêmicas. A Universidade conhece bem o seu papel, apesar das dificuldades da hora presente. O diálogo com as entidades do Movimento Negro deve orientar-se para o encaminhamento de ações concretas. Algumas já foram sugeridas e impressas em folheto com o selo do próprio Ministério da Justiça. O que está faltando?

À medida que o seminário avançava, algumas lideranças iam deixando o plenário. As que lá permaneceram mantiveram-se em um pesado silêncio. No ar, uma coisa que fica além da frustração das expectativas: a sensação do engodo.

jul. 1996

Sapatinho na janela

(Ao som do clássico natalino.)

O vice-presidente da República, sr. Marco Maciel, afirmou em artigo recente na *Folha de S.Paulo** que, sob o ponto de vista da moral liberal, igualdade e equidade são princípios políticos e morais diferentes. Maciel chamou a atenção para a natureza compensatória embutida no conceito de equidade, diferente da noção de tratamento igual para todos: É preciso "eliminar a diferença econômica e social para que o veredicto seja justo e, só nessas condições, equânime". Pois é. Agora todo mundo fica sabendo desse postulado da "filosofia liberal".

Outro liberal, o sr. Rubens Ricupero, uma espécie de avatar de Joaquim Nabuco, escreveu também na *Folha* que "é impossível, quase imoral" comemorar-se os quinhentos anos sem associar a data da inauguração oficial da colonização à escravidão, ao padrão deplorável de relações entre seres humanos estabelecido pelo escravismo.

E mais, sem a devida valorização da contribuição de africanos e seus des-

* "Liberalismo, igualdade e equidade", na edição de 11 de março de 1999.

cendentes. E mais: "Por que não preparar, a partir de agora, o lançamento, como se fez nos Estados Unidos, de programa de jubileu de ação afirmativa em favor dos afro-brasileiros?".

Não se pode negar, diante desses abalizados testemunhos, que há por assim dizer indícios significativos de uma profunda crise moral na consciência liberal brasileira. Repontam aqui e ali, em publicações de prestígio inequívoco, sinais às vezes carregados de indignação.

O sr. Diogo Mainardi, na revista *Veja*,* chutou literalmente o balde que continha os velhos e gastos argumentos que sempre afirmaram ser impossível qualquer política pública voltada especificamente para o segmento negro da população — pela singela razão de que não se sabe ao certo quem é ou não negro. Mainardi detonou esse sofisma: "Nós sabemos distinguir um negro de um branco ainda que ambos tenham a mesma cor" ("Onde estão os negros?", 28/4/1999).

É singular também no artigo de Mainardi a utilização da comparação Brasil-Estados Unidos. Todos a conhecem como tapume para esconder o racismo no Brasil. Era irmã gêmea da comparação com a África do Sul. Mainardi inverte os sinais e compara Brasil e Estados Unidos para mostrar o abismo das desigualdades raciais no Brasil. E defende também, lá com seus equívocos, as políticas compensatórias. Tudo como nos Estados Unidos. O idílico, claro, não o real. Sem sangue, nem guerrilha urbana nem pantera idem, sem prisões e assassinatos, sem eliminação das lideranças não servis, nem aqueles conflitos em cidades incendiadas. Nada disso, baby. Tudo ali maneiro, num seminariozinho bem medíocre.

Como a comparação é uma estrutura argumentativa de largas raízes no pensamento humano, essa alteração de sinais entre comparante e comparado bem pode ser reveladora de mudanças na concepção — no modo de certo pensamento brasileiro conceber as relações raciais. Uma vitória ideológica extraordinária do Movimento Negro. Mas peraí…

Confundidos pela força de seus argumentos, a que assiste agora repontar na ilusória retórica liberal (essa história de neoliberalismo nós dispensamos, o velho liberalismo sozinho sempre nos encheu as tampas e esvaziou as panelas), amplos setores do Movimento Negro embarcaram numa canoa furada. Querem porque querem criar um momento único na história da humanidade. Al-

* "Onde estão os negros?", na edição de 28 de abril de 1999.

terar condições de vida de um povo dominado e subalternizado há cinco séculos a partir de manifestações de boa consciência do grupo dominante.

Boa consciência, debatendo-se em crise moral, acionada por seminários e palestras e, como dizia uma representante de uma ONG famosa, por "intensa sensibilização". Nenhuma intervenção política, nenhum esforço de mobilização e organização, nenhuma contundência. Só no sapatinho.

O Departamento Intersindical de Estatística e Estudos Socioeconômicos (Dieese) da Bahia divulgou os dados mais recentes sobre o desemprego na Região Metropolitana de Salvador. De 336 mil desempregados, 293 mil são negros. Os que estão empregados ou ocupados recebem quase a metade do que recebem os brancos. As mulheres negras são domésticas em sua esmagadora maioria. Aprofundando-se as desigualdades, o jogo duro da vida real, aumentam os acenos de indignação moral dos neoabolicionistas. Na hora de um vamos-ver qualquer, como na votação do relaxamento da prisão do deputado Remi Trinta,* o representante do governo afirmou em alto e bom som "que o governo não tem opinião sobre a matéria". Tirem o sapatinho da janela, vamos fazer política.

1999

---

* No Aeroporto de Belém, em 31 de janeiro de 1999, no interior de uma aeronave da Transbrasil, o copiloto Sérgio Arquimedes Pacheco da Cruz foi vítima de discriminação racial praticada pelo deputado Remi Trinta (PL-MA). Preso em flagrante pela Polícia Federal, Remi ficou sob custódia da Câmara dos Deputados até a sessão plenária de 16 de março, que decidiu por maioria significativa acompanhar o parecer da Comissão de Constituição, Justiça e Redação (CCJR) pelo relaxamento da prisão.

O vazio e o lobo

O presidente Lula disse, no ano passado, que "não tinha botado uma negra no Ministério para servir de enfeite". No decreto sem número que cria o Ano da Promoção da Igualdade Racial, puro ornamento, tudo é enfeite.

O ministro Gilberto Gil* parecia surpreso. Assinara no início do ano, juntamente com o presidente da República, o decreto que cria o Ano de Promoção da Igualdade Racial e agora via ressurgir a velha novidade: um bloqueio de 53% do orçamento do Ministério da Cultura.

Uma pena, a Cultura vai ficar fora da festa. O brutal contingenciamento vai nos privar, com certeza, da exibição de cultura negra, em concorridas solenidades, enquanto durarem as comemorações do Ano da Igualdade Racial.

O Ministério das Cidades também foi submetido a cerrado bloqueio orçamentário. Dessa forma brusca fomos informados de que o acesso a serviços essenciais, como abastecimento de água e esgoto, também vai ficar fora da festa da "Igualdade Racial".

---

* Ministro da Cultura entre 2003 e 2008.

O presidente da República sempre poderá se defender dizendo que o decreto que ele assinou não faz nenhuma referência a ação de qualquer natureza, nem a programas, nem tampouco faz qualquer alusão a recursos orçamentários.

Trata-se, digamos assim, do Ano da Igualdade Racial em estado de pureza absoluta. Pureza especulativa, etérea, terreno de sutilezas e transcendências onde nem mesmo se faz necessária a definição do que seja "Igualdade Racial".

É forçoso reconhecer, no entanto, alguma materialidade. O que há de palpável e concreto no decreto assinado pelo presidente Lula e seu ministro da Cultura, uma espécie de moldura sobre o vazio, é a coordenação da Secretaria de Políticas de Promoção da Igualdade Racial (Seppir).

Sim, seja lá o que for que se venha a promover nesse ano glorioso, esse imponderável será disposto e arranjado pela Seppir. A Secretaria Especial de Políticas de Promoção da Igualdade Racial, enfim, foi convocada para fazer jus ao nome. Refiro-me à palavra "especial", que não tinha ficado, a meu ver, muito bem entendida.

Trata-se de algo muito singular, um domínio muito particular desse órgão da administração pública federal. Pois então a Seppir, de acordo com suas características, foi convocada para organizar, dirigir, orientar matéria de alta complexidade. Em razão mesmo dessa complexidade a tal matéria não se permite nenhuma visibilidade, impedida de assumir corporalidade até em um decreto presidencial.

Está, desde então, a secretária Matilde Ribeiro às voltas com um grande problema. O governo, o seu governo, ordena por decreto, por determinação escrita, que ela coordene matéria de enorme abstração, sem orçamento, sem rumo, sem nada.

Uma cigana algo malévola, com acento machadiano, talvez sugerisse "ler a sorte" nas entrelinhas do próprio decreto. Sim, a cigana tem razão. Há, no vazio espantoso do decreto presidencial, em seu descaso acintoso e provocador, muitos presságios, sinais de futuro.

O decreto não é fortuito, nem acidental. Há um padrão recorrente, posto em prática também pelo governo anterior, em cuja base se acumulam os eventos, as recepções, os seminários, a palavra estéril, as viagens, e o jogo duro, desarticulador, caluniador com a militância mais consequente e comprometida. Ilude-se quem imagina que o decreto fortalece a Seppir. A cigana tem razão. O decreto dá a exata medida do que a Seppir significa para o governo. Nada.

O LOBO E O CORDEIRO

A leitura da coluna de Luis Nassif ("O racismo negro"), divulgada com estardalhaço pela *Folha de S.Paulo* (4/3/2005), me faz lembrar a conhecida fábula de Esopo, "O lobo e o cordeiro".

Você, que reivindica ações afirmativas, como ousa turvar a água que eu bebo? Como ousa falar de racismo em um país de águas tão límpidas? Os que têm o poder de discriminar se deleitam com a agonia de suas vítimas (a água do riacho corre do lobo para o cordeiro). Esopo foi escravo na Grécia e experimentou os efeitos da argumentação com que a tirania constrói mentiras e ficções para justificar seus apetites.

fev./mar. 2005

Relatório de Doudou Diène terá algum impacto no sistema ONU no Brasil?

Em outubro do ano passado, pouco antes de seguir para Nova York, Carlos Lopes, representante do Programa das Nações Unidas para o Desenvolvimento (PNUD) no Brasil, disse em entrevista que o país precisava enfrentar alguns problemas estruturais caso desejasse melhorar seus indicadores sociais e econômicos, e citou o racismo como um dos "grandes problemas estruturais difíceis de ultrapassar" (*O Globo*, 10/10/2005, Economia, p. 14).

Respondendo a uma pergunta da jornalista Eliane Oliveira — "Como o racismo se manifesta no Brasil?" —, o então representante do PNUD disse que

Quando se analisa a distribuição de recursos em termos raciais, desde que as estatísticas permitam essa desagregação, chega-se facilmente à conclusão de que há uma diferença entre brancos e negros. Se há melhora social no país, a situação dos brancos melhora mais. Quanto menos negros você tem em determinada zona, melhores os indicadores.

No mesmo mês de outubro, estava percorrendo o país, em missão institucional, o senegalês Doudou Diène, relator especial das Nações Unidas sobre formas contemporâneas de racismo e discriminação racial. Doudou Diène, dez anos depois, seguia os passos de Maurice Glèlè-Ahanhanzo, também relator para o mesmo tema, que visitou o Brasil em 1995 com os mesmos encargos institucionais.

Em seu relatório, Diène afirma que "toda a sociedade está organizada a partir de uma perspectiva racista: os negros são excluídos de todos os setores da sociedade e confinados aos trabalhos difíceis, com baixos salários, e seus direitos básicos, incluindo o direito à vida, sendo violados".

"Viajar pelo país é como mover-se entre dois planetas", disse ainda o relator da ONU.

Ahanhanzo, Carlos Lopes, Doudou Diène — inequivocamente a ONU está bem informada sobre o Brasil. Podemos até imaginar que, com tanta informação, os 800 milhões de dólares que o PNUD dispõe no Brasil para financiar programas e projetos (a maior parte é dinheiro do próprio governo brasileiro, a parte da ONU é ínfima, inferior às parcelas advindas dos bancos de desenvolvimento) serão prioritariamente direcionados para a superação do "racismo estrutural". Sugerimos a Lucien Muñoz, atual representante do PNUD, uma exigência do tipo: ou o projeto diz seu impacto sobre as desigualdades raciais, ou não tem dinheiro.

É certo que um problema estrutural identificado "facilmente", como disse Carlos Lopes pouco antes de deixar o cargo, e sobre o qual se acumulam relatórios, diagnósticos e recomendações, está exigindo uma ação mais contundente das Nações Unidas, dentro e fora do Brasil. Acrescente-se que a informalidade, indicada também por Carlos Lopes como um outro grande problema estrutural, tem uma de suas origens, segundo Mário Theodoro, na existência de uma extrema desigualdade social, onde o racismo joga papel fundamental. Assim, o racismo não é mais um fator estrutural. Ele é o fator preponderante na estruturação das desigualdades no Brasil.

Queremos não só redirecionar os 800 milhões de dólares (já dava um caldo, é certo), mas queremos uma campanha que mobilize a solidariedade internacional e pressione o Estado brasileiro (qualquer que seja o governo de plantão). Recomendações de relatórios são importantes, mas serão tratadas, ao que tudo indica, do mesmo modo que as decisões de Durban. Afinal, o que há no relatório de Doudou Diène que não tenha sido apontado pelas entidades negras nos últimos cinquenta anos? A propósito, as entidades que lutam praticamente sozinhas no Brasil, negadas e vilipendiadas pela direita e pela esquerda, também precisam de apoio efetivo e não apenas migalhas para eventos de muita falação e pouco resultado.

O "racismo estrutural" compreende as formas de racismo e discriminação racial institucionalizadas, intrínsecas ao funcionamento das instituições sociais e econômicas. Carlos Lopes estava certo no seu diagnóstico de despedida, mas o PNUD está devendo, no compromisso decidido de contribuir, com os recursos de que dispõe, para a superação do quadro adverso para os negros. O tempo da falação sobre racismo acabou. O relatório de Doudou Diène deve ser lido, pois, com atenção também nos escritórios do sistema ONU no Brasil, e queremos sentir seus efeitos, digamos assim, na intensificação de práticas efetivas.

1/3/2006

Racismo, agenda legislativa e sanguessugas

O tema "políticas públicas para os negros" está vivo na campanha eleitoral, é (finalmente) parte da agenda política do país. De forma crescente há um debate nacional, aguçado tanto pela agenda legislativa, que inclui o projeto de cotas nas universidades públicas e dois projetos de Estatuto da Igualdade Racial, quanto pelas experiências em andamento em diversas instituições de ensino e, mais incipiente ainda, no mercado de trabalho.

Há vinte anos, faleceu em Salvador, no dia 13 de agosto de 1986, Mãe Menininha do Gantois. No dia 17, o jornal *O Estado de S. Paulo*, impressionado com a presença de milhares de pessoas no enterro de Mãe Menininha, desfechou violento editorial, afirmando sem rodeios que "a importância exagerada dada a uma sacerdotisa de cultos afro-brasileiros é a evidência mais chocante de que não basta ao Brasil ser catalogado como a oitava economia do mundo, se o país ainda está preso a hábitos culturais arraigadamente tribais". E acrescentou:

Na era do chip, no tempo da desenfreada competição tecnológica, no momento em que a tecnologia desenvolvida pelo homem torna a competição de mercados uma guerra sem quartel pelas inteligências mais argutas e pelas competências mais especializadas, o Brasil, infelizmente, exibe a face tosca de limitações inatas, muito dificilmente corrigíveis por processos normais de educação a curto prazo.

Enquanto o mundo lá fora desperta para o futuro, continuamos aqui presos a conceitos culturais que datam de antes da existência da civilização.

Estávamos então na campanha eleitoral para a Constituinte, que, entre outros avanços, criminalizou práticas racistas como a do editorialista do *Estadão*. Mas que ninguém se iluda.

O racismo é a camada resistente que serve de base hoje aos apelos hipócritas em defesa da igualdade jurídica e outras pérolas daqueles que, diante do ativismo intenso e dos avanços da consciência social, tentam disfarçar sua visão eurocêntrica da história.

Os negros, nessa visão, por mais que as instituições de ensino, que já adotam algum tipo de ação afirmativa, divulguem avaliações positivas de seu desempenho, permanecem na mídia como uma ameaça ao mérito acadêmico.

Uma cena inesquecível me ocorreu agora: trata-se do filme *Prova de fogo* (*The Tuskegee Airmen*, Estados Unidos, 1995), dirigido por Robert Markowitz. Pilotos negros norte-americanos, em aviões de combate, derrotam caças alemães que atacavam um bombardeiro dos Estados Unidos. Em terra, dois oficiais brancos que estavam no bombardeiro procuram os pilotos para agradecerem o fato incontestável: aqueles pilotos, com habilidade e destemor, tinham lhes salvado as vidas. No acampamento segregado, descobrem, surpresos, que os pilotos eram negros. Um oficial branco diz o seguinte: "Não, não foram eles. Eu sou do Sul e conheço essa gente. Negros não pilotam aviões".

Entre o fato (a circunstância material, em que havia real perigo de vida) e a representação construída pelo racismo, que reafirma as "limitações inatas" dos negros, o oficial branco ficou com a representação racista. Os editorialistas dos grandes jornais brasileiros fazem idêntica opção quando recusam as avaliações positivas de desempenho acadêmico dos cotistas e insistem na defesa do "mérito".

Marcelo Beraba, ombudsman da *Folha de S.Paulo*, com mais realismo, recomendou ao pessoal da Redação que se preparasse melhor, com discussões internas, para enfrentar a cobertura eleitoral, "que terá de tratar, entre outros assuntos complexos, [...] do Estatuto da Igualdade Racial" (*FSP*, 16/7/2006).

Enquanto os jornalistas se preparam, os negros ocupam-se em defender, por todos os meios, uma agenda legislativa que está hibernando no Congresso. Com uma população estimada em 90 milhões de pessoas, temos que conseguir eleger candidatos que se comprometam, de fato, com nossas reivindicações. Na esteira da crítica ao Congresso desmoralizado por sanguessugas* e mensaleiros, vai-se insinuando, matreiramente, a exigência de construção de "uma agenda para reverter a devastação na credibilidade do Congresso Nacional". Os defensores dessa proposta, fique isso bem claro, são contra o Estatuto.

Para nosso infortúnio, neste momento decisivo, as acusações envolvendo no esquema dos sanguessugas os deputados Reginaldo Germano (PP-BA) e João Grandão (PT-MS), respectivamente, relator de um dos projetos de Estatuto da Igualdade Racial, e presidente do Núcleo de Parlamentares Negros, desnudam a fragilidade da representação negra no Parlamento.

No dia 4 de julho, o deputado Reginaldo Germano, por exemplo, fez um pronunciamento no plenário da Câmara, no qual cumprimentou prefeitos de municípios baianos, elogiou os caboclos do Dois de Julho, referiu-se ao Estatuto da Igualdade Racial e, no finalzinho, prometeu retornar à tribuna para pôr em "pratos limpos" a questão das ambulâncias.

Pois é, deputado (vale o mesmo para o deputado João Grandão), faça isso rápido. O bicho vai pegar na campanha.

1/6/2006

---

* Integrantes da máfia que superfaturou a compra de ambulâncias e equipamentos hospitalares nos anos 1990 e 2000, desbaratada pela Polícia Federal em 2006. Uma CPI sobre o caso sugeriu a cassação de 72 parlamentares que teriam agido em conluio com empresários do setor de insumos médicos.

Semeando o pânico

Dando prosseguimento a sua cruzada contra as cotas, a professora Yvonne Maggie esteve hoje (29 de junho de 2006) com os presidentes da Câmara e do Senado, Aldo Rebelo (PCdoB-SP) e Renan Calheiros (PMDB-AL). Ela assina com outros professores e ativistas negros (?!) manifesto dirigido aos deputados e senadores, expondo as razões pelas quais eles deveriam rejeitar o Estatuto da Igualdade Racial e o projeto de cotas nas universidades federais.

O manifesto quer transmitir aos parlamentares uma desmedida sensação de ameaça aos "alicerces" da República, aos "fundamentos" da Constituição, ao princípio da igualdade política e jurídica. E mais, se aprovados, os projetos de lei, sementes do racismo e da intolerância segundo o manifesto, bloqueariam "o caminho para a resolução real dos problemas de desigualdades".

Os signatários dizem falar em nome da República Democrática e, sendo assim, devemos presumir que são movidos por aquelas virtudes cívicas de natureza retórica, algumas delas alinhavadas no próprio texto do manifesto, coroadas pela alusão perversa ao "sonho" de Martin Luther King.

Não existe uma única referência a experiências em curso no país, há quatro anos, em instituições públicas de ensino superior, que de algum modo respaldasse o receio extremado e a diligência cívica. Nada. Estamos no terreno das projeções ideológicas, com absoluto desprezo pelo factual. As sementes que germinam racismo não brotam do solo das experiências concretas, mas da cabeça alucinada de intelectuais em pânico, a brandir as quimeras burguesas e os formalismos jurídicos.

Parece que ouvimos os viscondes e os barões do Parlamento brasileiro do século XIX, bradando que o fim da escravidão "arruinaria a agricultura e consequentemente a economia nacional". Essa turma ao menos tinha a vantagem de explicitar seus interesses materiais. A inteligência do manifesto é de natureza mais sutil, esconde-se atrás de maiúsculas abstratas: a República Democrática.

O Congresso atual, desmoralizado e no final da legislatura, não deverá apreciar nem o Estatuto, nem o projeto de cotas nas federais. Com uma população estimada em torno de 90 milhões de pessoas, os negros e afro-brasileiros em geral devem se engajar no processo eleitoral e escolher candidatos dispostos a apoiar nossas reivindicações legítimas e históricas. Devemos responder nas urnas aos delírios de Yvonne Maggie e sua patota.

30/6/2006

O governo nunca apoiou estatuto

O sr. Tarso Genro, ministro das Relações Institucionais, em entrevista a Lisandra Paraguassu, de *O Estado de S. Paulo* (8/7/2006, p. A4), deu mais uma vez demonstração da dubiedade com que seu governo tem tratado as políticas de superação das desigualdades raciais. As declarações do ministro revelam as dificuldades que ele e seu agrupamento político têm para compreender o papel decisivo que o racismo joga na construção de desigualdades entre brancos e negros.

Na entrevista divulgada no sábado, o ministro, depois de negar a existência de racismo na "sociedade brasileira", afirma que "no Brasil existe uma formidável coincidência entre afrodescendência e exclusão". Se não há racismo, só pode ser mesmo uma tremenda coincidência o fato de a maioria dos negros viverem na pobreza, no desemprego, na informalidade. Não entendemos como, pensando desse jeito, o ministro tenha de fato a intenção de "aprofundar" o debate em torno do Estatuto da Igualdade Racial, como sugere na entrevista.

A repórter Lisandra Paraguassu apurou também que o governo vai retirar o apoio dado ao projeto que cria o Estatuto, na votação na Câmara. É bom lembrar que há duas propostas de estatuto. A primeira tem origem na Câmara, foi aprovada (um substitutivo ao projeto de Paulo Paim)* e encaminhada ao

---

* Deputado federal (1987-2002) e senador (2003-) pelo PT-RS.

plenário em dezembro de 2002, para debate e votação (a historinha que anda circulando de que o Estatuto tem dez anos no Congresso é mentira).

Houve só uma sessão para debater a matéria, em março de 2003. Em seguida o governo federal retirou a proposta da pauta com a justificativa de que precisava examinar seu impacto no Orçamento (a partir daí surgiu o argumento de que o problema do Estatuto era o Fundo da Igualdade Racial).

Na consulta que fez a diversos órgãos da administração pública, o governo foi recolhendo pareceres contrários ao projeto. Da Marinha, da Caixa Econômica, da Fazenda. A Seppir, então, com a habilidade que a caracteriza, começou a mutilar a proposta. Foi assim que o Estatuto, que era do negro, sem contestação até então, passou a ter uma versão costurada na Casa Civil, com ciganos, judeus etc. Na época, os jornais começaram a circular a notícia de que o governo enviaria uma nova proposta de Estatuto ao Congresso. Cópia da versão da Seppir circulou entre parlamentares negros petistas; é uma monstruosidade, eu vi.

A resistência ao projeto da Câmara levou o senador Paulo Paim a apresentar proposição com o mesmo conteúdo no Senado. A versão do Senado teve imediato apoio da oposição (só porque contrariava o governo, fique isso bem claro) e, com quatro relatorias do PFL, todas do Nordeste, saiu rapidamente do Senado para a Câmara.

No momento final, na Comissão de Constituição e Justiça, o senador Tourinho Dantas (PFL-BA) reúne-se com Seppir e senadores e deputados governistas e acordam a redação do artigo 31, que declara que "os planos plurianuais e os orçamentos anuais da União poderão prever recursos para a implementação dos programas de ação afirmativa". Com essa redação algo fluida, enterrou-se o Fundo.

Na Câmara, portanto, há dois projetos de Estatuto, ambos congelados, sem apoio na Mesa, sem apoio das lideranças. Rigorosamente, nunca houve apoio do governo federal à proposta de criação do Estatuto do Negro.

No Distrito Federal, o governador Joaquim Roriz (PMDB) sancionou, em 2 de fevereiro deste ano, a lei nº 3788, que institui o Estatuto da Igualdade Racial. Alguns tópicos causadores de polêmica na mídia nacional estão lá. Até agora, o mundo não veio abaixo e é mais uma lei daquelas que proclamam direitos sem nenhuma efetividade.

Voltando ao ministro Tarso Genro: o governo federal parece atormentado com o que pode vir a perder no processo eleitoral. Gostaria de contar com o voto negro, mas teme "problemas" com outros setores. Não age por convicção, não compreende o processo histórico nem a importância de combater o racismo (nem sequer reconhece sua existência) e as desigualdades raciais para consolidar um Brasil democrático, de verdade. Vacila, renega. Tarso Genro, com sua infeliz entrevista ao *Estadão*, deu rosto e expressão aos conflitos no interior do governo.

13/7/2006

Direito à reparação

As reivindicações de políticas públicas voltadas para a população negra precisam acentuar sua dimensão compensatória. De outro modo, o debate facilmente ficará circunscrito ao genérico "enfrentamento da pobreza", com ênfase retórica no "princípio universal da igualdade de direitos".

Em 1824, o Estado imperial, escravocrata, mandou estabelecer (pela decisão nº 80, de 31 de março de 1824, assinada por Luís José de Carvalho e Melo) uma colônia de alemães em São Leopoldo, no Rio Grande do Sul, alegando "superior vantagem de se empregar gente branca livre e industriosa".

Como não se admitia a presença de escravos em colônias de imigrantes, a mesma decisão mandou remeter os escravos do local, no vale dos Sinos, à Corte, no Rio de Janeiro (ver Amado Luiz Cervo, *O parlamento brasileiro e as relações exteriores*, Editora da UnB, 1981, p. 135).

O Estado imperial não só deu continuidade às relações de produção escravista, como cuidou de configurar e projetar o futuro de nossas relações raciais. Embora superficialmente, o que pretendemos ilustrar é a responsabilidade do Estado, a quem não se pode negar nem a perspectiva de longo prazo, nem tampouco a responsabilidade no modo como vivem hoje descendentes de alemães no Rio Grande do Sul e descendentes de africanos nas favelas do Rio de Janeiro.

Quando o Movimento Negro reivindica a eliminação de iniquidades e discriminações com base na cor/ raça, refere-se a uma série histórica de acesso desigual a oportunidades como consequência (principalmente) de políticas de Estado, no Império e na República. Por outras palavras: o que legitima nossas exigências de políticas focalizadas de natureza compensatória é a longa série histórica de injustiças e desigualdades criadas por políticas racistas de Estado.

Para acentuar nossas dificuldades, é necessário frisar que, para a esquerda brasileira, só cabem reparações quando se trata de ressarcir danos causados a membros de organizações que lutaram contra a ditadura militar, a partir de 1964. Antes, não havia história.

15/1/2007

Sai Rebelo, entra Chinaglia e não deve mudar nada. E na "bancada negra", vai haver alguma mudança?

Rigorosamente não há debate no Congresso Nacional sobre desigualdades raciais e racismo. O Estatuto do Negro tomou essa forma em razão mesmo da morosidade e indiferença das duas Casas diante de um importante conjunto de projetos relacionados diretamente à população negra. Cosendo-se os retalhos num único projeto, recorreu-se à estratégia de forçar a convocação de uma Comissão Especial para tratar de proposições praticamente relegadas ao esquecimento. Por essa razão, inclusive no substitutivo, o Estatuto da Igualdade Racial do Negro reteve, aqui e ali, traços de uma colcha de retalhos.

Audiências públicas e seminários são sistematicamente esvaziados pelos parlamentares de todos os partidos, com raras exceções. Nas comissões e no plenário, evita-se o tema e, nas circunstâncias realmente inelutáveis, manobra-se para evitar o debate, forjando-se a "aprovação por unanimidade", quando se está convencido de que a aprovação é "parcial" e pode ser imobilizada e arquivada na instância seguinte de tramitação. A última tentativa de debate no plenário da Câmara de que me recordo foi em março de 2003. Refiro-me obviamente ao que conta de fato: sessão ordinária, ordem do dia, tribuna à disposição dos inscritos.

Há dois Estatutos do Negro congelados na Câmara dos Deputados. O primeiro é o substitutivo votado pela Comissão Especial, aprovado por unanimidade e encaminhado à Mesa Diretora para debate e votação do plenário. A Mesa o retém desde dezembro de 2002. Há firme orientação do governo nesse sentido, desde março de 2003, quando solicitou a retirada de pauta da proposta para exame de seu impacto no orçamento.

O outro projeto de Estatuto tem origem no Senado e só foi aprovado pelos senadores, em outubro de 2005, depois que se certificaram da retirada do Fundo de Promoção da Igualdade Racial pelo relator, senador Tourinho Dantas (PFL-BA), que agiu em consonância com a Seppir e parlamentares negros do Partido dos Trabalhadores.

Convém lembrar que o mesmo governo que se recusa a admitir a criação do Fundo de Promoção da Igualdade Racial inventou uma loteria para que os clubes de futebol pudessem saldar seus débitos com a Receita Federal e o INSS (de quebra, ainda destinou 3% da arrecadação da loteria para as Santas Casas de Misericórdia). Uma bancada negra articulada teria emendado o projeto, destinando 5% da loteria dos clubes para a criação do Fundo de Promoção da Igualdade Racial. Teria ao menos tentado isso.

O Legislativo, como se sabe, tem pouca autonomia diante do Executivo, e se a liderança do governo não inclui um determinado projeto entre as prioridades de barganha e comércio, as lideranças de bancada não se mobilizam. O poder de pressão do Movimento Negro é quase nulo no Congresso. Bancada rala e ineficiente, mobilização precária. Basta um editorial de *O Globo* e outro da *Folha de S.Paulo*, como tem ocorrido com frequência, para os poucos aliados "tremerem na base". Normalmente, aceitam o argumento dos conservadores de que a matéria é controversa, divide muito as opiniões e que deve esperar um momento mais favorável. E quando o presidente da Mesa manifesta-se contrariamente à proposição, como foi o caso de Aldo Rebelo, aí o projeto não tem mesmo chances de entrar na pauta. Com Arlindo Chinaglia será diferente?*

O Movimento Negro não consegue ainda eleger representantes confiáveis em número expressivo, não tem lobby organizado em Brasília, não exerce pressão na base dos parlamentares nos estados e os partidos não se sensibilizam para acolher e institucionalizar suas demandas. A pressão por cotas levou dezenas de instituições a adotar diferentes modalidades de ação afirmativa no

---

* Deputado federal (PT-SP), recém-empossado na presidência da Câmara.

acesso ao ensino superior. Mas o Parlamento continua sem apreciar o projeto que institui cotas para negros nas instituições federais. É antes um obstáculo e há evidente desvio do papel de representação institucional que os partidos se atribuem.

O Movimento Negro deveria lutar também para conquistar o equivalente ao Fundo Partidário, que financia com recursos da União a atividade partidária, com escandalosa distorção do que determina a legislação e contando com a omissão do Tribunal de Contas da União (TCU). Recursos que permitissem o acesso aos meios de comunicação, para influenciar a opinião, e pudessem assegurar a pressão sobre as instituições. Os privilégios partidários a esse respeito são intoleráveis.

Cada parlamentar tem direito a 6 milhões de reais de emendas individuais ao Orçamento da União. Se multiplicarmos o número de parlamentares negros por esse valor, o resultado será superior à soma do orçamento da Seppir e da Fundação Palmares. É só um pequeno exemplo do efeito que uma ação realmente articulada poderia provocar no Parlamento e fora dele, impulsionando projetos estratégicos das organizações negras. Mas essa é uma questão política relacionada tanto à convicção íntima, à consciência negra de fato, como ao nosso fracasso em reverter os efeitos da opressão racial e do racismo.

2/2/2007

Novembro passou outra vez, e agora?

Mais um novembro se foi, sem que nada se alterasse na situação de precariedade em que vive a população negra. A sucessão estonteante de eventos em todo o país não consegue ainda abrir caminho para possibilidades concretas de atendimento a uma pauta de reivindicações construída há décadas.

Nossas tímidas e temerosas inserções institucionais (secretarias etc.), em diferentes níveis de governo, deixaram-se mais uma vez envolver pelo clima das exposições e mostras, seminários, shows, lançamentos e debates, frustrando as expectativas criadas em torno da formulação e implementação de políticas públicas.

Instâncias governamentais que querem ser levadas a sério não se dedicam a reproduzir eventos cuja efetividade, afinal, sempre foi uma incumbência muito bem realizada pelo Movimento Negro. Parece apenas uma forma de suprir a escassez de políticas. Se há de fato algum poder, este deveria buscar articular condições que viabilizassem a implementação de políticas de combate ao racismo e de superação das desigualdades raciais. Parece óbvio isso.

Novembro mostrou que não se pode mais escamotear a debilidade que envolve o conjunto de nossas inserções institucionais. Debilidades que, é bom que se diga, raramente vêm à tona nos debates. Afinal, há algo que mereça ser rediscutido? Como escapar do maniqueísmo que se mostra incapaz de pensar além de oposições partidárias presumidamente antagônicas? Até quando ficaremos impedidos de discutir nossas debilidades, tolhidos pelo receio de ser acusados de contribuir com "a volta da direita ao poder"? Fala sério...

Para ficarmos em dois exemplos: quais são os impasses reais à tramitação do Estatuto da Igualdade Racial? O que impede a implementação da Política Nacional de Saúde Integral da População Negra, engavetada há um ano?

Os negros no poder têm, afinal, que parcela de responsabilidade no vazio de negociação e debate que cerca propostas de interesse crucial para milhões de afro-brasileiros? Quem decide a vontade governamental sobre o encaminhamento dessas propostas de políticas públicas? Há uma mesa de negociação, onde se confrontam posições, como acontece com a CPMF* e dezenas de outros temas da conjuntura? Há lugar na negociação para uma participação transparente do Movimento Negro?

Novembro foi bom, principalmente porque já não podemos esconder de mais ninguém a irresponsabilidade com que estamos tratando tarefas políticas complexas, urgentes e necessárias.

2/12/2007

* A prorrogação da cobrança da Contribuição Provisória sobre Movimentações Financeiras era discutida no Senado e dias depois foi rechaçada, numa das maiores derrotas legislativas do governo Lula.

Que dia?

A sessão solene em comemoração ao 21 de Março, realizada na manhã da segunda-feira 19, no plenário da Câmara dos Deputados, merece uma reflexão, ainda que dolorosa. Excetuando-se o pastor Manoel Ferreira (PTB-RJ), Raul Jungmann (PPS-PE), Flávio Bezerra (PMDB-CE), também bispo evangélico, Jackson Barreto (PTB-SE), e um aparte de Mauro Benevides (PMDB-CE), os demais oradores (seis) eram do Partido dos Trabalhadores, e José Guimarães (PT-CE) era o único petista que não estava vinculado ao Núcleo de Parlamentares Negros do PT (Nupan), mas definiu-se como negro por "opção política".

Ocioso dizer que todos os petistas fizeram elogios ao presidente Lula, à Seppir e à ministra Matilde Ribeiro (presente à sessão). Alguns não petistas, mas do bloco do governo, também. A referência mais contundente ao Estatuto do Negro* ficou a cargo de Jackson Barreto, calejado por quatro legislaturas: "A discriminação racial envergonha-nos a todos, mas a paralisia, a omissão, a morosidade, á indiferença no trato com as políticas públicas e com as medidas capazes de combater essa chaga social envergonham-nos igualmente".

O deputado Carlos Santana (PT-RJ), que presidirá agora o esforço, que entra na segunda ou terceira legislatura, para construir uma Frente Parlamentar

---

* Estatuto da Igualdade Racial, que tramitava na Casa desde 2005 como projeto de lei nº 6264.

em Defesa da Igualdade Racial, foi o parlamentar encarregado de transmitir a mensagem da Presidência da Câmara, que lá não estava. O texto que expressava o pensamento do presidente Arlindo Chinaglia sintomaticamente não fez nenhuma referência ao Estatuto do Negro. É preciso reconhecer que em seu próprio pronunciamento, feito da tribuna, o deputado Carlos Santana cobrou a votação do Estatuto, aliás foi relativamente o mais enfático nesse tópico entre os petistas.

O deputado Vicentinho (PT-SP), que havia encaminhado a solicitação da sessão solene, chegou atrasado por causa do descalabro dos aeroportos* e, talvez, por isso mesmo, ao fechar a sessão, fez uma referência algo imprecisa às prioridades da solenidade que não pôde acompanhar: "Esta solenidade deu ênfase, também, à aprovação do Estatuto da Igualdade Racial, projeto que temos perseguido com tanta justeza e dignidade, que veio à votação em plenário, mas foi retirado em seguida. Mas um dia voltará e, definitivamente, o veremos aprovado".

Não há perseguição, portanto não há rigor nem dignidade. O deputado Barreto, de Sergipe, é quem ficou mais próximo da verdade quando referiu-se à omissão e à indiferença. A sessão a que o deputado Vicentinho se refere ocorreu em março de 2003. E não houve outra porque a Casa Civil, João Paulo Cunha e Aldo Rebelo** não quiseram. E Chinaglia, a julgar pelo pronunciamento que deixou para ser lido, também não quer. O dia a que se refere o deputado Vicentinho talvez seja o dia de São Nunca. Vai ser preciso muita mobilização para alterar esse quadro desanimador.

21/3/2007

---

* Entre 2006 e 2007, o aumento do número de passageiros e a falta de investimentos em infraestrutura aeroportuária provocaram atrasos e confusões nos principais *hubs* aéreos do país, além de protestos de controladores.

** Presidentes da Câmara em 2003-5 e 2005-7, respectivamente.

Visualizando o estrago, por uma fresta na *Veja*

Foi forte a pressão no mês de maio: as empresas de comunicação abriram fogo cerrado contra as políticas de superação das desigualdades raciais. Ainda no último sábado havia editorial em *O Estado de S. Paulo*, restos fumegantes da grande fogueira acesa no mês de maio em louvor da princesa Isabel, fagulhas repisando a mesma ladainha em favor da "meritocracia" e contrária a políticas que só "disseminam" racismo.

Como avaliar a real dimensão desse estrago? O governo, hesitante, recolheu-se ainda mais. Mesmo aquelas instâncias de governo voltadas especialmente para o tema parecem perplexas diante dos impasses e da resistência, e da forte campanha dos meios de comunicação.

Julgo apropriado recordarmos um fragmento do pronunciamento de Nelson Mandela, em 16 de dezembro de 1997, após três anos no governo da África do Sul, durante a L Conferência do Congresso Nacional Sul-Africano, na apresentação do que chamou de "relatório político".

Mandela disse o seguinte:

> Talvez uma das lições mais dramáticas e importantes que aprendemos nos últimos três anos é a de que todos os elementos de nossa sociedade refletem e se caracterizam por trezentos anos de dominação colonial e pelo apartheid.

Nosso movimento, a liderança que está reunida aqui, em cujas mãos está o futuro de nosso país ainda por muitos anos, tem de entender esse fato de maneira profunda e abrangente, que o país que herdamos é essencialmente estruturado de forma a nos negar a possibilidade de atingir a meta de uma nova sociedade centrada no povo. (*Vencer é possível*, Revan, 1998, p. 134.)

O entendimento "profundo e abrangente" dessa dimensão que é também estrutural à sociedade brasileira está muito longe, portanto, do equívoco de quem imagina poder tocar alguma política em favor da população negra limitando-se a desbaratar recursos em shows e eventos estéreis. A resistência dos meios de comunicação é apenas uma das expressões possíveis do "essencialmente estruturado" a que se referiu Mandela.

Que estrago uma campanha massiva antinegro, como essa que foi desencadeada em maio, provoca em nosso próprio meio, historicamente já tão intimidado e oprimido? Alguma coisa sempre fica, nós sabemos. Ainda que não se deva descartar que se fortaleça, entre os mais ativos, com a diminuição da margem de diálogo e o encolhimento do governo, o desencantamento que abre caminho à forte tentação de ações radicais, de confronto direto.

Li ontem à noite com atenção a seção de cartas da revista *Veja*, que divulgou onze correspondências de leitores acerca do tema "raça não existe", objeto de matéria de capa na edição da semana passada.

No conjunto, São Paulo se destaca com quatro cartas, mas todas as regiões se fazem representar na seleção editada pela revista. Numa primeira leitura, salta à vista que todas acolhem acrítica e passivamente a linha argumentativa da reportagem a que se referem: raça não existe, cota é racismo e segregação racial, o Estatuto do Negro segue modelo americano e/ ou nazista, somos uma "deliciosa salada racial", políticas ditas "sociais" resolvem nossas desigualdades e a culpa é do governo do PT.

Depoimentos de negros sendo utilizados para legitimar o ataque às ações afirmativas são recorrentes e fazem parte, digamos, do "modelo" de refutação adotado pelas empresas de comunicação. Nem sempre, porém, pode-se tirar plena vantagem do expediente e o resultado pode até mesmo contrariar as expectativas. Vejamos duas cartas do lote divulgado pela *Veja* ontem, nas quais os missivistas se definem "negro" e "afrodescendente" (edição 2012, ano 40, n. 13, pp. 30-1).

Em uma das cartas, o leitor Luiz Otávio Montenegro Jorge, de São João de Pirabas, no Pará, se autoproclama afrodescendente, mas não fala de si, de sua experiência pessoal; o negro é o outro. Refere-se ao passado da escravidão, mas para negar que dela possam decorrer, como consequência, políticas que diferenciem brancos de negros. Luiz Otávio distingue preconceitos: oficializado e não oficializado. O "oficializado" é manifestação de grande gravidade e resultaria do estabelecimento de políticas públicas em benefício dos negros, na verdade se confunde com as cotas. O não oficializado está implícito e se manifesta num grau aceitável ou preferível.

O texto de Luiz Otávio, em suma, limita-se a reproduzir a argumentação da reportagem de *Veja*, que afirma que distinguir é discriminar, derivando a concepção esdrúxula de que se pratica racismo quando se implementam políticas públicas em benefício dos negros. Luiz é a única versão possível de afrodescendente que agrada aos brancos.

O outro leitor, Leandro Pereira Mota, de Taubaté, São Paulo, se define como negro e surpreende. Leia a íntegra do fragmento divulgado:

> Como negro, nunca me senti inferiorizado pela cor da minha pele, e não é com cotas que se igualam as coisas. E as pessoas pobres de pele branca, como fazem para entrar numa faculdade? Eu já tive de ouvir que não possuía padrão europeu numa entrevista de emprego, e com certeza não é o governo dizendo que eu sou negro que fará o racismo acabar no Brasil. Chega de demagogia.

O racismo aqui não é uma decorrência das cotas. O racismo está associado ao modo como pessoas de um grupo veem pessoas de outro grupo, gerando como consequência a recusa ao emprego. Leandro é negro e fala de si, de sua experiência pessoal. Leandro acusa o governo de fazer demagogia com as cotas, porque elas não são capazes de acabar com o racismo e não porque o racismo não exista no Brasil. Leandro diz que estimular a identidade racial sem encaminhar ações efetivas que permitam "igualar as coisas" é demagogia.

Se pessoas brancas pobres entram na faculdade, como é que se igualam as coisas? Leandro não se sente portador de atributo que devesse inferiorizá-lo. As cotas não parecem em sua visão o meio adequado para superar a hierarquização motivada por distintas aparências (superior/ inferior). E além da escola? Leandro foi preterido no acesso a uma vaga no mercado de trabalho porque não tinha uma aparência europeia. "Ter de ouvir" é igual a "foi obrigado a engolir", teve de submeter-se, sujeitar-se a uma norma racista da empresa em que buscava emprego. O que decidia o acesso ao emprego era a aparência (a cor, a raça que não existe).

A Constituição diz outra coisa e, em um país que a mídia diz abominar o racismo, fico especulando quais as razões que levaram Leandro, um sujeito que não se sente inferiorizado pela cor da pele, a não procurar a delegacia mais próxima e prestar queixa como vítima de racismo. Leandro refere-se a uma sociedade que o obriga a ser "segundo", a ser preterido por um "primeiro" de aparência europeia.

A argumentação das empresas de comunicação e formadores de opinião recorre sempre a uma projeção que diz que o estímulo à identidade racial vai tornar as coisas muito piores. Como Leandro sabe o que é racismo na prática, penso que ele refuta aquilo que possa vir a piorar o que já vai muito ruim. Ele quer igualar as coisas, não piorá-las. Acho que temos aqui uma pista de como a forte campanha da mídia bate em nosso povo. Um recuo, uma tragédia.

11/6/2007

De canalhas e canalhices

Arlindo Chinaglia, presidente da Câmara, está merecendo uma repreensão enérgica dos brasileiros pela forma irresponsável como vem tratando uma matéria pronta para debate e votação na mesa da Câmara, desde dezembro de 2002. Mas Chinaglia é pau-mandado.

O projeto de Estatuto do Negro (temos que chamá-lo assim porque a Casa Civil da Presidência da República, em 2004, elaborou uma versão que mutilava a proposta original, incluindo outros segmentos étnicos e retirando a previsão de recursos orçamentários — o ofício que encaminhava a contraproposta para parlamentares negros do PT tinha a assinatura de José Dirceu) foi desde aquela data remota ignorado solenemente também por João Paulo Cunha e Aldo Rebelo, antecessores de Chinaglia.

O governo federal preferiu socorrer diretores de clubes com débito com a Receita Federal, o Fundo de Garantia e o INSS, criando a Timemania, uma loteria que poderia até ter destinado parte de sua arrecadação para sustentar políticas públicas de superação das desigualdades raciais. Caso houvesse a mais vaga intenção de agir nesse sentido, é claro.

Vejam a serenidade (em contraste com o destempero de ontem) com que Chinaglia faz propaganda do livro antiestatuto e tire suas conclusões sobre as reais motivações da descompostura com que os ativistas do Movimento Negro foram recebidos pelo presidente da Câmara.*

Olhando para a câmera da Rede Globo, Chinaglia reiterou seu juramento de fé e fidelidade aos princípios ideológicos que orientam a construção tanto do *Jornal Nacional* quanto dos textos do livro que ele cuidadosamente exibe para a mesma emissora de TV. Chinaglia corteja a mídia e as estruturas de opressão racial.

Os parlamentares negros da base do governo sabem mais do que afetam neste momento de "indignação". Sabem que o seu governo não quer a aprovação nem do Estatuto nem do projeto de cotas na universidade e fazem marola com o ativismo negro. A palavra de ordem no Planalto é: cotas sociais, e olhe lá. Se puderem evitar isso também, tanto melhor. Prouni e Bolsa Família, nem um passo adiante.

28/9/2007

---

* Integrantes do Fórum São Paulo de Igualdade Racial acusaram Chinaglia de ter sido "grosseiro, desrespeitoso e truculento" durante uma visita a seu gabinete, quando entregaram um pedido de urgência de 100 mil assinaturas para a aprovação do Estatuto da Igualdade Racial e das cotas raciais nas universidades públicas.

Enquanto na boca floresce a palavra que será, fique de olho no IBGE

Alexandre Rodrigues e Felipe Werneck, ao informarem em matéria de *O Estado de S. Paulo* que o sistema de classificação de cor do IBGE está sendo revisado pelo órgão, já adiantaram uma conexão relevante, a saber, que "a decisão foi anunciada no momento em que a proporção de autodeclarados pretos e pardos (49,5%) da população encostou na de autodeclarados brancos (49,7%), segundo a última Pesquisa Nacional por Amostra de Domicílios (PNAD), de 2006". Os técnicos do IBGE, conforme ainda a reportagem do *Estadão* (29/9/2007, p. A35), vão verificar em 2008 "se as atuais cinco categorias (branca, preta, parda, amarela e indígena) estão adequadas à realidade do país".

A notícia é preocupante por várias razões, uma delas já adiantada no lide de Rodrigues e Werneck. O "momento" é de expansão da consciência negra, quando na boca daquele(a) que se declara ao recenseador floresce a palavra que será, lembrando aqui um poema de Mário de Andrade.

Em minha opinião, acerta quem enxerga nas anunciadas mudanças de critério as marcas da pressão anticotas, cujos representantes não têm o menor pudor em declarar que "o Brasil não tem cor. Tem todo um mosaico de combinações possíveis" (a frase é de Carlos Lessa).

Essas combinações se dão sempre em prejuízo da identidade negra — no momento em que se amplia a noção de afropertencimento e cresce o engajamento numa prática política que já não aceita a mutilação da dimensão racial. É preciso acentuar ainda que a identidade branca foi sempre resguardada nessas "combinações". Ela é a identidade que se confunde com a do poder político, econômico e ideológico. A valorização da mestiçagem e suas "combinações" é, afinal, uma das expressões do arraigado sentimento antinegro das elites.

Uma outra razão de preocupação diz respeito ao histórico nada tranquilizador do IBGE quando o assunto é a cor da população. A Pesquisa Nacional por Amostra de Domicílios (PNAD) mesmo, só para ficarmos em um exemplo, já ignorou a cor dos entrevistados. A introdução do quesito cor se deu a partir de 1988, sob forte pressão. Quem poderia falar de racismo se a cor/ raça não estava presente nas pesquisas amostrais? E a construção de indicadores para a elaboração de políticas públicas, tomaria como referência qual base de dados?

O outro lado disso tudo nós poderíamos chamar de Síndrome do Chinaglia, que se manifesta nos dias que se seguem à divulgação de indicadores sociais e econômicos com a variável cor/ raça. A síntese divulgada na semana passada pelo IBGE dos dados colhidos na última PNAD reiterou a informação, por exemplo, acerca da remuneração inferior de "pretos" e "pardos" em relação a "brancos" com a mesma educação.*

O estado mórbido que alcança formadores de opinião, partidos políticos e chefes de governos em todos os níveis pode ser resumido na frase: quem se importa mesmo com isso?

Isso, o racismo, não existe, e essas associações da PNAD entre cor e remuneração não passam de fantasias estatísticas, sem nenhuma relação com práticas sociais concretas, opressivas e desumanizadoras. "Precisamos rever esses critérios aí", eles dizem.

Há os que fingem admitir alguma realidade nos dados da pesquisa que, é bom que se diga, apenas vislumbra as desigualdades e a subordinação racial, mas também são dominados pela inércia e dedicam-se à contemplação perversa. Na verdade, deixam-se conduzir pela ilusão de que o racismo, deixado em paz, se desmancha no ar. Essa inércia é, no fundo, resistência à mudança e traduz mesmo a confiança que depositam na reprodução infinita do modelo de opressão racial vigente entre nós e que os beneficia de vários modos.

---

* O levantamento mostrou que a população branca possuía rendimento domiciliar per capita duas vezes maior que a média dos cidadãos pretos e pardos.

No entanto, as pesquisas (uma conquista política) vêm revelando desde a passagem dos anos 1980 para os 1990 que "na minha boca floresce/ a palavra que será".

1/10/2007

Hoje, no plenário da Câmara

O plenário da Câmara debateu hoje até as catorze horas o projeto de Estatuto do Negro. Como era esperado, não havia mais que oito deputados presentes, todos da Frente Parlamentar pela Igualdade Racial. A exceção foi o deputado Arlindo Chinaglia, que presidiu os trabalhos. Os oradores eram, de um lado, ativistas e intelectuais do Movimento Negro reunidos sob critério que me pareceu bastante elástico e, de outro, a turma de Yvonne Maggie.

Maggie e sua banda de companheiros mágicos, socialistas destemidos, levaram um banho. Teria sido pior se alguns oradores Pró-Estatuto não se dedicassem mais à propaganda de suas organizações do que ao tema presumidamente em discussão. A transmissão da TV Câmara ao vivo sempre estimula desvios narcisistas.

Hédio Silva, Carlos Alberto Medeiros, Edna Roland, Paulo do Orunmilá e mais alguns seguraram o rojão. Maggie e sua trupe apenas reiteraram atabalhoadamente a ideia de que a aprovação do Estatuto "vai nos levar a muito sofrimento porque propõe a desigualdade entre os brasileiros".

Você entendeu exatamente o que a eminente professora da UFRJ quis transmitir: a raça nos divide, todo o resto estimula o congraçamento entre os brasileiros. Deixemos, pois, a raça de lado e sigamos felizes.

Os jornais televisivos noturnos terão um grande trabalho de edição, com depoimentos colhidos do lado de fora do plenário, para reverter a goleada que a turma anticotas e antiestatuto levou hoje na Câmara.

Mas não é isso o que mais preocupa agora. Notamos a ausência do líder do Governo na Câmara, o deputado José Múcio (PTB-PE), naquela hora e naquele lugar a figura mais legítima para expressar o interesse do Governo na tramitação da matéria. O presidente Lula, tão enfático na defesa do Estatuto nas comemorações do Vinte, irá com certeza adverti-lo sobre a importância da matéria.

Outra preocupação é o encaminhamento anunciado no final pelo deputado Arlindo Chinaglia. Ele pretende montar uma Comissão Especial ainda esta semana, segundo informou, para apreciar o projeto de Estatuto que veio do Senado.* Em 2002, outra Comissão Especial aprovou, por unanimidade, um substitutivo ao projeto inicial do então deputado Paulo Paim.

O substitutivo foi encaminhado à Mesa da Câmara para debate e votação em dezembro de 2002. Em março de 2003, após um ligeiro debate no plenário, a proposta foi retirada para exame pela liderança do Governo.

Chinaglia alegou hoje que a criação da Comissão Especial se justifica porque é um meio regimental de agilizar a tramitação do projeto, cujo teor envolveria a apreciação de muitas comissões. De todo modo, fica a impressão de que estamos andando em círculos. E, pior, deixando algo importante para trás. A julgar pela experiência de 2002, Comissão Especial agiliza, mas não garante nada.

A singela autorização ao Executivo para que preveja recursos orçamentários visando a implementação das políticas que constam do Estatuto (é assim que está no projeto do Senado) transferiu a discussão do financiamento para quando se for discutir, num futuro improvável, a proposta de emenda à Constituição com esse teor.

Com a vantagem da aprovação em uma das casas, o projeto que veio do Senado aparentemente zera o jogo na Câmara e voltamos à criação de mais uma Comissão Especial. Pelo menos hoje houve silêncio sobre a proposta da Câmara. Coloquei a questão para o deputado Chinaglia no final dos trabalhos. Ele ficou de se informar melhor com a Secretaria Geral da Mesa acerca do destino da proposta da Câmara. Se possível, ele disse, se fará uma apensação. A

---

* Projeto de lei nº 6264, originado do projeto de lei do Senado nº 213/2003.

mim me parece um sério prejuízo montar uma Comissão Especial dando-se por resolvida a questão do Fundo de Promoção da Igualdade Racial. Ou adiando-se a discussão para o momento de apreciação da proposta de emenda à Constituição. Por isso, a proposta da Câmara tinha que permanecer no debate.

26/11/2007

De novo, os cartões. A Seppir está devendo uma explicação mais convincente

O Estado de S. Paulo retomou ontem o tema dos gastos com os chamados cartões corporativos, em que se destaca Matilde Ribeiro, secretária de Políticas de Promoção da Igualdade Racial. A denúncia já havia sido feita pelo *Jornal do Brasil* em julho do ano passado.

De 171 500 reais gastos em 2007, a ministra Matilde Ribeiro, segundo a reportagem de *O Estado de S. Paulo*, gastou 121 900 com aluguel de carros, "sempre pagos à mesma empresa de locação de veículos". A empresa é a Localiza, segundo a reportagem do *Jornal do Brasil*.

Contrastando as explicações da assessoria da Seppir com as de outros ministérios na mesma reportagem, fica-se com a impressão de fragilidade e de suspeita, já que nem ao menos há concorrência pública para a escolha da locadora ou transportadora. Aguarda-se uma resposta que precisa convencer e afastar qualquer dúvida. Se as autoridades estaduais podem ceder carro e ajudante de ordens para o secretário da Pesca, por que não fazem o mesmo com a Seppir? Se o Ministério dos Esportes faz concorrência pública, por que a Seppir não faz o mesmo?

Outra coisa: se a justificativa das viagens é a rediscussão de políticas de promoção da igualdade racial com os novos governos estaduais, aí acho que seria fácil liberar a agenda, a ata das reuniões e, principalmente, apontar os resultados da rediscussão (as políticas adotadas ou por adotar, um programa, que sei eu). Sem resultados políticos palpáveis tudo vira um passeio de carro pelo Brasil afora. As videoconferências sairiam muito mais em conta, se se trata só de discussão ou de rediscussão.

14/1/2008

Matilde Ribeiro permanece no cargo?

Não sei se a ministra Matilde Ribeiro participa hoje da primeira reunião ministerial de 2008. Se participar, não sei se não será a última vez. As denúncias da semana passada, até agora sem resposta convincente, tornam sua posição praticamente insustentável. Na reunião, segundo a Agência Brasil, "devem ser avaliados os resultados de 2007 e discutidas as expectativas para 2008".

Até 14 de janeiro, de um total de 51 171 234 reais, o programa Brasil Quilombola, carro-chefe da Secretaria, havia efetivamente gasto 8 821 754. Da dotação inicial, foram empenhados apenas 14 546 518. A ineficiência não pode ser atribuída exclusivamente à Seppir, precisa ser repartida com um conjunto expressivo de ministérios. Mas a responsabilidade maior de tocar a tão decantada "transversalidade" era, sem dúvida, da Seppir.

Por aqui se vê que Matilde Ribeiro teria reduzido em muito os gastos com os cartões corporativos se tivesse assumido o seu papel de articuladora na Esplanada dos Ministérios. Um vasto mundo a conhecer bem debaixo do seu nariz.

É preciso também considerar o improdutivo loteamento político da Secretaria. As tendências partidárias e/ ou sindicais que se distribuem entre as subsecretarias terão que assumir suas responsabilidades nessa hora amarga. Os problemas da Seppir não se resumem a Matilde Ribeiro, isso parece óbvio.

A grande mídia está deitando e rolando. O que está em jogo também é a legitimidade de nossas reivindicações, o esforço e a dedicação de gerações de ativismo que acabam confundidos com a preguiça, a ineficiência, o amadorismo dessa turma aí. Estamos vendidos nessa. O deboche de *Veja* esta semana nos atinge a todos. Esta situação não pode continuar.

23/1/2008

Uno cosecha lo que siembra

A julgar pelo noticiário, estimulado pela própria Secretaria de Comunicação do governo, Matilde Ribeiro foi descartada pelo Planalto. É sintomática a informação veiculada por Vera Rosa e Tânia Monteiro, em *O Estado de S. Paulo*, de que o presidente Lula estaria

> particularmente aborrecido porque lutou muito pela criação da Secretaria de Igualdade Racial, uma antiga reivindicação do Movimento Negro, e foi criticado pela decisão de criar mais uma pasta. Para o presidente, a atitude de Matilde dá agora argumentos aos seus adversários, para quem a secretaria não tem função.

Que os atos de Matilde Ribeiro serão utilizados por aqueles que pressionaram e pressionam pela extinção da Seppir ninguém duvida. O problema é saber até onde vai a compreensão do Palácio do Planalto de todo o processo que tem agora esse desfecho constrangedor.

Em fevereiro de 2007, para citar um exemplo impossível de ser ignorado no governo, o Ipea afirmava que a "baixa execução" do Programa Brasil Quilombola se devia

> não só ao contingenciamento de recursos destinados à Seppir [...], mas, princi-

palmente, à fragilidade da Secretaria em promover a coordenação e o fomento/ indução de políticas direcionadas à promoção da igualdade racial junto a outros ministérios. (*Políticas Sociais: Acompanhamento e análise*, n. 14, fev. 2007, pp. 212-3.)

O Ipea também disse que o contingenciamento era indicativo da prioridade do tema no governo federal. Entenda-se: de que o tema não era prioritário para o governo. O presidente Lula, por suas palavras ao *Estadão*, bancou a Secretaria. Mas e depois? A "fragilidade" a que se refere a avaliação do Ipea era pública e notória. As instâncias superiores não podem agora eximir-se de responsabilidades, tanto nos limites e constrangimentos orçamentários quanto na permissividade que fechava os olhos à má gestão. 1) A secretaria era importante, por isso foi criada. 2) A secretaria não tem importância, por isso dane-se a secretária. Ficamos com qual das duas alternativas?

A mesma ambiguidade existiu no setor de Movimento Negro (predominantemente partidário/ sindical) responsável em última instância pelo atual malogro institucional. Em que momento, ao longo dos últimos cinco anos, esse setor considerou seriamente a importância de seus desmandos e omissões para a continuidade da Secretaria? Existem causas internas, para além da resistência histórica e estrutural do racismo, na base do desgoverno e ineficiência da Seppir. Ninguém poderá agora fugir de responder por suas próprias ações.

Outra coisa, o conjunto da obra sugere recuo e desmanche: política de saúde, decreto dos quilombolas, estatuto, lei nº 10639/2003, nada se mexe e há casos de graves retrocessos. A paralisia da Seppir e a desmoralização pública de sua titular parecem coroar uma avalanche conservadora, que se potencializa com nossos erros e indecisões. A hora é de assumir responsabilidades, dentro e fora do governo.

31/1/2008

Somos assim, fazer o quê?

O espaço político da luta contra o racismo ficou ainda mais estreito com a derrocada da Seppir. É fato que no episódio da exoneração de Matilde Ribeiro alcançamos uma rara confluência: governantes e opositores, todos pareciam satisfeitos com o rumo dos acontecimentos.

É certo ainda que Matilde Ribeiro nunca exerceu propriamente uma liderança em nosso meio, e o bombardeio midiático tampouco favorecia, pela natureza das denúncias, o desenvolvimento de relações minimamente solidárias. Por isso mesmo a reação de seus presumidos companheiros veio a frio, quando o sentido concreto da solidariedade partidária ou étnica tinha já se esvaído. Restaram aquelas manifestações constrangedoras de reconhecimento tardio, post-mortem, que as palmas entusiásticas na solenidade de posse do sucessor não conseguiam transformar em companheirismo.

Em Macapá, dias depois da exoneração de Matilde Ribeiro, diante de uma plateia que lhe cobrava ações mais efetivas, o secretário de Promoção da Igualdade Racial do Amapá defendia-se argumentando que ninguém ali ignorava o fato de que sua secretaria não tinha orçamento.

O processo de institucionalização das demandas do Movimento Negro tornou rotineiras, nos últimos anos, em todo o país, cenas dramáticas como a de Macapá. Ao que parece, não aprendemos as regras do jogo político-partidário, embora já se tenham esgotado todas as experiências com as siglas disponíveis no mercado, desde o governo Franco Montoro em São Paulo, no início da década de 1980. O jogo acabou sem que tenhamos aprendido a jogar? Ou o jogo que devemos jogar é outro, distante dos controles partidários?

No longo relato que fez de sua experiência como presidente da República, Fernando Henrique Cardoso reservou apenas dois parágrafos ao que chamou de "a questão dos negros". O livro tem ao todo setecentas páginas e não há, nas trinta linhas que dedicou ao tema, nenhuma alusão ao Movimento Negro. Nem ao menos fez referência aos negros do PSDB. Que também não reclamaram.

Se, por um lado, seu objetivo no governo era, "sem radicalismo, […] gradualmente mudar a 'política racial'" do Brasil, por outro lado ponderava que "com o sincretismo e a miscigenação vigentes é impossível, além de ser inconveniente, traçar linhas rígidas de cor e, pior ainda, de raça" (*A arte da política*, 2. ed., Civilização Brasileira, 2006, p. 550). Uma mão exatamente no cravo e a outra na ferradura, como é do estilo do autor.

Já o presidente Lula, no dia 20 de novembro de 2007, pouco mais de dois meses antes das mudanças na Seppir, exortava, de modo paternal, Matilde Ribeiro a que fosse menos "humilde" e buscasse os recursos necessários ao desenvolvimento da Agenda Social Quilombola junto aos ministros da Fazenda e do Planejamento: "Se tudo isso não der certo, Matilde, aí você me procure e carinhosamente nós vamos resolver esse problema". Na ocasião, o presidente também responsabilizou a imaturidade política do Movimento Negro pela não aprovação do Estatuto da Igualdade Racial, que tramita no Congresso.

O Movimento Negro não merece uma citação no livro de FHC porque há muitas inconveniências e impossibilidades em nossas reivindicações de políticas públicas. Não são oportunas, estão deslocadas, não são próprias ou adequadas à realidade brasileira. Lula acrescenta que somos demasiadamente humildes no jogo político-institucional. E que somos imaturos. O presidente Lula foi enfático nesse ponto: "Ora, então pelo amor de Deus, amadureçam politicamente e construam não aquilo que é o ideal para cada agrupamento, mas construam uma proposta que seja consensual, que possa permitir que haja avanço".

No passado, aprendemos na história oficial, os africanos escravizados foram os principais responsáveis pelo longo período de escravização. Somos a raça que cantava no suplício, como disse um poeta. No presente, nossa humildade, nossas desavenças impedem que possamos compreender as regras mínimas do jogo político. Por essa leitura, há algo de profundamente errado conosco. É fácil depreendermos aqui o que significa a "questão dos negros": nós somos o problema. Os negros são o problema, com suas limitações intrínsecas, sua humildade, suas brigas tribais, ou, quando há muita condescendência, com o baixo "poder de fogo" de suas entidades e organizações.

O mais grave nisso tudo é que os agrupamentos negros partidários acabam, em sua inércia, por validar e legitimar essa leitura e seus fundamentos ideológicos, profundamente racistas. A derrocada da Seppir não parece ter afetado em nada a disposição que anima há décadas essa inserção subalternizada. PMDB, PSDB, PPS, PDT, PCdoB, PT — somos assim: servos humildes e cordiais. Fazer o quê?

1/3/2008

Precisa mexer

A rigor, até o momento, não houve propriamente debates na Comissão Especial destinada a apreciar o PL 6264/2005, que institui o Estatuto da Igualdade Racial. Os parlamentares estão ouvindo palestras, boas e más, e participando de audiências públicas pouco representativas em alguns estados.

A realização de sessões temáticas, apoiadas nos respectivos capítulos do PL 6264/2005, poderia talvez contribuir para fazer a Comissão colocar os pés no chão e encarar a materialidade do Estatuto, seus avanços e limitações. Há atualizações imprescindíveis (saúde, terra, trabalho, mulher negra etc.) e lacunas desmoralizantes: o Estatuto silencia sobre o racismo, frustrando esperanças e aspirações de milhões de pessoas que sofrem os seus efeitos no Brasil; o Estatuto silencia também sobre o fato de que políticas públicas dependem da garantia de recursos orçamentários.

É de lamentar ainda que os poucos parlamentares que comparecem às reuniões da Comissão Especial, instalada em 12 de março de 2008, ainda não decidiram se irão mexer ou não no texto do PL que veio do Senado. A tendência majoritária, encabeçada pelo relator Antônio Roberto (PV-MG), é deixar tudo como está.

Quem argumenta nessa direção defende que se deve aprovar o que se tem à mão e, após a sanção presidencial, corrigir o que for necessário. Alega-se ainda que o Estatuto vai desempenhar um relevante papel simbólico e que aqueles que se preocupam em atualizar e aperfeiçoar a proposta igualam-se aos que não querem a aprovação do projeto de lei.

Na última sessão da Comissão (15 de maio de 2008), a deputada Janete Pietá (PT-SP) manifestou suas críticas à posição defendida pelo relator, afastando a dimensão "simbólica" e reiterando a importância de se legislar sobre políticas públicas, de se discutir ali ações do Estado visando a superação das desigualdades raciais. A deputada sugeriu que a Comissão, de uma vez por todas, decidisse afinal se pretende ou não alterar o PL.

O presidente da Comissão, deputado Carlos Santana (PT-RJ), que parece inclinado a emendar o projeto de Estatuto, recusou a ideia de votação sugerida pela deputada Janete Pietá e reafirmou o calendário de trabalho da Comissão, que prevê um prazo para apresentação de emendas no princípio de junho.

O fato é que, desde a instalação da Comissão, já havia uma predisposição da base do governo, profundamente influenciada pelo senador Paulo Paim, de não fazer nenhuma alteração na proposta aprovada no Senado. Ouviriam palestras, consultariam as bases, mas não se disporiam a mexer em nada. A indicação do relator pelo presidente da Casa levou em conta ao que parece a disposição do deputado mineiro em seguir rigorosamente o script traçado.

O senador Paim é que parece acometido de uma febre autoral, que o leva a superdimensionar seus poderes: "Mandem o projeto sem emendas para o Senado, que eu garanto que aprovo até novembro". Mas antes de chegar a esse Senado dos sonhos do senador Paim, a proposta deverá seguir para a Mesa da Câmara, onde irá encontrar o PL 3198/2000. É preciso recontar essa história.

Há um movimento circular, protelatório, que é importante compreender. A proposta original de Estatuto foi apresentada em junho de 2000, pelo então deputado Paulo Paim. Tramitando com prioridade, em dezembro de 2002 já estava na Mesa da Câmara o substitutivo do relator, deputado Reginaldo Germano (PMDB-BA), aprovado por unanimidade pela Comissão Especial (igual à instalada em 12 de março de 2008) designada para apreciar o PL 3198/2000.

"Sobre a Mesa da Câmara" é, portanto, uma expressão que pode significar muitas coisas, algumas de rara sutileza. Pois bem, em março de 2003 o PL 3198/2000 esteve na pauta do plenário para debate. Em seguida, o governo federal o retirou de pauta para apreciar seu impacto no orçamento (o capítulo que criava o Fundo da Igualdade Racial era, ao menos publicamente, o problema). O papel exercido pela Seppir no episódio terá o julgamento da história, eu suponho.

Paulo Paim, eleito senador, apresenta em 2003 no Senado o substitutivo aprovado na Comissão Especial da Câmara em 2002, cujo relator tinha sido o deputado Reginaldo Germano. Aprovado no Senado sem debate, com três relatorias sucessivas do PFL, as quais faziam cortina eleitoral para encobrir a ação, essa sim pra valer, encaminhada ao STF contra as cotas, o projeto seguiu para a Câmara no final de 2005, onde aguardou mais de dois anos para ser apreciado na Comissão Especial criada no mês de março deste ano.

"Sobre a Mesa da Câmara", pronto para debate e votação, permanece o PL 3198/2000. As proposições que vêm do Senado (como o PL 6264/2005) têm precedência na tramitação, em relação às proposições com origem na Câmara. Quem diz isso é o Regimento da Câmara. Sendo assim, a versão original do Estatuto, que repousa em berço esplêndido, vai aguardar o resultado da Comissão Especial, destinada a proferir parecer sobre o PL 6264, para ser incluída conjuntamente na mesma Ordem do Dia do plenário.

Se a proposição envolve negros e indígenas no Congresso, as bancadas se apavoram. E não é para menos. Quando políticas públicas se destinam a beneficiar negros e indígenas, acusam-se com frequência os seus proponentes de negar o "significado da nação", os "nobres valores republicanos", a "identidade nacional". Não é razoável supor que, quando se pretende erradicar desigualdades, deve-se contar sempre com a oposição daqueles que se beneficiam delas? Sabemos todos quais são os privilégios e quem são os privilegiados que se escondem por trás das virtudes cívicas de natureza meramente retórica.

Mas as profecias aterrorizantes acabam produzindo algum efeito. A tramitação excessivamente lenta dos projetos de lei de interesse de negros e indígenas no Congresso Nacional reflete em parte o apavoramento de legisladores, que fingem ignorar os compromissos assumidos pelo Estado brasileiro na Conferência Mundial contra o Racismo, realizada em Durban, África do Sul, de 31 de agosto a 8 de setembro de 2001. O Programa de Ação de Durban, com o qual o Brasil se comprometeu, recomenda com insistência que os Estados devem adotar medidas constitucionais, legislativas e administrativas que permitam o combate ao racismo e a superação das desigualdades raciais. Mas quem conhece o Programa de Ação de Durban?

1/4/2008

Mais colossal é nosso engano

"Um débito colossal" é o título de artigo de Fábio Konder Comparato publicado esta semana na *Folha de S.Paulo* (8/7/2008) e refere-se à dívida histórica do país com a população negra.

Depois de descrever os horrores do tráfico e da escravidão, Comparato afirma que, após a Abolição, "os senhores de escravos e seus descendentes não se sentiram minimamente responsáveis pelas consequências do crime nefando praticado durante quase quatro séculos".

Somente após 120 anos, com a política de cotas no ensino superior, estaríamos ensaiando alguma medida oficial de amparo à população negra. A medida tem ampla base constitucional e o autor cita o artigo 3º da Constituição, concluindo que as classes dominantes deveriam ter "a mínima hombridade de reconhecer que esse colossal passivo de nossa herança histórica ainda nem começou a ser pago!".

O sentido de "hombridade" é "nobreza de caráter" e "dignidade" e, convenhamos, são atributos impróprios para definir "classes dominantes". Não sei se "deveriam ter", sei que não têm e parece não lhes fazer falta nenhuma. Os obstáculos perante os quais nos imobilizamos talvez estejam aí bem definidos: temos apelado a dimensões de uma ordem moral inexistente.

As classes que dominam o fazem em seu próprio benefício e não se dispõem, de boa vontade, a pagar nenhuma dívida histórica. Precisamos perder a paciência de esperar o reconhecimento da dívida, que imaginamos será seguido do gesto nobre e digno de saldá-la.

Mais colossal ainda que o débito é o nosso engano. O que não queremos admitir, no fundo de nossa impotência, é que não nos permitimos a audácia de projetar algum resultado aos nossos esforços. Refiro-me àquelas ações de confronto, possíveis e necessárias.

À expectativa de comover a "mínima hombridade" devemos opor, em seu sentido pleno, a ação política.

7/10/2008

Cotas, sim; negros, nem pensar

A negação sistemática do corte racial nas políticas públicas por parte dos principais jornais brasileiros, em razão dos elevados custos humanos que acarreta, pode ser aproximada da negativa do presidente sul-africano Thabo Mbeki e de seu governo em reconhecer a aids e os medicamentos necessários para combatê-la.

A *Folha de S.Paulo*, em editorial ("Cotas de imperfeição", 25/11/2008, p. 2), reafirma que o critério racial não serve para "categorizar pessoas" porque não tem fundamento científico.

Pois bem, na redação da *Folha* e de outros grandes jornais, quantas pessoas têm pele escura e cabelo crespo? Alguém duvida de que exista aqui uma classificação sistemática que, independentemente do que possa afirmar a genética, se apoia em características também biológicas (cor da pele, textura do cabelo etc.)?

Que divindade, se não o deus da Omissão Cínica, o mantra "raça não existe" invoca mesmo? Aliás, o mantra só é recitado quando os negros pressionam para reduzir os privilégios daqueles que reelaboram, pela negativa, o conceito de raça para servir à manutenção de suas posições e objetivos políticos.

Raça não existe, mas o Brasil é um país de profundas desigualdades raciais. A negação da raça pelos estratos superiores pretende perpetuar as desigualdades... raciais. Se todos são mestiços nos espaços de prestígio e poder, queremos incluir nesses espaços um tipo de mestiço que a eles não tem acesso.

Quando se argumenta, como no citado editorial da *Folha*, na defesa de cotas socioeconômicas para ingresso na universidade sob a alegação de que "negros e mulatos" estariam aí contemplados, identifica-se, ainda que a contragosto, a existência, entre os pobres, de um subconjunto de afro-brasileiros.

Na alternativa das cotas raciais, recusada pela *Folha*, os "negros e mulatos" não podem ser precisamente identificados: raça não existe, o Brasil é um país mestiço. Na alternativa socioeconômica defendida pela *Folha*, "negros e mulatos" existem e seriam beneficiados também.

Paradoxalmente, quanto mais submersos na noção de classe, mais visíveis se tornam os negros aos olhos da *Folha*. A tão alegada homogeneidade mestiça desaparece como por encanto quando submetida ao crivo socioeconômico defendido pela empresa de comunicação. Nas cotas sociais, os negros serão beneficiados — com a vantagem, para os superiores, de se dispensar a afirmação identitária.

A identidade negra, por essa visão, parece superestimada como fonte de conflitos, potencialmente geradora de "divisões radicais". Alguns negros podem vir a ser beneficiados, mas para isso devem renunciar a sua identidade.

Nos termos da cultura política dominante, pode-se aceitar de todo modo um arranjo, desde que fique assegurado que a identidade negra será submersa em generalizações socioeconômicas. Os negros poderiam assim ser tolerados, de modo contingente, desde que se pudessem atenuar as dimensões ameaçadoras de sua afirmação identitária.

Por aí se vê que a questão não é cota, nem reserva de vagas. A questão é mesmo a identidade negra, seu conteúdo histórico, suas incontornáveis reivindicações reparatórias, justas e legítimas.

O recalque da identidade negra parece jogar assim um papel decisivo entre nós na manutenção do sistema político e dos modos de representação, na permanência de sistemas simbólicos que realimentam os grupos hegemônicos, e na manutenção da ordem social e econômica.

2/12/2008

"Vamos clarear"

Como antecipávamos no sábado, a presença de senadores na audiência pública do projeto de cotas* era uma projeção demasiado otimista. "Vamos clarear", disse o senador Demóstenes Torres (DEM-GO), manifestando sua preocupação com os "brancos pobres", que ele julga prejudicados pela redação do projeto. Demóstenes quer confundir, ganhar tempo, travar a tramitação do projeto.

Qual terá sido o acordo, na Câmara, que viabilizou a aprovação do projeto de cotas no mês de novembro?** Quais restrições afinal ficaram fora de nosso alcance?

Em maio de 1988, enquanto em várias cidades aconteciam passeatas de protesto, o plenário da Câmara dos Deputados aprovou, em tempo recorde, um projeto de lei dispondo sobre a introdução da disciplina História da África nos currículos. Após oito anos de paralisia no Senado, o projeto foi arquivado. Há inúmeros outros casos semelhantes de manobra. Para desafogos assim, serve um congresso bicameral.

---

* PL 73/1999, proposto pela deputada Nice Lobão (PFL-MA).
** No Dia Nacional da Consciência Negra de 2008, o plenário da Câmara aprovou o PL 73/1999 em turno único e sessão extraordinária.

Ao que parece, o acordo com as lideranças ficou sujeito a várias restrições. O senador Demóstenes está explicitando as de seu partido, notório opositor das cotas para negros.

Resta saber, na véspera do recesso parlamentar, se a base do governo está de fato empenhada na aprovação do projeto. Se estiver, eu peço antecipadas desculpas pelo mal-entendido.

Não vamos esquecer também o ministro Edson Santos, a maior autoridade do Executivo na matéria em discussão, fonte de muita consciência e engajamento, que deve estar utilizando sua experiência parlamentar para convencer senadores indecisos. Sejam quais forem suas falhas e limitações, sabe-se que sua dedicação à aprovação de matérias de interesse da população negra no Congresso representa um marco de sua gestão.

15/12/2008

O mandato de Monteiro Lopes
faz cem anos

No dia 5 de julho de 1951, Afonso Arinos ocupava a tribuna da Câmara para falar de seu projeto de lei sobre discriminação racial que, aprovado no Congresso "sem a mais leve impugnação", acabara de ser sancionado pelo presidente Getúlio Vargas.

Depois de afirmar ser "descendente de antigos senhores de escravos", escravos esses que tinham formado o Brasil ("Nós nos formamos embalados pelos braços dos negros. Nós nos criamos, progredimos, enriquecemos, alimentados pelo trabalho e pelo suor dos africanos"), Afonso Arinos prestaria homenagem a um deputado do início da República (e que expôs sua essência de preconceitos e iniquidades):

> Já que estou falando nesta Casa, já que estou fazendo o retrospecto de ideias neste recinto, pediria à Câmara dos Deputados do Brasil que se lembrasse, no dia de hoje, da figura notável de Monteiro Lopes, o primeiro e grande deputado negro que inaugurou, em 1909, sua campanha, sua batalha pela libertação econômica e racial dos negros. Monteiro Lopes foi o pioneiro da raça no Brasil, precursor de todas as novas ideias que hoje nos empolgam e arrastam. Penso fechar essas minhas comovidas palavras de saudação ao Congresso Nacional — porque quero saudar neste momento o Congresso Nacional — recordando o grande nome de Monteiro

Lopes e recomendando-o à admiração dos nossos contemporâneos. (*Afonso Arinos no Congresso: Cem discursos parlamentares*, Senado Federal, 1999.)

A enfática recomendação de Afonso Arinos não foi seguida nem pelos seus contemporâneos nem pelos parlamentares que se sucederam nos últimos quase sessenta anos da Câmara. Manoel da Motta Monteiro Lopes permanece um desconhecido. Se assim não fosse, neste ano de 2009 poderíamos comemorar o centenário de um mandato que só foi confirmado após intensa disputa e que mobilizou a ação política dos negros em muitas cidades do país. E infelizmente durou pouco, porque o deputado morreu no ano seguinte. A barra foi pesadíssima, podem crer.

José Vieira, que fazia crônica parlamentar em 1909, registrou durante as sessões da comissão em que se questionava a legitimidade do mandato de Lopes que "no salão circulavam admiradores do candidato contestado, Monteiro Lopes, homens de cor como ele". O reconhecimento da legitimidade de seu mandato só ocorreu em 1º de maio: "Dentre os reconhecimentos de hoje salienta-se o de Monteiro Lopes. As galerias encheram-se de operários. Viam-se muitos homens de cor". (José de Araújo Vieira, *A Cadeia Velha: Memória da Câmara dos Deputados*, Senado Federal; Fundação Casa de Rui Barbosa, 1980. O autor registra muitos constrangimentos racistas a que Monteiro Lopes foi submetido em plenário.)

Nei Lopes fez uma pequena nota sobre Monteiro Lopes no *Dicionário escolar afro-brasileiro* e, outro dia, em seu blog, buscava recomendá-lo a pesquisadores. Nei Lopes talvez tenha melhor sorte que Afonso Arinos. Descubro casualmente, no Conselho Nacional de Desenvolvimento Científico (CNPq), que Carolina Vianna Dantas, professora e pesquisadora da Universidade Federal Fluminense, com bolsa da Fundação Biblioteca Nacional, está escrevendo uma biografia de Monteiro Lopes (*A vida de um deputado negro na Primeira República*). Boas novas, sem dúvida, vamos aguardar. Os deputados negros deveriam seguir a recomendação de Arinos e, antes tarde que nunca, sugerir à instituição de que fazem parte modos concretos de honrar a memória de Monteiro Lopes neste ano de 2009. É melhor coisa a fazer (e mais decente) do que distribuir santinho convidando para comemoração do próprio aniversário em praça pública. Tenha dó.

15/1/2009

O mal e seu enigma

Um disse "maligno" e o outro preferiu "malogro". Maligna é, para Luciano Coutinho, a herança do escravismo. Malogro é expressão preferida por Mangabeira Unger para referir-se ao fracasso da Abolição.* Ocorre que Mangabeira afirma que o malogro da Abolição é "fatal" para o Brasil, "superado em gravidade apenas pelo próprio mal da escravatura". Logo, os interlocutores concordam que a escravidão tem sua existência inscrita na ordem do mal.

Fico imaginando, no diálogo presumido entre o presidente do BNDES e o ministro de Assuntos Estratégicos, uma espécie de preliminar ou preâmbulo, em que divagassem sobre "a dramaticidade da presença do mal" na história do Brasil, usando aqui uma expressão do jesuíta Carlo Maria Martini.

Mangabeira disse "fatal", portanto marcado pelo destino, enquanto Coutinho referiu-se à "marca histórica negativa", que vem a dar no mesmo. Em sua trajetória, o Brasil estaria prestes a livrar-se dessa expressão do mal, graças à combinação de "desenvolvimento com a redução da desigualdade e com a criação de mais oportunidades para todos", frase dita por Coutinho.

Mangabeira concorda e vai mais longe ao enfatizar o combate à "distribuição desigual de oportunidades econômicas e educativas", insistindo na mudan-

* "Fazer a abolição de novo", *Folha de S.Paulo*, Opinião, 13/5/2008.

ça radical de "instituições e práticas que impedem o aprofundamento da igualdade de oportunidades".

Pode existir um governo mais feliz em suas escolhas? O presidente de poderoso banco de desenvolvimento e o ministro encarregado de propor as melhores alternativas para a superação de uma ordem injusta debruçam-se sobre a herança maldita da escravidão e põem-se de acordo ao examinar os efeitos de seus fundamentos de maldade.

Mangabeira escreveu na *Folha de S.Paulo* (13/5/2008, p. 3), e Luciano Coutinho foi entrevistado pela revista *Rumos* (nov./dez. 2008, pp. 4-7). Em todo caso, não deixa de ser um diálogo.

Não sei por quanto tempo ainda continuaremos ignorando uma ação efetiva do Estado que acompanhe o rumo dessa prosa. Os negros são, como de hábito, objetos de conversa. Creio mesmo que há indicações a esse respeito nos códigos cerimoniais do primeiro escalão. Somos, afinal, uma República. De qualquer modo, a conversa de Mangabeira e Coutinho sobre a presença do mal daria, no mínimo, um ótimo título de cordel.

Eles não parecem preocupados com nada que diga respeito ao lugar da ação política dos negros nesses esforços que parecem necessários para a criação de uma sociedade com oportunidades para todos. Os "elos mais frágeis da sociedade" devem ser objeto de políticas não compensatórias, "mas sim estruturantes, universalizadoras, perenes e capacitadoras", afirma Coutinho.

São sempre formulações generosas, cuja dinâmica essencial é impulsionada pelo Estado. O escravismo principalmente explica a subordinação dos negros, os quais devem agora se beneficiar de "um processo virtuoso e sustentável de desenvolvimento" — a segunda Abolição, a que se referem Mangabeira e outros.

A inserção institucional negra parece que só é possível sob a condição de não se imiscuir nesse debate. Não tugir nem mugir é a divisa da Fundação Palmares e da Seppir. A questão do reconhecimento da existência política do negro, que lhes parece abertamente conflitiva, permanece um tabu.

27/1/2009

Sinais distorcidos e o nariz de palhaço

Othelo lutava por seu filme, mais até do que eu [...] para ele, as dificuldades que enfrentávamos em conseguir recursos para filmar tinham um sentido penoso suplementar: davam a medida de seu prestígio, revelavam os limites da consideração e da confiança dos que batiam amistosamente em suas costas e traziam de volta seus bordões clássicos. "Eles me querem do lado, mas não me dão a palavra." "Eles me veem como um palhaço."

O fragmento citado é de Roberto Moura, extraído de *Grande Othelo: Um artista genial* (Relume-Dumará; Prefeitura, 1996, p. 145), e pode ajudar a quem queira compreender tanto um "núcleo negro" de novela da Globo (por exemplo *Três irmãs*, a atual novela das sete), quanto uma candidatura a presidente da República. Nem os personagens negros estereotipados se vinculam à trama, por mais medíocre que ela seja, nem (im)prováveis candidaturas negras se incluem entre as considerações dos caciques partidários e analistas políticos.

Podemos até repetir, e faço isso com frequência, uma das três irmãs da peça de Tchékhov, escrita na Rússia do final do século XIX, que a vida não é só isso, e até sinto que alguma coisa grande se aproxima. Mas, por enquanto, vamos continuar chorando no banheiro de um cinema no Catete, como fez Grande Othelo durante a exibição de *Malcolm X*, de Spike Lee.

Pior do que não ter candidato, só mesmo um candidato de mentirinha. Mas parece que não é o caso, porque desde 26 de novembro de 2008 sabe-se que os setores do Movimento Negro mais diretamente ligados à base do governo proclamaram em ato realizado no Palácio do Planalto o nome de sua preferência e as razões da escolha. Vejam trecho da matéria de Eduardo Scolese e Simone Iglesias, repórteres da *Folha de S.Paulo*:

> Explícita, a primeira declaração eleitoral veio de uma integrante do Movimento Negro. Cleide Ilda de Lima, 46, filiada ao PT de Belo Horizonte, falou em nome da Coordenação Nacional de Entidades Negras (Conen). "Acreditamos que esse governo tem cumprido o que veio realizar. Nós acreditamos que ele precisa dar conta de sair de 2010 elegendo a nossa sucessora, a nossa candidata Dilma Rousseff* a presidente", disse Cleide, para aplausos.
>
> "Queremos elegê-la para dar continuidade aos programas que o Lula construiu nesses oito anos", completou, já sob os gritos de "Dilma, Dilma, Dilma". "Desculpe, mas já estamos em campanha", finalizou Cleide. Ao lado dos colegas Luiz Dulci (Secretaria Geral da Presidência) e Guido Mantega (Fazenda), a ministra da Casa Civil sorriu diante da cena.

A presumida candidatura Paim explicitaria algum racha na base negra do governo? Não creio. Houve uma recente aclamação de Dilma em Belém, com vibrante participação negra semioficial, durante o Fórum Social Mundial. A reeleição de Paim ao Senado enfrenta oposição forte no interior do PT gaúcho? É muito provável, há uma enxurrada de candidatos fortes (inclusive uma reedição do embate com Emília Fernandes),** e talvez seja esse o alvo da marola: faturar (perdoem, é o jargão utilizado pelos políticos profissionais) o efeito Obama e fortalecer a candidatura Paim ao Senado.

Cada palavra, cada gesto, cada mensagem na internet, portanto, correspondem a imperativos da lógica eleitoral, mas nada é o que parece. No entanto, o reconhecimento desses sinais não é, felizmente, uma graça concedida a poucos.

16/2/2009

* Ministra-chefe da Casa Civil.
** Deputada federal (PT-RS).

Pesquisa reveladora

Não sei se terá relevância para os partidos políticos e o Movimento Negro a informação colhida por recente pesquisa do Ibope. Segundo a Agência Estado, "77% dos entrevistados afirmaram que votariam em um homem negro e 75% elegeriam uma mulher negra para qualquer cargo público, número maior dos que votariam em mulheres de qualquer raça".

Segundo ainda informou o repórter Gustavo Uribe, o Ibope avalia que esse resultado é consequência da eleição de Barack Obama à presidência dos Estados Unidos. Senti aqui, perdoem-me, um certo menosprezo pelo fato, tomado apressadamente talvez como superficial e transitório, ou demasiadamente conjuntural.

A meu ver, a informação não é nada desprezível. Afinal, resulta da avaliação de disposições subjetivas provocadas pela exposição da candidatura Obama, ou seja, pela exposição continuada de uma imagem positiva do negro, coisa rara entre nós.

Não quero com isso alimentar nenhuma expectativa irrealista. Mas o importante não é confrontar essa predisposição com a proporção insignificante da representação política negra nos níveis municipal, estadual e federal. E concluir pela desimportância da pesquisa à luz crua da sub-representação negra.

Julgo ser mais relevante nos debruçarmos sobre as relações entre a invisibilidade do negro nos meios de comunicação, ou sua representação distorcida e estereotipada, e sua baixa participação político-eleitoral. A pesquisa aponta, inevitavelmente, para a realidade do controle das representações sociais exercido pela mídia.

Se a avaliação do Ibope é correta, ou seja, que os números favoráveis a candidaturas negras refletem tão somente o efeito Obama, a pesquisa tem o mérito de reafirmar a importância dos meios de comunicação para os avanços da cidadania negra e para a superação de atitudes e práticas discriminatórias. E isso não é pouca coisa.

18/3/2009

Dissimulação e hipocrisia

Aqueles que, em pleno século XXI, insistem em ressuscitar o conceito de raça e em criar legislações baseadas na premissa de que elas merecem tratamento diferenciado pelo Estado devem ser contidos em suas ações e pretensões, sob pena de incitarem, em algum momento do futuro, processos odiosos que não podem ser aceitos pela humanidade.

O parágrafo transcrito acima foi escrito por José Serra (PSDB), governador de São Paulo, e faz parte de artigo publicado ontem no jornal *Folha de S.Paulo* ("Nenhum genocídio deve ser esquecido", 24/4/2009, p. A3).

Depois de evocar o extermínio dos armênios promovido pelos turcos, em 1915, José Serra, preocupado e atento às possibilidades de ocorrência de novas práticas genocidas, alerta no final de seu artigo os leitores da *Folha* para o perigo que representa no Brasil a incitação de "processos odiosos" realizada por "aqueles" que defendem o projeto de cotas em tramitação no Senado Federal.

Não me pergunte onde a imaginação do governador de São Paulo foi achar conexão entre o massacre dos armênios e a reivindicação dos negros por políticas públicas. Semelhante disparate já tinha ocorrido a Yvonne Maggie e seus companheiros mágicos do Rio de Janeiro. Mas essa turma do Rio sempre buscou correlacionar Movimento Negro e nazismo, tendo como pano de fundo o genocídio judaico.

A questão é saber se, colocadas as coisas nesses termos, teremos em algum momento a oportunidade de debater. Ou essas correlações e correspondências contrárias à razão e ao bom senso não passam de dissimulação hipócrita da norma há muito estabelecida de que a questão racial brasileira não pode ser posta em discussão? O fato é que não existem limites para a imaginação e a hipocrisia quando o assunto é população negra e responsabilidade coletiva — dos governos e da sociedade.

Reivindicações e demandas voltadas para a superação das desigualdades raciais parecem provocar entre nós um processo muito louco de manipulação intelectual, cujas dimensões irracionais são amplificadas a um ponto máximo, que impede qualquer aferição minimamente razoável.

A acusação de incitação ao ódio é uma das fórmulas repetidas com despudor pelo governador de São Paulo, sugerindo visão do futuro, preocupação com a "humanidade", mas grudando o olho do leitor no passado, no genocídio dos armênios, que lhe deve servir de parâmetro para julgar a ação política atual dos negros brasileiros.

É pura má-fé, portanto, utilizar o argumento de que os negros ressuscitam o conceito de raça quando pressionam por políticas que levem à superação do abismo que os separa dos não negros.

É preciso advertir também a esse tipo de político que os negros não vivem de horizontes humanitários. Aliás, os negros sabem muito bem como os impulsos "humanitários" acionados pelo Estado para conter suas ações e pretensões desencadeiam práticas genocidas, que permanecem impunes entre nós — e não serão consideradas jamais pelo estreito horizonte intelectual e humanitário do governador de São Paulo. Nenhum genocídio deve ser esquecido, exceto o dos negros.

25/4/2009

Verga, não verga

Ou o uso da força (capangas), ou a fraude (confundir deliberadamente falta com licença médica). São esses recursos tradicionais do poder utilizados pelo presidente do STF, segundo intervenção do ministro Joaquim Barbosa, no bate-boca desta semana no plenário do Supremo.*

Sem esquecer a utilização da mídia, de que o presidente do STF estaria também abusando. A oposição das locuções na rua/ na mídia, levantada também pelo ministro Barbosa, sugere, entre outras coisas, que os meios de comunicação estão longe de expressar a opinião pública.

Não pode mais ser ocultado também, após essa rica sessão do STF, que o momento crítico vivido pelo ministro Joaquim Barbosa se manifesta sob a forma de intensas dores na coluna. Agora estamos falando, portanto, de ideias, de oposição a práticas consagradas no Judiciário, e, ao mesmo tempo, estamos falando de pele, carne e osso, de intensa luta corporal.

---

* Os ministros Gilmar Mendes e Joaquim Barbosa trocaram ofensas e acusações durante a sessão plenária do STF em 23 de abril de 2009. O tribunal julgava um recurso do governo do Paraná contra a constitucionalidade de uma lei sobre a inclusão de funcionários de cartórios na previdência estadual. Barbosa pediu detalhes do processo e Mendes respondeu que o ministro havia faltado à sessão que tratara do tema, deflagrando a contenda.

Verga. Não vergo. Verga, sim. Não vergo, não. O ministro Barbosa não se verga, mas está quase entrevado. A dor intensa no corpo retesado, mal disfarçada na expressão indignada do ministro, parecia tirar qualquer sentido figurado à oposição verga/ não verga.

O ministro Barbosa, aliás, já havia afirmado, em entrevista à *Folha de S.Paulo* meses atrás, que se enganavam no STF os que o supunham mais um "negro submisso". Agora, na discussão áspera com o ministro Gilmar Mendes, declarou que não era um de seus "capangas", o que vem a dar no mesmo. Os cabras e capangas sempre foram pinçados, preferencialmente, na grande massa de não brancos.

É chover no molhado dizer que a persistência de representações ideológicas que reafirmam a inferioridade do negro está também na base das tensões desencadeadas a partir da simples presença de Joaquim Barbosa no plenário do STF ("Crioulo já entra aqui?").

As significações envolvidas nessa polarização Joaquim Barbosa versus os signatários da nota de solidariedade transcendem em muito o plenário do STF. E, portanto, nenhuma nota vai poder reverter o desmascaramento do ministro Gilmar Mendes (e com a presença da mídia, que ele preza tanto). A emergência do conflito nesse lugar, com estes atores, é reveladora do que se vai deflagrando mais amplamente, por influência de mudanças no comportamento individual e coletivo.

A frase de Gilmar Mendes sobre Joaquim Barbosa "não ter moral para..." deve ecoar no plenário quando o ministro negro fizer a leitura de seu parecer que envolve a constitucionalidade das ações afirmativas. Uma sessão imperdível.

27/4/2009

De um lado, terrorismo...

De um lado, terrorismo; de outro, servilismo chapa-branca.

As alusões na grande mídia ao Estatuto da Igualdade Racial parecem cristalizadas. Ninguém conseguiria estabelecer distinções, argumentativas ou mesmo de estilo, entre editoriais e artigos que tratam do tema. Assim, para entender um texto veiculado na grande mídia sobre o Estatuto, você, a rigor, não precisa lê-lo. Ou melhor, pode ler um texto do século XIX.

Um parecer de 16 de janeiro de 1875, assinado por dois viscondes e um marquês, rejeitou a proposta de criação da Associação Beneficente Socorro Mútuo dos Homens de Cor, no Rio de Janeiro.

Os homens e mulheres de cor, associados segundo as normas do estatuto encaminhado para aprovação do Conselho de Estado do Império, deveriam ter cor preta e poderiam ser livres, libertos ou escravos.

O historiador Flávio dos Santos Gomes transcreve a "principal justificativa para a rejeição do estatuto e da associação":

> Os homens de cor, livres, são no Império cidadãos que não formam classe separada, e quando escravos não têm direito a associar-se. A Sociedade especial é, pois, dispensável e pode trazer os inconvenientes da criação do antagonismo social e político: dispensável, porque os homens de cor devem ter e de fato têm

admissão nas Associações Nacionais, como é seu direito e muito convém à harmonia e boas relações entre os brasileiros. (*Negros e política* (*1888-1937*), Zahar, 2005, p. 8.)

São velhos argumentos que atravessaram o Império escravocrata e mantêm-se ainda produtivos, dando provas sobejas de sua estabilidade duradoura, nos editoriais e artigos dos principais jornais brasileiros.

Para legitimar sua validade, foram incorporadas alusões ao nazismo (ou ao massacre dos armênios, tanto faz), e pormenores que servem para acentuar conteúdos relacionados à "opressão" e "tirania". Abaixo trechos do editorial de *O Globo* ("Atentado racialista", 16/5/2009, p. 6):

> As cotas no ensino são apenas uma pequena parte de uma grande construção racialista. Revogam-se afinidades sociais, sem relação com origem social e renda, e coloca-se em seu lugar o critério da cor da pele, num atentado contra o patrimônio cultural e social da nação. [...] O país se encontra à beira de um pesadelo orwelliano. [...] Faltará uma lei como a da Proteção do Sangue Germânico, da Alemanha de 1935.

Os negros atentariam contra as instituições de uma sociedade harmônica, que pretendem substituir por extremos de opressão. Ilustra-se o argumento principal com George Orwell e Hitler, porque essas intensificações imaginativas e impróprias produzem o maior alvoroço na base do governo, preocupado com suas repercussões eleitorais.

A Casa Civil e a Seppir apressaram-se a mutilar o Estatuto e, nessa obra de desmonte, irão tão longe quanto pressões conservadoras assim o desejarem. Pressões de dentro e de fora do governo, ninguém se iluda.

Não há, por isso mesmo, conflito na base negra do governo. Há servilismo militante e manipulação de informação. Para contrabalançar, a bancada negra, em acentuado declínio, dissimula o acordo ultrajante.

Uns e outros não parecem atentar para o fato de que sobre os seus ombros recaem os principais encargos da responsabilidade política. Capangas só se dão conta de certas sutilezas quando confrontados pelo júri popular. Iludem-se os que pensam que não estão devendo um esclarecimento público das cláusulas do "acordão". Estão.

16/5/2009

Contorcionismos e turbulências

O ministro da Seppir, Edson Santos, considera que o diálogo com os movimentos sociais reunidos na conferência deve continuar, mas acredita que a plenária deu uma sinalização positiva em relação à aprovação do Estatuto da Igualdade Racial.

O fragmento acima é parte de texto divulgado pela Agência Brasil (e encontrado no Terra Brasil desde as 7h38 de hoje) e distorce o sentido de manifestações inequívocas da plenária da II Conferência Nacional de Promoção da Igualdade Racial, realizada no último fim de semana.

A "sinalização" da plenária, cuja expressão a Mesa presidida pelo ministro Edson Santos fez de tudo para silenciar, foi no sentido de impedir a aprovação do substitutivo acordado por Casa Civil, Seppir, deputados negros, Conen e Unegro. O ministro deveria utilizar o poder do cargo para disseminar boas práticas. Seu depoimento à Agência Brasil, porém, distorce a deliberação majoritária da plenária.

O ministro se faz de bobo e será bobo de verdade se não tiver percebido que algumas vozes da base do governo sentiram-se obrigadas a mudar de opinião e aderir matreiramente ao coro indignado de amplos setores de Movimento Negro, os quais exigem uma revisão radical do substitutivo do Estatuto em tramitação na Câmara.

Ao menos na plenária, é importante frisar, algumas manifestações dissonantes de membros da base do governo construíam um jogo de aparências que pretendia dissimular a participação e a responsabilidade no encaminhamento do substitutivo antinegro. Mas só o fato de terem precisado recorrer ao expediente cínico deveria alertar o ministro para a pouca legitimidade da posição que ele equivocadamente vem defendendo.

Havia, contudo, outros sinais mais concretos na Conferência de ruptura na cadeia que liga organizações da base do governo. Ausências significativas na plenária e murmúrios colhidos por ampla variedade de fontes nos corredores. Altos funcionários da Seppir foram vistos murmurando contra a presença do ministro na presidência da Mesa, estritamente governamental. Não é difícil supor que o ambiente conflagrado levante ainda outras dificuldades para que se possa redesenhar concepções e estratégias.

Mas o fato é que nada indica melhoria na capacidade administrativa e nas relações políticas da Seppir. Mesmo as dissensões manifestadas são de pouca monta. A possibilidade de realizar seja lá o que for, no último ano de governo, dependeria de um esforço acentuado para o diálogo e da revisão de práticas que permitissem uma ampla negociação com os setores mais críticos do Movimento Negro — críticos, propositivos e produtivos, diga-se de passagem. A condução da Conferência e as declarações contorcionistas posteriores do ministro revelam que a Seppir vai continuar priorizando os comparsas que se reúnem em torno de interesses comuns não muito claros na base do governo.

Há, é claro, aquele burburinho de fim de feira, onde frequentemente os preços são reajustados. Mas não se sabe se para o bem da coisa pública. Parece que não.

26/6/2009

O voto de Mendes

A entrevista do presidente do STF, sr. Gilmar Mendes,* que circula pela internet já antecipa seu voto sobre cotas. Resta saber se no STF vai prevalecer a visão de Mendes. Seus argumentos (que não são exatamente seus) se apoiam, primeiro, no "grande mérito do Brasil", a saber, "o processo de integração, o respeito, a tolerância".

Em decorrência desse fundamento (uma restrição prévia), "no país ninguém é excluído pelo fato de ser negro". Se não é possível excluir, logo não será legítimo também incluir. Desse modo, as políticas de inclusão do negro são, obviamente, manifestações de racismo, às quais somos avessos por princípio e índole nacional.

A posição diferenciada do negro se explica, ao mesmo tempo, pela escravidão e pela abolição da escravidão na visão de Mendes, isso quando for possível identificar o negro, casos raríssimos, uma vez que o negro vive literalmente submerso na sociedade miscigenada e tolerante em que nos tornamos por efeito da retórica das elites.

O presidente do STF afirma, contudo, que é impossível negar a existência de um grande número de pessoas que se dizem brancas e que são pobres. Daí

---

* Entrevista a Camila Cortopassi, no *Correio Braziliense* de 8 de agosto de 2009.

concluirmos que seu voto é pelas chamadas cotas sociais, que permitem incluir os brancos desvalidos. Política de inclusão de branco pobre não é prática de racismo, fique isso bem entendido.

Outra coisa: a autodeclaração é, na entrevista do ministro do STF, um critério válido para a identificação do branco pobre. Ao mesmo tempo, a identificação do negro "é muito pouco precisa". Que tal?

Já se disse que os números servem para derrubar todos os mitos. Parece que, com exceção do mito da democracia racial, essa afirmação é provavelmente verdadeira. Segundo Mendes, os negros, quando é possível identificá-los, existem em todos os segmentos. O ministro está tentando nos falar de "mobilidade social ascendente", de ausência de barreiras raciais, de méritos e competências. Quem não chega lá, não chega por limitações exclusivamente individuais. Tolerância, miscigenação, democracia racial. O ministro Mendes já votou. Votou na continuidade do mesmo.

8/8/2009

Os irmãos de Marina

Sandra Brasil entrevistou Marina Silva nas páginas amarelas de *Veja* esta semana. É significativo observar que, de vinte questões dirigidas à senadora do PV, um quinto aborde a temática racial ("Marina Imaculada", ano 42, n. 35, 2/9/2009, pp. 19-23).

A entrevistadora flerta com a insinuação de que Marina poderia inspirar-se na candidatura de Barack Obama, à semelhança do que sugerira Janio de Freitas na *Folha de S.Paulo* dias atrás.

Marina parece oscilar, em princípio, entre a rejeição do que se lhe afigura como oportunismo eleitoral e a sedução de poder encarnar com sua candidatura uma espécie de síntese da disputa Obama × Hillary. Conforme lhe foi sugerido por correligionários, se ela fosse candidata à presidência da República, o eleitorado brasileiro, ao contrário dos democratas norte-americanos, não precisaria se dividir entre uma mulher e um negro.

Marina oscila porque, em primeiro lugar, nunca foi discriminada. Em segundo lugar, e por isso mesmo, avalia a realidade dos Estados Unidos como "diferente" da nossa, o que justificaria o fato de a questão racial ter tido um peso maior no contexto eleitoral norte-americano. Aqui, por suas palavras, uma candidatura negra correria o risco de acentuar divisões.

Mas Sandra Brasil quer saber, diretamente, a posição da senadora sobre as cotas. Ou seja, uma candidatura negra que tirasse votos da(o) candidata(o) de Lula seria tolerável para *Veja* apenas se estivesse contida dentro de certos limites.

Marina mantém-se firme e posiciona-se a favor da política de cotas ("por um período determinado"), afasta a ideia de que sua implementação possa conduzir à segregação e justifica-a como "resgate" do passado de exploração de negros e indígenas.

Diante da ressalva da entrevistadora de *Veja* de que a senadora não precisou de cotas para obter um curso superior, Marina assume a excepcionalidade de sua trajetória e declara que seus sete irmãos não tiveram a mesma sorte e "não chegaram lá".

Resumindo: Marina nunca foi discriminada porque vive uma realidade diferente daquela existente nos Estados Unidos. Seus irmãos, no entanto, vivenciaram outra realidade. Há, vagamente, um passado a resgatar e um presente de dificuldades para sete de um total de oito irmãos. Uma aparente contradição: uma candidatura que apele para a identidade étnico-racial pode provocar divisões, mas a política de cotas não. A candidatura é verde por enquanto, mas também será negra com alguns ajustes de discurso — nada que um marqueteiro mediano não possa alcançar com êxito.

Uma coisa, porém, é afirmar que o desenvolvimento sustentável é estratégico e deve vir para o centro do debate político. Outra coisa é arrastar e vincular ao debate político, ainda que nos limites da propaganda eleitoral, a questão racial, tema incompatível com as inclinações partidárias vigentes. Razões meramente eleitorais terão força para impor esse embaraço, que afronta dogmas, convenções e privilégios? Veremos.

31/8/2009

Negro como eu

Na última sexta-feira (4/9/2009), o jornalista Heraldo Pereira esteve na bancada do *Jornal Nacional*. Não apresentava o telejornal, mas era convidado para rápida entrevista dentro das comemorações dos quarenta anos do *JN*. Uma homenagem que o programa da Rede Globo vem prestando a seus repórteres mais antigos.

Desde novembro de 2002, o repórter participa também da bancada do *JN* aos sábados e durante as férias dos titulares. Sua presença como âncora foi saudada na ocasião como um "grande passo" da televisão brasileira. "São com mudanças assim que o país vai se modernizando", afirmava anúncio da Africa Propaganda, dirigida por Nizan Guanaes, divulgado em vários jornais.

A Africa Propaganda imaginava então que, "se a programação avança, os comerciais, a publicidade, como um todo, tem que avançar". A programação, no entanto, não avançou e permanece verdadeiro (com raras exceções) o que disse Marilene Felinto: "A mídia […] esconde a cor e a cara do povo brasileiro, a não ser quando quer vendê-lo como bundas de mulatas carnavalescas ou músculos de jogadores" (*Folha de S.Paulo*, 12/7/1998).

Na dramaturgia global, Aguinaldo Silva defendia em 2002 que "a realidade devia mudar primeiro". Os personagens de sua novela (médicos, empresários...) não podiam ser interpretados por atores negros porque isso não seria "real" (*Bravo!*, ano 5, fev. 2002, p. 70). E mandou os negros correrem atrás do prejuízo. A representação da realidade nas novelas da Globo tem nos permitido saber tudo sobre médicos, empresários e a Índia,* não é mesmo? Agora, ficção de verdade é uma lei do DF que estabelece proporcionalidade étnica na publicidade, desde 1997.

Mas voltemos ao Heraldo da última sexta-feira. Eu não conseguiria descrever aqui as reações fisionômicas constrangidas de Fátima B. e William B., apresentadores titulares, diante da notável frequência e intensidade com que Heraldo, numa rápida entrevista, se referiu a circunstâncias de sua trajetória profissional que permitiam a afirmação de seu pertencimento étnico-racial. Perder a graça, o rebolado, não diz muito, mas é o que temos no momento.

Heraldo priorizou em seu relato uma visita a um antigo porto de embarque de pessoas escravizadas em Angola, o apartheid na África do Sul e o acidente que mutilou o atleta João do Pulo ("meu herói, negro como eu"). A declaração intensa, mas tranquila, parecia conter uma reivindicação. Pode-se bem imaginar que Heraldo, ainda que ocupando um espaço limitado na bancada do *JN*, seja "herói" de muita gente por esse Brasil afora.

A situação evocada por Heraldo em sua reportagem na África do Sul, jornalistas brancos de um lado, negros de outro, flutuava também como ilustração doméstica. Não é necessário sondar profundezas para alcançar o que Heraldo Pereira quis comunicar com sua afirmação de negritude, com projeção histórica de modos diversos de dominação. São narrativas associadas dramaticamente à ideia de limites — extremos e dolorosos, coletivos e individuais, numa prolongada linha do tempo.

Mas a ideia de se ver representado em alguém, de poder projetar-se no outro visível, permitiu talvez ao telespectador do *JN* tomar consciência da impossibilidade de tais identificações para milhões de brasileiros. Heraldo ocupava momentaneamente o lugar do não existente, e, num breve intervalo, deu um forte testemunho que ali soava como expressão de uma aspiração real e legítima: "Negro como eu".

7/9/2009

---

* Alusão à telenovela *Caminho das Índias*, de Gloria Perez, transmitida entre janeiro e setembro de 2009.

Está tudo sob controle?

Ainda restam algumas questões a serem compreendidas no acordo que uniu governo e oposição em torno da mutilação do Estatuto da Igualdade Racial. Uma inusitada referência em *O Globo* (24/9/2009, p. 2), registrando a presença de um deputado negro em ato contra a intolerância religiosa na Esplanada, chamou-me a atenção: "O ato teve a participação de deputados, entre eles o presidente da comissão especial que aprovou o Estatuto da Igualdade Racial na Câmara, Carlos Santana (PT-RJ)".

Um afago cordial, talvez ilustrativo das ligações invisíveis tecidas entre governo e oposição nos subterrâneos da comissão especial. Ânimos apaziguados (nenhum conflito, disse o ministro da Seppir), sobrevivem, no entanto, algumas objeções de princípio, essencialmente ideológicas, e só por isso *O Globo* mantém a matilha solta na página de opinião, acuando, latindo e ganhando fama e dinheiro.

No rastro de ressentimentos e desencantos, já se podem ouvir, reforçadas, as vozes de jovens lideranças negras elogiando publicamente a "política de segurança" desenvolvida pelo crime organizado. Sim, isso mesmo que você ouviu. Se não acontecer nada pela via institucional, quem poderá se eximir de responsabilidades em um contexto de violência extrema contra a população negra?

Os interesses a que servem os veículos da grande mídia, porém, estão convencidos de que o Movimento Negro jamais será capaz de representar ameaça efetiva. Talvez isso seja hoje verdadeiro exclusivamente para aquela parcela mais visível e maleável do movimento.

Até mesmo porque o escandaloso fracasso do Estatuto contribui, de fato, para reduzir as opções de luta. Abordagens mais de confronto poderão arrastar outros atores — assim entendo a observação do rapper paulista, que aludiu em sua fala na Câmara Municipal às ações "pacificadoras" em bairros periféricos de São Paulo.

Estou ainda ruminando também alguns discursos de mulheres negras da periferia de Salvador, no último mês de agosto, na praça em frente à Secretaria de Segurança Pública, no ato público de abertura do I Encontro Popular pela Vida e por um Outro Modelo de Segurança Pública. "Vamos pra cima deles, somos maioria, essa cidade é nossa e temos o direito de criar nossos filhos."

Trata-se de filhos reais, mortos reais. Um sentimento forte de pertencimento étnico-racial e a consciência aguda do terror e da crueldade racistas. Na praça da Piedade, não havia espaço para postulações acadêmicas sobre o conceito de raça. Ali o verbo era carne. Botas arrombam portas, corpos jovens arrancados da cama, cadáveres no sofá, no mato, na vala.

É possível dizer que a derrota na Câmara abala um tipo de convicção, mas libera outras — aquelas indispensáveis e necessárias à ação? Angela Davis estava presente ao ato da praça da Piedade e, eletrizada pelos discursos, subiu ao palanque. Segundo ela, o que ocorria ali iluminava a luta em todo o mundo. Se as coisas são assim, nem tudo está sob controle.

4/10/2009

Só dá Santana em *O Globo*,
a glória ao revés

É de supor que a esta altura o recurso apresentado pelo deputado Arnaldo Madeira (PSDB-SP) forçando a apreciação do Estatuto pelo plenário da Câmara esteja completamente esvaziado. Não que isso fosse alterar nada, mas serviria para aprofundar o buraco em que se meteu a chamada "bancada negra", e isso não seria nada desprezível. Chega de empulhação.

Um "movimento", segundo *O Globo* (3/10/2009, p. 14), que une opositores e defensores das cotas, esteve encarregado de convencer parlamentares que assinaram o requerimento a desistirem da ideia de levar o projeto a plenário.

Isabel Braga, a jornalista que assina a reportagem de *O Globo*, refere-se assim ao Estatuto: "Um acordo acabou desidratando o texto e retirando propostas polêmicas, como a cota para negros nas universidades e a delimitação das terras dos quilombolas".

O leitor atento percebe de imediato o silêncio da repórter sobre cotas nos meios de comunicação, capítulo do Estatuto a que os patrões de Isabel resistiram com todo o seu poder, comandando a pressão nos bastidores.

O relator do Estatuto, deputado Antônio Roberto (PV-MG), era, desde sempre, missa encomendada pela Associação Brasileira de Rádio e Televisão (Abert). Segundo o ilustre deputado mineiro, homem de poucas e brevíssimas palavras, "a criação de reserva de emprego para negros na TV e na publicidade é inviável" (*O Globo*, 21/5/2009). Ele quis dizer que a TV Globo não autorizava, e, se ela não autorizava, o capítulo que tratava dos meios de comunicação era inexequível.

Mas voltemos ao texto da reportagem de Isabel Braga. Ela escreveu, marota, que o acordo desidratou o texto e a seguir abre-se um intertítulo: "Santana nega que o Estatuto esteja esvaziado". Ou seja, o deputado Carlos Santana (PT-RJ), contrariando afirmação da repórter de *O Globo*, nega o esvaziamento do Estatuto.

O leitor atento entendeu que Santana está fazendo papel de bobo. A repórter finge avaliar perdas e quem a contradiz é o presidente da Comissão, avalizador do acordo, um deputado negro. Livra eu, painho.

O líder do PSDB, deputado José Aníbal, participa também dos esforços do "movimento" para sustar o requerimento de seu colega de bancada. A razão alegada pelo líder do PSDB é a de que "foi feito um amplo acordo em torno do projeto". Existe o projeto e o "em torno do projeto", ou eu entendi mal?

E prossegue o grande líder: "Há uma convergência geral sobre o texto atual: retirou tudo de cotas. [...] O texto está bem razoável, satisfatório".

Satisfatório quer dizer que corresponde não ao desejo ou esperança ou necessidades da população negra, mas ao que lhe deve bastar, ser suficiente para os seus limites de cidadania. Todos se empenham agora para que o Estatuto seja sancionado em Vinte de Novembro, Dia Nacional da Consciência Negra. A turma alegre da Seppir gostaria que o ato solene se desse na Bahia. Luiza Bairros, que eu saiba, não é nenhuma princesa Isabel.

6/10/2009

Uma sessão histórica, com previsão funesta

Por cerca de duas horas do dia 25 de março de 2003, uma terça-feira, no plenário da Câmara dos Deputados, o presidente da Casa, deputado João Paulo Cunha, colocou em discussão o projeto de lei que instituía o Estatuto da Igualdade Racial.

O projeto, um substitutivo aprovado por unanimidade na Comissão Especial, relatado pelo deputado Reginaldo Germano (PFL-BA), fora encaminhado à Mesa no final do ano anterior, após dois anos de discussões.

A unanimidade na tramitação de proposição no âmbito do Legislativo nem sempre significa concordância de opinião. Com frequência, esconde o jogo de oposições irreconciliáveis.

Vinte anos antes de 2003, Abdias Nascimento apresentara o PL 1332/1983, que apontava um conjunto de medidas concretas, de natureza compensatória, no mercado de trabalho, educação e tratamento policial, inclusive com a adoção de cotas, em benefício de homens negros e mulheres negras. O projeto, embora tivesse aprovação unânime em três comissões, foi arquivado pela Mesa Diretora em 5 de abril de 1989.

A Comissão de Constituição e Justiça da Câmara dos Deputados, por exemplo, aprovou, por unanimidade, relatório do deputado Elquisson Soares (PMDB-BA) ao PL 1332/1983, pela constitucionalidade, juridicidade e técnica legislativa. No plano das aparências, as cotas foram consideradas constitucionais, na visão das forças políticas representadas na CCJ, em 22 de junho de 1983. Na verdade, os parlamentares evitam matreiramente a discussão de temas que consideram incômodos ou indesejáveis, permitindo-lhes uma tramitação serena. Digamos que, serenamente, esses projetos seguem seu caminho em direção ao arquivo.

Sendo assim, o final de tarde e início de noite daquela terça-feira de março de 2003, no plenário da Câmara, estavam destinados a entrar para a história do moderno Parlamento brasileiro. Matéria inusitada, em benefício de afro-brasileiros, fora encaminhada para debate e votação.

A deputada Francisca Trindade (PT-PI), que morreria quatro meses depois, ressaltou a singularidade do evento:

> Fico muito feliz por estar viva, por ser membro da Câmara dos Deputados e por participar de um momento tão importante como esse [...]. Discutir o Estatuto da Igualdade Racial pressupõe provocar aqueles que, de alguma forma, assimilam ou aceitam com tranquilidade o racismo.

E provocou, de fato. Na oposição ao Estatuto, ocuparam a tribuna Jair Bolsonaro (PTB-RJ), José Thomaz Nonô (PFL-AL), Alberto Goldman (PSDB-SP), Ricardo Fiuza (PPB-PE), Antonio Carlos Pannunzio (PSDB-SP), José Carlos Aleluia (PFL-BA), Carlos Alberto Lereia (PSDB-GO) e Walter Feldman (PSDB-SP).

A oposição se fez com gradações, do mais grosso ao mais fino: aberração e barbaridade, o Estatuto é uma afronta à Constituição, e acirra os ânimos do racismo no país; o acesso à escola, ao emprego e à vida é para quem tem mérito; não adianta querermos importar um preconceito racial americano, o racismo não tem realidade no Brasil; é algo inaceitável porque provoca discriminação contra o cidadão branco e pobre; não é para resolver problema, mas para criar problemas.

O deputado Ricardo Fiuza trouxe ao plenário a imagem mais insólita. Segundo ele, a cota mínima de 20% de atores negros impediria que o Brasil pudesse produzir um filme "sobre países nórdicos como a Noruega e Escandinávia ou sobre a Alemanha". O projeto, segundo o deputado pernambucano, era, vejam só, "caricato" e "racista".

226

Para defender o projeto, os oradores foram Gilmar Machado (PT-MG), Maurício Rands (PT-PE), Carlos Santana (PT-RJ), Francisca Trindade (PT-PI), Chico Alencar (PT-RJ), Alceu Collares (PDT-RS), Luiz Alberto (PT-BA) e Reginaldo Germano (PFL-BA).

Havia mais deputados inscritos (Daniel Almeida, Luci Choinacki, Luciana Genro, João Grandão, Vicentinho, Jandira Feghali, Maria do Rosário, Remi Trinta, Ann Pontes, Raul Jungmann e Pompeo de Mattos), mas a sessão foi interrompida (numa manobra, o projeto foi retirado da pauta) e a discussão adiada para o dia seguinte.

O substitutivo em discussão no plenário, naquela tarde-noite de 25 de março de 2003, fora anexado a projeto aprovado no Senado em junho de 2002, que instituía, entre outras medidas, cotas de 20% para afrodescendentes "no preenchimento de cargos e empregos públicos da administração pública direta, indireta e fundacional, de qualquer dos Poderes da União, dos estados, do Distrito Federal e dos municípios", no acesso à universidade e no financiamento ao estudante do ensino superior, por cinquenta anos.

Com a unanimidade citada, a aprovação em uma das duas casas do Congresso bicameral funciona muitas vezes como elemento de distensão, esvaziando pressões mobilizadoras. O contexto da Conferência Mundial contra o Racismo inspirou o faz de conta do Senado.

Nos pronunciamentos dos defensores do estatuto, ficavam transparentes a fragilidade e a falta de coordenação política da chamada bancada negra. O apoio no testemunho pessoal era revelador de um conhecimento pouco aprofundado dos capítulos e artigos do projeto que lhes cabia defender. Procurou-se responder aqui e ali aos golpes dos opositores, pouco mais que isso. Quem fez alusão ao Movimento Negro, o fez apenas para dizer que não se elegia com os votos dos negros — precisa dizer mais?

O relator Reginaldo Germano dava corpo à expressão "sinuca de bico", aparentemente dividido entre a orientação partidária (de oposição ao projeto) e seu instinto de sobrevivência política na Bahia. O chefe José Carlos Aleluia resolveu o dilema, recorrendo ao velho artifício de propor à Mesa um tempo para que se produzisse "uma peça objetiva [...] que seja aprovada no Senado e não seja derrubada pelo Supremo Tribunal Federal".

Acabou-se. Durante pouco mais de duas horas, com todas as lacunas, deformações e imprecisões, o debate se fez. O deputado Luiz Alberto teve uma inspiração profética, por volta de 18h54, segundo as notas taquigráficas (CD--Detaq, sessão 0251520). Ele só não previu sua própria participação nos eventos futuros: "Tenho receio de que, ao final da discussão, se chegue a um consenso para aprovar legislação muito semelhante à Lei Áurea, de 13 de maio de 1888. Ou seja, uma lei para engabelar o povo".

27/10/2009

Somente a verdade

Está sempre na moda a produção daquelas representações deformadas e ilusionistas, cujo princípio fundamental é voltar as costas para a realidade. De um lado, William Bonner repete incansavelmente, ao longo de cerca de 250 páginas de seu livro, que "o objetivo do *Jornal Nacional* é mostrar aquilo que de mais importante aconteceu no Brasil e no mundo naquele dia, com isenção, pluralidade, clareza e correção" (*Jornal Nacional: Modo de fazer*, Globo, 2009).

De outro, o ministro da Seppir e negros do PT e do PCdoB repetem em circuito nacional que o Estatuto da Igualdade Racial é a mais importante ferramenta para os negros alcançarem a igualdade real de oportunidades (ver, por exemplo, "Nabuco errou", artigo publicado por Edson Santos em *O Globo*, 17/10/2009, p. 7).

A impostura na política, a negação e deformação sistemática da realidade, ganham enfim a contribuição de afro-brasileiros, ansiosos por alcançarem talvez as exigências de "relevância histórica" que lhes permita a consideração benevolente do noticiário do *Jornal Nacional*.

Segundo Bonner, a relevância histórica do fato assegura lugar no noticiário do *JN*. Tendo ao fundo uma perspectiva histórica que valorize a figura de Joaquim Nabuco, a coisa fica redonda.

O acordo que permitiu a aprovação do projeto esvaziado de Estatuto, com exclusivos fins político-eleitorais, tem duas dimensões, no artigo do ministro: 1) foi costurado entre todos os partidos; 2) foi firmado entre o governo, os partidos e a sociedade civil.

E a prova estaria circulando em cartazes confeccionados pela Seppir, nos quais lideranças negras, decididas a vestir a sunga vermelha do senador Eduardo Suplicy,* manifestam seu apoio ao projeto que "vai destruir a obra da escravidão". De Suplicy se disse que o episódio desmerecia a imagem dele e a da instituição. Das lideranças negras se poderá, com razão, dizer o mesmo.

Quem assistia ao *Jornal Nacional* na noite do dia 31 de março de 1970, provavelmente viu e ouviu o general Médici (que falou nesse dia em cadeia nacional): "Este governo não fará o jogo de ninguém, mas apenas o próprio jogo. O jogo da verdade. O jogo limpo e claro da Revolução. O jogo do desenvolvimento nacional, o jogo da justiça social, jogo através do qual se fortalecerá na confiança e no apoio de toda a nação".

O jogo agora é para engrupir negros — todos os partidos, o governo, a sociedade civil empunhando a ferramenta que vai destruir a obra da escravidão. Chega a comover o esforço dessa idealização para promover uma ampla comunidade, sem conflitos, sem que nenhum segmento usufrua dos privilégios racistas, comprometidos todos a não alcançar, está claro, nenhuma objetividade, nenhuma ação concreta.

A acentuada inadequação entre a propaganda e os fatos deve, no curto prazo, desmascarar os artifícios da retórica triunfante. Manipulações dessa grandeza, como se sabe, costumam ter prazo de validade muito exíguo.

Engrupir negros em praça pública, como se pretende fazer em Salvador no Vinte de Novembro, sugerindo uma encenação redentora, e supondo que falar de iniciativas abstratas para esconder o fato de que as iniciativas concretas foram suprimidas do Estatuto é um ato sem consequências — pode acabar mal.

É grave equívoco da classe política brasileira imaginar que, sempre que o assunto envolver negros, não haverá elementos suficientes para permitir a distinção entre verdade e mentira. Nos dias que se seguirem à aprovação do Estatuto sobrarão evidências da enorme distância que separa a retórica do minis-

---

* O senador (PT-SP) aceitou um convite do programa *Pânico na TV* para vestir uma sunga vermelha por cima da roupa, lembrando os super-heróis, e transitar pelos corredores do Congresso.

tro da Seppir e aliados da dura realidade vivida pela população negra. A celebração estéril prevista para Salvador tem mais afinidades com o Quinze de Novembro do que com o Vinte de Novembro.

O escritor Lima Barreto costumava dizer que a República não foi boa para os negros. Pense, reflita sobre esse aparente paradoxo para que você possa bem dimensionar o abismo de frustrações que se seguiu à Abolição e à proclamação da República. O governo federal, às vésperas da eleição de 2010, parece querer conspirar contra sua própria credibilidade. Estranho jogo, esse.

9/11/2009

E o acordo?

Consideremos, de início, o fiasco da Seppir e aliados, que alardearam durante algumas semanas a força de um amplo acordo político-partidário capaz de produzir a aprovação do projeto de Estatuto da Igualdade Racial, ainda que essencialmente mutilado e desfigurado, a tempo de obter a sanção presidencial em praça pública no Dia Nacional da Consciência Negra.*

Nas últimas horas que antecederam o Vinte de Novembro, quando o senador Demóstenes Torres já manifestara sua oposição ao projeto nos bastidores da Comissão de Constituição e Justiça, insinuou-se a possibilidade de o presidente da República transformar a data em feriado nacional, o que, afinal, também não ocorreu. Tudo não passou de uma marola plantada nas colunas de grandes jornais. Ainda pelo lado do governo, as rusgas com o senador Paulo Paim em torno do fator previdenciário** acumulavam fatores de perturbação da tramitação do Estatuto.

---

* Em 20 de novembro de 2009, durante um ato público na praça Castro Alves, centro da capital baiana, o presidente Lula assinou decretos para a regularização de 342 mil hectares de territórios quilombolas em catorze estados.

** Em 2003, o senador petista propusera um projeto de lei sobre a extinção do parâmetro instituído em 1999 para aumentar o tempo de contribuição dos trabalhadores, em posição contrária à do governo Lula.

Não se pode assim negar a redução da dimensão pública do evento em Salvador, restrito à certificação, segundo disse o presidente Lula, de trinta comunidades quilombolas. Mas, em um setor onde o governo poderia mostrar alguma eficiência, o Ministério Público Federal abriu inquérito denunciando justamente o atraso nos processos de regularização fundiária.

Segundo reportagem de *O Estado de S. Paulo* (21/11/2009, p. A9), o Ministério Público afirma que a União expediu apenas 105 títulos de propriedades de terras para quilombolas em 21 anos de Constituição. Para os procuradores, conforme a mesma reportagem de Ricardo Brandt, "o quadro geral relativo às políticas públicas voltadas ao atendimento da população quilombola, em especial da sua garantia do direito à terra, é alarmante, e denota grave e sistemática violação a direitos fundamentais".

Desse modo fica difícil sustentar a "prioridade" da "questão quilombola" para o governo federal. De qualquer forma, a decisão do governo parecia esvaziada na fala do próprio presidente da República, quando disse que "no ano que vem teremos muito mais legalizações de quilombolas".

Curiosamente, Lula não citou em seu pronunciamento nenhum funcionário negro do governo, nem estadual, nem federal. Fez referência a Dilma Rousseff, ao governador da Bahia Jaques Wagner (PT), ao líder palestino Mahmoud Abbas e especialmente a Nelson Mandela.

Ao referir-se à luta do povo negro sul-africano para chegar à presidência da República, Lula disse que no Brasil estamos caminhando para isso. Falta muito, disse Lula, mas numa democracia deve prevalecer o direito das maiorias. O presidente referiu-se também ao abismo existente entre a dureza da lei (aludia à ficção constitucional de que o racismo constitui crime inafiançável) e a disseminação de práticas racistas, dando ênfase a exemplos do mercado de trabalho.

Não se combate o racismo apenas com legislação ou se lamentando, é necessário brigar e enfrentar o preconceito — ensina o presidente, tomando como exemplo sua própria luta vitoriosa contra o preconceito de classe e regional. "Eu venci o preconceito e me tornei presidente da República." Que tal? Para o ano vai ser melhor, Lula prometeu: feriado, Estatuto e mais quilombolas com a propriedade de suas terras.

As certezas quanto à aprovação do Estatuto foram transferidas agora para o mês de dezembro, embora a ideia de que a oposição só não queria que o presidente Lula "faturasse" o Dia da Consciência Negra não convença ninguém. A Comissão de Constituição e Justiça, comandada pelo senador Demóstenes Torres, já marcou debate com os mesmos atores globais conhecidos por suas posições contrárias às ações afirmativas. Depois de tirar as cotas na Câmara, tudo leva a crer que a oposição vai bloquear a tramitação do projeto no Senado.

As declarações de funcionários negros e aliados de que houve um amplo acordo podem estar sendo desmentidas pelos fatos. Essas especulações se reforçaram com o fiasco do Dia Nacional da Consciência Negra e a reação do senador Demóstenes. Em termos políticos, vai ser muito difícil para a Seppir e seus aliados demonstrarem que as decisões sobre o destino do Estatuto estão ao seu alcance. Parece que passa bem longe deles. Acho que por isso o presidente não tornou explícita a identificação dos nomes negros que, afinal, são autoridades da República.

24/11/2009

A pimenta do frei David vai arder no seu

Excetuando o senador Romeu Tuma (PTB-SP), que substituía Demóstenes Torres na presidência da mesa, não havia um único senador no plenário da Comissão de Constituição e Justiça do Senado, hoje pela manhã, durante a audiência pública sobre o projeto que cria o Estatuto da Igualdade Racial. Os senadores, ao que parece, renunciaram à mínima condição de uma ação legislativa decente — comparecer para debater matéria em tramitação. Saí por volta de meio-dia, não creio que o quadro tenha mudado.

Demétrio Magnoli e Yvonne Maggie também não puderam comparecer e a liderança do grupo contrário a qualquer política pública em benefício da população negra foi ocupada temerosamente por Roberta Kaufmann, acolitada carinhosamente pela infalível dupla de serviçais: José Carlos Miranda e José Militão.* Digo temerosamente porque, como ela estava sentada bem à minha frente, pude ouvi-la dizer ao professor Paulo Kramer:** "Você vai falar também?". Diante da negativa do ilustre cientista político, ela arrematou: "Ah, então estamos perdidos…".

---

* Respectivamente, procuradora do Distrito Federal, coordenador do Movimento Negro Socialista e advogado do movimento anticotas.
** Professor de ciência política da UnB.

Parece claro que o encaminhamento de audiência pública visa retardar o andamento de um projeto sobre o qual, presumidamente, havia sido construído um amplo acordo político-partidário na Câmara dos Deputados. Em face dos resultados, o dito acordo foi evidentemente um esculacho. Quem achou que arriar as calças na Câmara ajudava a acalmar a ira dos brancos, deve preparar-se para acolher estocadas ainda mais profundas no Senado. Vai doer.

Mas não se pode dizer propriamente que houve um debate na CCJ. O juiz federal William Douglas refutou cabalmente a frágil argumentação da procuradora Roberta Kaufmann, que preferiu não ouvi-lo e refugiou-se no corredor da Ala Alexandre Costa, em frente às câmaras de televisão. Deve ser a atração no *Jornal Nacional* de hoje.

Frei David* defendeu o quanto pior, melhor. Sua tese abstrusa é a seguinte: "Se o Senado aprovar um bom Estatuto, o povo negro vai continuar apático; a aprovação de um péssimo Estatuto vai fazer o povo negro ficar irado e revoltado. O Estatuto deve ser como pimenta, para fazer o Movimento Negro agir mais e mais". O potencial do Estatuto para a mudança, insistia o franciscano, está relacionado a sua incompletude. Um depoimento que deve enriquecer os anais do Senado sobre a pusilanimidade na política.

O ministro Edson Santos, convencido de que fez um acordo com todas as forças políticas, entende que a CCJ estava apenas cumprindo um dever regimental. O evento contribui para esclarecer os senadores sobre a matéria etc. O senador Tuma respondeu que o caminho da aprovação é de absoluta tranquilidade, "está tudo redondinho".

O fato é que aqueles que se manifestam a favor declaram que o Estatuto é suficiente como ponto de partida. Na verdade, é uma forma de enquadrar o projeto, que deveria conter a formulação de políticas de Estado para o combate ao racismo e às desigualdades raciais, dentro de limites definidos pela conveniência eleitoral e outras menos confessáveis. Os instrumentos de que dispomos para deter esses cambalacheiros são precários, é verdade, mas devemos utilizá-los com todo o vigor.

1/12/2009

---

* Presidente da ONG Educafro (Educação e Cidadania de Afro-Descendentes e Carentes), ligada à ordem franciscana.

Humilhação

Na quarta-feira passada (9/12/2009), o senador Paulo Paim (PT-RS) ocupou a tribuna do Senado para pedir urgência na aprovação do projeto de Estatuto da Igualdade Racial. Paim referiu-se a um "grande acordo entre os partidos", que teria sido celebrado na Câmara para garantir a aprovação de uma versão do Estatuto. O senador afirmou também que considerava um "retrocesso" o resultado do amplo acordo partidário. E acrescentou: "Mas parece que não há entendimento, agora, nem para votar o texto proveniente da Câmara", lamentava, protestando que as emendas apresentadas ao projeto no Senado provocavam "um retrocesso ainda maior no Estatuto".

O senador concluía seu pronunciamento afirmando não ser aceitável essa situação e apelando por um novo acordo. Caso isso não fosse possível, o senador insistia para que a Mesa colocasse o projeto em votação no plenário.

Hoje, segundo informa Cláudio Bernardo da Agência Senado, o senador Paim "condenou" as alterações feitas na Câmara — o senador está condenando, é preciso enfatizar isso, o substitutivo que resultou do famoso acordo feito entre os partidos políticos, o governo e a base negra do governo (Conen, negros do PT, Unegro etc.).

"Se o Estatuto for aprovado como está, será uma humilhação", declarou Paim em audiência pública na Comissão de Direitos Humanos e Legislação Participativa do Senado.

O reconhecimento público, feito por um membro ilustre da bancada negra no Congresso, de que o alardeado acordo celebrado na Câmara foi humilhante — do tipo trama de novelinha em que você fica de joelhos e leva na cara — é sem dúvida um ato de grande coragem política. O que o inspira parece ser a constatação de que o acordo esvaziou o estatuto, mas não pôs limites à escalada conservadora e racista.

Na quarta-feira passada, Paim ainda clamava no Plenário por um novo acordo que, pelo visto, não virá. Melhor mesmo que não venha, a julgar pelos resultados do que essa turma considera acordo político. Na verdade levaram um esculacho. A questão agora é saber se os que criaram o monstro conseguirão devorá-lo. Aqueles que, até a declaração de Paim hoje pela manhã, consideravam a versão humilhante do Estatuto um "primeiro passo", precisarão rever a trajetória de subalternização em que se enfronharam. O acordo virou pó, e agora?

15/12/2009

O vazio, de novo

Em novembro último, a Seppir tinha anunciado a aprovação do Estatuto "possível", com base num amplo acordo político no Congresso Nacional. Não havia acordo e o presidente da República acabou improvisando um discurso a céu aberto em Salvador, que pode ser assim resumido: "Vamos fazer política?".

Ontem se tratava do anúncio solene do Plano Nacional de Proteção à Liberdade Religiosa, em Brasília. O anúncio foi suspenso, segundo *O Estado de S. Paulo*, "na última hora", por ordens da Casa Civil, a que está subordinada a Seppir. Ponha bastante subordinação nisso, sal a gosto.

A impressão que fica, nos dois episódios lamentáveis, é a de uma Secretaria que age desconectada tanto das áreas de decisão governamental, quanto da realidade das forças políticas no Congresso. Segundo a repórter Vera Rosa (*Estadão*, 21/1/2010, p. A4), "Santos não escondeu a decepção com a ordem para suspender o anúncio do plano".

A frase não sugere que o ministro Edson Santos esteve participando de uma reunião com a ministra-chefe da Casa Civil. Ao contrário, parece reforçar a convicção generalizada de que Santos circula muito longe das áreas de decisão do poder.

A iniciativa do núcleo de decisão do governo e a resposta do ministro ("decepção") fixaram os limites não de uma divergência, é preciso frisar, mas de uma frustração de expectativa. "Espero que possamos lançá-lo o mais rapidamente possível", teria dito o ministro na reportagem do *Estadão*.

Se, para justificar o adiamento do Plano, o governo alega querer evitar problemas em ano eleitoral com evangélicos e católicos, a fala da Makota Valdina Pinto de Oliveira sugere que seria bom o governo incluir também as comunidades de terreiro em suas preocupações eleitorais:

"Está na hora de irmos para o campo político e de educar os nossos para saber quem vamos eleger."

Em meio ao desastre, ficou brilhando essa consciência, expressa pela Makota, de que os negros precisam participar de todas as formas da vida política e encarar o presente com firmeza.

Ao final de oito anos de governo, a Seppir não consegue ainda divulgar um Plano — um conjunto de ações, ao menos se supõe, a serem adotadas sabe-se lá quando. Santos não escondeu sua decepção. Pois é. Lamentamos, mas não vemos como ele possa desenvolver uma reação eficaz. Quero dizer que a coisa foi feita para não funcionar mesmo.

25/1/2010

Tem carta de renúncia na praça, quem não leu ainda?

Não sei se o ministro Edson Santos pretende se unir ao grupo de ministros que se antecipará ao prazo legal de desincompatibilização. Sugerimos que considere seriamente essa alternativa. Os desdobramentos da intervenção desastrada, sua e de sua equipe, na tramitação do Estatuto da Igualdade Racial no Congresso não pedem menos do que isso.

Esta coluna de opinião comentou em 9 de novembro o artigo em que Santos anunciava triunfante o resultado de amplo acordo costurado na Câmara dos Deputados, que ele definia como "a mais importante ferramenta para alcançar este objetivo [a igualdade real de oportunidades]" (*O Globo*, p. 7).

Alertávamos então o ministro de que era grave erro político imaginar que, sempre que o assunto envolvesse negros, não haveria elementos suficientes para permitir a distinção entre verdade e mentira. Dias depois (26 de novembro), avisávamos também que o processo seria muito mais doloroso no Senado. Insinuamos até umas imagens chulas, mas o caso era de fato obsceno, fazer o quê?

Curiosamente, o senador Paulo Paim, que aparecia em primeiro plano na foto de comemoração da aprovação do acordo na Câmara, somente agora busca acentuar seus inconvenientes. Inês é morta. Na hora de peitar, todos — ou quase todos — cantaram "o sorriso negro e o abraço negro" e repetiam que era o "primeiro passo". Para onde mesmo?

A situação do ministro é mais delicada porque, enquanto Paim simula contrariedade tardia e sonsa com o resultado das negociações na Câmara, Santos não tem um subalterno para responsabilizar nessa hora amarga. Ele pessoalmente conduziu o processo de negociação na Câmara. O líder do governo na Casa, pelo que se pode depreender, estava ocupado com matérias relevantes para o Executivo.

No jornal *O Globo* de hoje (20/12/2009, p. 9), o repórter Evandro Éboli afirma que "o governo acompanha com lupa, bem de perto, todos os projetos que tramitam no Congresso Nacional. O zelo é tanto que cada ministério emite parecer semanal sobre as propostas mais importantes de sua área". É verdadeiro isso, excetuando-se, é claro, aqueles projetos que digam respeito diretamente ao negro. Qual a posição de ministérios e da bancada do governo, na Câmara e no Senado, sobre o Estatuto? Posso assegurar que ninguém se importa. Essa é uma das razões que explicam por que um partido minoritário e desmoralizado como o DEM cresce tanto pra cima de preto bobo.

No Senado, a divisão é clara: o ministro entra por uma porta, para suplicar clemência ao Demonstro da Torre, e o senador Paim, com uma entourage de ocasião, sai pela outra. A propósito, o que eles negociam mesmo?

É lamentável que nunca tenhamos uma controvérsia sobre quem afinal foi autorizado (quando? onde? por quais instâncias coletivas?) a participar de negociações dessa natureza. Talvez entrem na sala do monstro da torre com uma Bíblia e se fundamentem na verdade das Escrituras, que sei eu?

Por via das dúvidas, Paim foi ajeitar as coisas no Sul e sempre terá à mão o Estatuto do Idoso, do Caminhoneiro ou outra peça qualquer de campanha. Vai botar a fatura na conta dos deputados e, eventualmente, nas costas do DEM.

O ministro Edson Santos, deputado licenciado e líder da equipe que confundiu Confederação Nacional da Agricultura (CNA) com Congresso Nacional Africano (CNA), já está muito mal na fita. Seus eleitores do Rio estão doidos para botar a mão na ferramenta, aquela que ele anunciou que iria demolir a obra da escravidão. Uma coisa é ser derrotado numa votação, defendendo interesses legítimos. Outra é ser humilhado numa negociação e ainda sair cantando vitória ("O sorriso negro...").

Reynaldo Fernandes assumiu a responsabilidade pelos erros na prova do Enem* e renunciou ao cargo de presidente do Inep. Tem carta de renúncia na praça, quem não leu ainda?

20/12/2009

* A edição anual do exame, marcada para outubro de 2009, foi adiada para dezembro depois que exemplares das provas foram furtados da gráfica responsável pela impressão. Também houve erro na divulgação do gabarito oficial.

Ainda nos arredores

Os temas superação das desigualdades raciais e eliminação do racismo terão alguma importância na campanha eleitoral de 2010? Há capacidade de pressão política no Movimento Negro para estabelecer um contexto em que os candidatos sejam avaliados por sua adesão ou não a esses temas?

No ano passado, quando do desligamento da senadora Marina Silva do Partido dos Trabalhadores, algumas vozes que insuflavam sua candidatura à presidência da República sugeriram que ela poderia vir a captar um possível efeito Obama entre nós.

É certo que ninguém fez na ocasião referência ao fato de que uma temática marginal teria visibilidade excepcional caso a candidata assumisse politicamente uma identidade negra e se dispusesse a discutir, com propriedade e legitimidade, o papel estrutural do racismo e a exclusão da população negra.

Nada disso. Tratava-se apenas de definir o perfil da "irmã de Obama" e colher votos concretos em domínios simbólicos. A cor poderia fazer a diferença — desde que dissociada dos constrangimentos que a temática das desigualdades raciais e a eliminação do racismo provocam entre nós.

Por que a exclusão dos negros não afeta a legitimidade dos governos que se sucedem desde o início da República? Quem pensa nisso? Quem precisa mesmo da legitimidade de seres considerados inferiores, de uma subumanidade?

Vinícius Queiroz Galvão, repórter do jornal *Folha de S.Paulo*, questionava dias atrás a legitimidade de um representante branco do Haiti, país de maioria negra. Nossa República nunca teve sua legitimidade questionada pelo fato de ignorar solenemente a maioria da população. Ao contrário, essa parcela majoritária é que tem sua existência negada e vilipendiada: não há negros, não há racismo.

A movimentação de ativistas negros nos arredores dos partidos só confirma o quanto estamos fora do espaço público. Enquanto isso não ocorrer — a ocupação do espaço público de forma coletiva, organizada e não subalterna, a superação das desigualdades raciais e o combate ao racismo não serão elementos de destaque de nenhuma estratégia política.

2/2/2010

Quem sofreu é que sabe, me tire dessa

O correspondente de *O Globo* em Washington, Fernando Eichenberg, escreveu (25/4/10, p. 10) que Marina Silva estava tendo por lá "tratamento de candidata negra". Referia-se a alusões da imprensa norte-americana à visita da candidata do PV à Presidência do Brasil.

O diabo é que o comentário da candidata, na matéria do correspondente de *O Globo*, faz crer que sua vivência brasileira é de uma singularidade extremada: "Nunca me senti sofrendo preconceito por ser negra ou mulher". Não sofri, não sou, estão falando de outra pessoa, de outras vivências.

Mas "outras vivências" não votam? Em princípio, nenhum candidato quer perder poder. Marina talvez nos diga, na terra de Obama, que não percebe movimento significativo na sociedade brasileira que legitime qualquer referência sua a uma identidade de mulher negra.

Mas sua liderança poderia, caso assumisse a identidade negra no processo eleitoral, alargar limites, vencer obstáculos partidários e outros? Sua candidatura poderia simbolizar? Naquele sentido de indicar caminhos e possibilidades futuras?

Antes que a candidata convença alguém da importância histórica da representação política negra, ela mesma teria de ser convencida de que é uma mulher negra. Definitivamente, não é o caso.

Prefiro imaginar a turma do PV argumentando que a temática racial contribui efetivamente para fechar espaços políticos, ao invés de abri-los. Digamos que a candidata esteja mais inclinada a aceitar argumentos assim, amparados em "fundamentos operacionais".

Isso não excluirá, entretanto, as insinuações de marketing, levianas e artificiosas, que mais ou menos discretamente busquem tirar uma lasquinha aqui, outra ali. Nada diferente das distorções corriqueiras. De prudência em prudência, sabemos até onde pode chegar a vilania eleitoral.

28/4/2010

Os políticos brasileiros em um mundo só deles

No início de junho deste ano, o governador de Minas, Aécio Neves, foi entrevistado pela jornalista Míriam Leitão, da GloboNews, para o programa *Espaço Aberto*. Em dado momento da entrevista, a jornalista interroga o governador sobre suas preferências nas eleições presidenciais norte-americanas: John McCain ou Barack Obama?

A resposta de Aécio apontava para seu coração, que, segundo ele, clamava por Barack Obama: "A mão negra assinando os principais tratados que afetam a vida de todos nós…". O pré-candidato a presidente da República disse ainda que uma vitória de Obama significaria uma mudança "tão vigorosa e tão nova no mundo", que ele desejava estar vivo para ver isso.

Olhando o governador sentado em confortável cadeira do Palácio das Mangabeiras, disposto a ver o mundo se transformar em função da vitória de Obama, pensei o seguinte: quantos secretários negros ajudam a mudar o estado de Minas nos cinco anos de governo Aécio? Se não há nenhum, como suponho, o que impede que (de um universo presumido de mais de 9 milhões de pretos e pardos) os negros se façam presentes no primeiro escalão do governo mineiro?

Ao menos não resta dúvida de que o governador Aécio Neves, com a veemente resposta que deu a Míriam Leitão, compreende o papel vigorosamente transformador da visibilidade da representação política negra — mas afinal, por que ela não ocorre em seu governo, em um estado historicamente marcado por acentuada presença negra?

Os políticos brasileiros, quando elogiam a candidatura Obama, não fazem nenhuma previsão histórica sobre um momento futuro do Brasil. Descobrem características muito peculiares e necessidades idem na terra dos outros e, de fato, se emocionam e esperam sinceramente colher os frutos dessa "transformação tão vigorosa e tão nova".

A candidatura Obama não parece conduzir a uma revisão crítica mais ou menos profunda de nossas práticas e percepções. Sua força inovadora é reconhecida como se estivesse fora de nosso tempo e de nosso espaço. Aqui é outro mundo, que não possui os motivos que levam à valorização da candidatura negra norte-americana. No Palácio das Mangabeiras, na emoção sugerida pela resposta do governador, a realidade a ser transformada é uma abstração para deleite das elites.

3/8/2010

Ouçamos o presidente e feliz Ano-Novo

Quem, como eu, leu a reportagem sobre racismo da revista *Realidade*, em 1967,* e ouviu a da CBN sobre o mesmo tema, em novembro de 2009, talvez quisesse refletir sobre a necessidade imperiosa de se desenvolver um grande esforço intelectual para compreender a complexidade brasileira, a impressionante resistência de práticas discriminatórias, nossa impotência e o que determina tão profundamente que sejamos o que somos.

Não existia novembro em 1967, é certo. Mas o que parecia ser um inegável avanço no sentido de impedir o apagamento do passado não passa hoje de um enredo sem consistência, uma trama infindável de eventos semioficiais, de cujo núcleo de rebeldia suprema quase se apagou a chama capaz de estimular vontades e interesses coletivos.

Novembro jaz em um folder de governo e se desdobra numa antevisão de praia ensolarada e ócio que afasta, ao que tudo indica, qualquer reação no curto prazo. Nossa inserção institucional virou um negócio pouco lucrativo para

* O número 19 da revista, de outubro de 1967, publicou quatro matérias sobre o tema, com a capa "Racismo: EUA x Brasil". "Agora é a guerra", de Carlos Azevedo, tratou da luta antirracista nos Estados Unidos. O caso brasileiro foi abordado em "Existe preconceito de cor no Brasil", de Narciso Kalili e Odacir de Mattos.

nós. Parecemos abandonados e perplexos no meio da ponte entre movimento social e Estado. O problema não são os custos com passagens, mas o resultado dessa hiperatividade estéril. Quando resulta em algo também, sai de baixo que lá vem farsa.

De um lado, a cooptação institucional, e, de outro, o avanço inusitado de agências de financiamento articuladas e decididas generosamente a "orientar" um movimento que perdeu a "subjetividade política". Quem vai dar forma agora a sua causa? Ela se esvai no momento mesmo em que você se sente apoiado tão completamente que não teme perder nada — e perde tudo.

Surpreendentemente, agarrando-se à palavra improvisada para escapar do vexame de uma solenidade tão anunciada quanto esvaziada de medidas efetivas, o presidente Lula, em seu pronunciamento no Vinte de Novembro, em Salvador, repôs o sentido da luta política e deu enorme contribuição à politização do Movimento Negro.

Refiro-me ao trecho do improviso presidencial que critica os lamentos e a expectativa de legislação como instrumentos pouco eficazes na luta contra o racismo. O presidente Lula sugeriu sem meias palavras que brigássemos pelo poder político como um grupo majoritário — como na África do Sul.

Eu entendi mal ou o presidente disse, dos limites do protagonismo governamental, que os negros se organizassem para construir — ainda que num futuro remoto, segundo ele — o governo da maioria? Se quiserem transformar essa situação, assumam de uma vez a luta política — não foi isso mesmo que falou o presidente? Pode-se ignorar um pronunciamento com esse conteúdo?

Que peso tem, afinal, a fala presidencial para alterar tendências conciliatórias e subalternas que animam hoje parte considerável da militância? Temo que nenhum. Como se modifica então a dinâmica de um processo político que exige dos negros concessões e mais concessões e lhes devolve migalhas que são sempre rupturas significativas com sua identidade e seu legado histórico e cultural?

Em 2010, para ilustrar o que foi dito, muitas cerimônias de governo, com o endosso de negros, farão referência à anistia de João Cândido — aquele que foi anistiado duas vezes sem o ter sido nunca.* Por que silenciar sobre isso? É

---

* Líder da Revolta da Chibata, entre 22 e 27 de novembro de 1910, quando praças da Marinha se amotinaram no Rio de Janeiro contra os castigos físicos na força naval, remanescentes da

desse modo que se fazem concessões em troca de migalhas, negando legado histórico e valores identitários.

Uma das contribuições do *Ìrohìn* tem sido a qualificação da crítica, o que o impediu de se converter em mais um espaço de conciliações. Em 2010, não fugiremos da responsabilidade que assumimos de expressar livremente nossa opinião. Feliz Ano-Novo!

2/1/2010

---

escravidão, e tomaram o controle de quatro vários navios de guerra, ameaçando bombardear a cidade. Cândido foi anistiado ainda durante a revolta, em 1910, mas passou vários meses na prisão; e postumamente, em 2008, pela lei nº 756 11.

Temores bem fundados

O que vai melhorar nossa vida é a política.

Milton Santos

O artista plástico e escritor pernambucano José Cláudio da Silva, ao se definir como negro, há mais de trinta anos, utilizou as seguintes expressões: "Tenho medo de fardado, tenho medo de rico, tenho medo de lei, tenho medo de doutor" ("Redação sobre minha cor", *Novos Estudos Cebrap*, v. 2, n. 1, p. 73-5, abr. 1983).

A definição foi elaborada por quem se percebia, com seus temores, num dado contexto, envolvido por um conjunto de relações e instituições ameaçadoras. Eu sou aquele que, por ser quem sou, temo o poder do dinheiro e da Justiça, a força das armas e do prestígio social.

Podermos dizer que, em razão das circunstâncias, a ideia de ser negro se organiza em torno de um imenso temor, que José Cláudio articulou a hierarquias e privilégios. Quem somos? Somos aqueles que, nesse tempo e nesse espaço, temos razão de sobra para sentir medo.

O registro desses padrões de percepção é importante e está ao alcance de qualquer um poder avaliar em profundidade como, nas últimas três décadas, nossos medos se reforçaram e se ampliaram. Ficamos curiosos também para conhecer como José Cláudio conseguiu fazer a organização visual dessa experiência. Sua arte não pode ter ficado imune a essa apreensão de nossas circunstâncias. Vamos conhecer o acervo de José Cláudio da Silva?

No momento em que escrevo, há grande receio de que a reforma ministerial mutile definitivamente a Seppir. Esse também é um medo antigo. Desde 2003, ano de sua criação, a Seppir convive com o assédio obstinado de adversários e de "amigos" da base aliada, com a insegurança e a imprevisibilidade.

Ao longo dos anos, em todas as turbulências, nas mais diversas conjunturas, rumores disseminavam a insegurança quanto ao futuro do órgão. Parece que já nasceu doente terminal, cujo obituário está redigido em todas as redações.

O motivo alegado de contenção de gastos, face às necessidades do Estado, é insustentável. Até as pedras sabem, na Esplanada, que a boa gestão das finanças públicas não está na dependência da continuidade ou não da Seppir e seu minguado orçamento.

Independentemente de seu tamanho ou de sua força, de seu dinamismo ou eficiência, a Seppir incomoda. Nós encontramos políticos da base aliada ou não encarando a Seppir do mesmo ângulo favorável a sua extinção, porque estão todos substancialmente comprometidos com a ideia de que aos brancos, por sua superioridade intrínseca, deve caber a captura do Estado.

A existência da Seppir sugere que, na formulação e execução de políticas públicas, o Estado inclina-se a incorporar uma perspectiva inédita. Pouco importa se vai priorizar a fundo o interesse de descendentes de africanos, o que conta é que essa possibilidade se abriu, com algumas conquistas, e isso é inaceitável. A Seppir, portanto, incomoda por sua dimensão político-ideológica e não porque amplia o gasto público.

Estamos sendo arrancados dos ônibus e linchados, o racismo evangélico invade, queima e destrói terreiros de candomblé e umbanda, a política de segurança pública mais consequente espalha cadáveres negros em todo o país — é nessa moldura que devemos buscar apreender os sentidos mais profundos das restrições que se anunciam para a Seppir.

A conjuntura exige de nós que superemos nossos medos de fazer política. Segundo Hannah Arendt, a tarefa e objetivo da política é a garantia da vida em seu sentido mais amplo (*O que é política?*, 7. ed., Bertrand, 2007). Além da ameaça à Seppir, as agressões afetam a continuidade de valores culturais e religiosos e nosso próprio direito à existência. Torçamos para que uma consequência importante dessa conjuntura seja o crescimento de nossa participação política.

23/9/2015

A julgar pelas evidências, não fica só nisso

Noite de S. João para além do muro do meu quintal.
Do lado de cá, eu sem noite de S. João.
Porque há S. João onde o festejam.
Para mim há uma sombra de luz de fogueiras na noite,
Um ruído de gargalhadas, os baques dos saltos.
E um grito casual de quem não sabe que eu existo.

Alberto Caeiro (Fernando Pessoa)

Cabe ainda alguma reflexão sobre os episódios envolvendo a reforma ministerial da semana passada.* O sacolejo tem, afinal, quais implicações para a luta política contra racismo e sexismo? Quais os efeitos dessas alterações na ca-

---

* Para tentar conter a crise parlamentar que levaria ao impeachment da presidenta, o governo extinguiu oito ministérios, passando de 39 para 31, e anunciou outras medidas de enxugamento administrativo. O novo Ministério das Mulheres, da Igualdade Racial e dos Direitos Humanos passou a ser comandado por Nilma Lino Gomes, com os secretários executivos Eleonora Menicucci (Mulheres), Ronaldo Barros (Igualdade Racial) e Rogério Sottili (Direitos Humanos).

pacidade da Seppir de propor ações de governo comprometidas com a superação de desigualdades raciais?

A reação discreta à reforma que aglutinou três secretarias em um ministério, sabemos todos, está contaminada por um cenário que condiciona o ativismo a posicionar-se, com maior ou menor alarde, na defesa do governo Dilma, em razão do avanço conservador que articula abertamente um golpe de Estado.

Mas há ressentimento e frustração em muitos ambientes de militância, algum constrangimento e mesmo apreensão de que uma saída conservadora do momento atual já se beneficiaria do recuo que representa a aglutinação das secretarias. O espelho trincou ou embaçou.

Há sinais de que a solução encontrada para contornar a oposição à permanência das secretarias pode não ser duradoura. Basta ver o que já está acontecendo no país. A tendência à aglutinação e arranjos que, comprovadamente, neutralizam iniciativas já é forte nos estados. Aqui em Brasília, também o governo do DF está às voltas com pressões para pôr fim ao modelo agora adotado no governo federal. Eu sou você amanhã?

Impressiona, por isso mesmo, a disposição de alguns setores para a comemoração, inclusive distribuindo notas à imprensa. Vá lá saber o que esse pessoal está comemorando. Mas, como disse o poeta, há São João onde o festejam.

O novo arranjo ministerial é obviamente resultado de escolhas políticas, motivadas por necessidades escancaradas nos meios de comunicação. A reforma expressa, por isso mesmo, os interesses das forças que compõem o governo de coalizão. A presidenta Dilma foi franca e transparente na solenidade que anunciou a nova composição ministerial, dizendo que seu governo buscava apoio no Congresso e a reforma fazia parte desse contexto.

Mas devemos ressaltar que não se brigava apenas por cargos dentro da coalizão. Travam-se aí também importantes lutas políticas e ideológicas e as três secretarias sempre agravaram tensões dentro e fora de partidos da base, os quais em diversas ocasiões manifestaram seu incômodo com a existência delas.

A situação política se agravou? Cogita-se de imediato uma fórmula para sossegar os ânimos exaltados. Ainda que de forma especulativa, essas secretarias sempre foram vistas por certos setores como em vias de extinção. Confesso que cheguei a temer que acontecesse com elas o que aconteceu com a Comissão de Direitos Humanos da Câmara dos Deputados.* Seria visto também como um arranjo na base de sustentação do governo?

Creio mesmo que até o nome do ministério foi objeto de intensa disputa e não me surpreenderia se o formato que desagradou a tantos aliados seja mesmo a expressão de uma última linha de resistência. A presidenta anunciou o Ministério das Mulheres, Igualdade Racial e Direitos Humanos, na sexta-feira, 2 de outubro. *O Estado de S. Paulo*, no dia 3, na primeira página, chamava ainda a pasta de Ministério da Cidadania.

Nos dias que antecederam o anúncio, os meios de comunicação, com convicção, informavam que seria *Cidadania* o nome do ministério a ser criado para fundir (dissolver? aniquilar?) as três secretarias.

Hoje à tarde (5 de outubro de 2015), na cerimônia de posse, a presidenta Dilma corrigiu o anúncio do cerimonial da presidência, que havia colocado à frente a expressão "Direitos Humanos". A presidente, ao corrigir, acrescentou: "Eles ainda insistem, insistem…". A cena revela alguma tensão e preocupações com a hierarquização dos núcleos temáticos.

Já sabemos como as coisas são, sabemos também como elas foram, mas não sabemos como elas serão daqui pra frente. Mas devemos prevenir-nos contra alguns enganos. Conforme podemos depreender de certos indícios, o principal engano me parece ser imaginar que os grupos e facções que querem o fim das secretarias vão parar por aí.

6/10/2015

---

* O deputado e pastor Marco Feliciano (psc-sp), opositor declarado das políticas afirmativas, fora eleito à presidência da comissão em 2013.

Barrar fraudadores das cotas

Em Salvador, os movimentos negros se mobilizam para continuar pressionando o Tribunal de Justiça, que vem postergando decisão sobre mandado de segurança em benefício de fraudadores de edital de concurso de procuradores, com cotas de 30% para pretos e pardos.*

Se todos podem ser negros, a legislação carece de sentido. E o resultado não previsto na legislação é que ela acabe beneficiando pessoas de fenótipo branco. Um tipo de miscigenado, que já havia feito a passagem da linha de cor, pois o seu fenótipo assim o permitia, quer a vaga destinada aos negros, é simples assim. A vigilância dos movimentos negros tem conduzido a resistência a essa grave distorção.

"Descubra suas origens genéticas com nossos exames exclusivos de ancestralidade por DNA" — esse é o anúncio de empresas a que têm recorrido os candidatos que assumem a identidade negra com o objetivo exclusivo de beneficiar-se da política de cotas. Outra leva de fraudadores fica nos extremos da subjetividade e afirma "sentir-se negra".

Seus advogados, em consequência, defendem com unhas e dentes a autoi-

---

* Oito candidatos autodeclarados negros que foram eliminados após averiguação presencial entraram na Justiça. Dois deles conseguiram ser readmitidos na seleção.

dentificação como critério único de validação do pertencimento étnico-racial. Tudo se passaria como no pátio de um manicômio de anedota, onde o interno afirma ser Napoleão e ninguém ousa contestá-lo: "Napoleão, você já tomou seus remédios?". Ou, numa ilha deserta, onde uma loura pode gritar "eu sou negra!" e o eco lhe responder "… sou negraaa…".

Na vida real, autoidentificação e heteroidentificação estão imbricadas e se completam. Não são critérios de identificação dissociados ou uma mera questão terminológica. Eu me percebo nas relações que estabeleço com os outros. A identidade étnico-racial é histórica, cultural e política, e os fraudadores e seus advogados querem apelar para o biológico e genético, ou para a subjetividade extremada.

A questão principal é que temos que impedir que o oportunismo de fraudadores acabe por anular o impacto que a política de cotas deveria ter na exclusão de pessoas atingidas pelo racismo e práticas de discriminação racial. Não devemos esquecer que a política de cotas é para promover uma representação, justa, equilibrada e equitativa da diversidade da sociedade brasileira (conforme o Programa de Ação de Durban).

A enormidade da reação à política de cotas nas universidades (todos se recordam dos embates da década passada) está na base das "dificuldades" de implementação das cotas agora no serviço público, em importantes carreiras de Estado, com salário inicial de 23 mil reais, como é o caso da procuradoria do município de Salvador.

A enormidade da reação não pode sair nunca de nosso horizonte, certo? Seria um erro grave desconsiderar o fato essencial de que o racismo é parte do jogo. Por isso, o debate assume essa forma matreira de uma divergência sobre a legitimidade de critérios de identificação, quando o que deveríamos estar discutindo são as experiências concretas de exclusão vivenciadas por pessoas negras de fato (que até as pedras sabem reconhecer quem são) no mercado de trabalho.

Os desembargadores (três já se inclinaram pelos fraudadores!) não podem ficar indiferentes às consequências de seus atos ou imaginar que conseguirão evitar a responsabilidade pelos efeitos dessas ações na comunidade negra. Precisamos ampliar a mobilização.

25/3/2017

A receita de Lima

Quais as repercussões do noticiário sobre corrupção de políticos e de empresários entre os negros? Saber que o Setor de Propinas da Odebrecht movimentou, em menos de dez anos, 10,6 bilhões de reais,* quantia superior ao PIB de muitos países, muda exatamente o que na percepção das relações de dominação?

Estamos mesmo, ao que parece, considerando o nevoeiro ideológico que envolve o noticiário, mais ou menos conscientes de que essas cifras parciais são espoliações do fundo público. Nosso fardo, aquele depositado pelo racismo em nossos ombros, ficou mais leve? O que vamos reconsiderar? O que devemos, de posse dessas informações, invalidar?

Sabendo que nossa pobreza não é fruto do destino, nem da escravidão, tampouco decorre da cor da pele, vamos agora interpelar os empresários e banqueiros que se apropriam, com a cumplicidade de políticos de todas as legendas, do dinheiro que deveria financiar políticas públicas em nosso benefício?

---

* Principal alvo da Operação Lava Jato, a empreiteira baiana admitiu em sua colaboração judicial que durante uma década subornou políticos brasileiros e estrangeiros através do "Setor de Operações Estruturadas", área responsável por pagamentos em dinheiro vivo e pela manutenção de planilhas de controle da corrupção.

O real é efetivamente real agora? E podemos seguir adiante sem responsabilizar essa cambada pelo processo extremamente árduo e doloroso que marginaliza mulheres e homens negros e dizima nossa juventude?

Essa clara oposição de interesses poderia contribuir para ampliar a consciência política dos negros? De modo inquestionável, o que resta à maioria é desemprego, degradação, violência. As calçadas e as valas estão cada vez mais cheias de corpos negros.

Os mais favorecidos, os mais ricos, como se justificam? Como continuarão a justificar seus privilégios e o controle privado da administração pública? O noticiário sobre corrupção deixa margem de manobra suficiente para que os dominadores possam assegurar a continuidade da extorsão e da pilhagem. Quem duvida disso?

A exposição, pelos meios de comunicação e pela fala pomposa do Judiciário, das entranhas de alguns processos de dominação é sempre matizada e muito esperta. O pano de fundo são, além da prisão de Lula, as reformas (previdenciária, trabalhista etc.), que devem ser aprovadas pelos mesmos políticos desmoralizados. O cachorro chamado Vereador, lembram de Niceia Pitta?*

No jogo político institucional, ouvimos a súplica da ministra Luislinda Valois:** "Sua bênção, meu padrinho". Parece que é tudo que temos ali. Você pertence a um grupo social considerado descartável desde o fim do escravismo e se vê, de repente, personagem, ainda que secundário, de uma cerimônia no Palácio do Planalto. Eu penso que ela estava muito propícia a aceitar o óbvio: quem não tem padrinho, morre pagão.

Posso apenas dizer que isso, o que entendemos como expressão da dominação, é aceito por muita gente nossa. Se você não se dispõe a construir, coletiva e politicamente, seu futuro, e não contempla mesmo essa possibilidade, a ideia do padrinho ganha espaço e conquista muitas cabeças.

Confrontamo-nos, em muitos contextos, com esse dilema: tomamos a bênção ao padrinho nosso protetor, porque não acreditamos em nós e na polí-

---

* Em 1999, a ex-mulher de Celso Pitta, ex-prefeito de São Paulo, denunciou esquemas de corrupção na administração municipal. Na ocasião, revelou que o cachorro da família tinha o apelido de "Vereador" porque sempre exigia algo em troca para atender a um pedido.
** Ministra dos Direitos Humanos do governo Temer e única mulher do primeiro escalão, foi titular da Seppir entre 2016 e 2017.

tica, ou, como disse Lima Barreto, no final de *Clara dos Anjos*, seu último romance, unimo-nos a nossos iguais e vamos enfrentar todos os que se opõem a nossa elevação social.

20/4/2017

Candidato negro — o que virá por aí?

Jornal do Brasil de 7 de abril de 2002. (CPDOC Jornal do Brasil)

Em abril de 2002, com a renúncia de Anthony Garotinho (PSB) para concorrer à presidência da República, assumia o governo do Rio de Janeiro sua vice, Benedita da Silva, pelo curto período de nove meses.

O *Jornal do Brasil* fez o registro do fato de uma forma que merece nossa atenção (7/4/2002). Colocou foto colorida do rosto emocionado de Benedita ao lado de imagem não usual, sombria mesmo, em preto e branco, da baía da Guanabara.

"Imagens surreais" era o título da legenda, que se referia às duas imagens:

Primeira negra a governar um estado, militante do PT e evangélica, Benedita da Silva cantou e chorou na cerimônia de posse. Vai administrar instalada no Palácio Guanabara, ponto histórico da cidade retratada em imagens surreais na exposição do fotógrafo Renan Cepeda, no Rio Design Center.

Ao aproximar a imagem de Benedita, que tomava posse como governadora, de uma imagem familiar da cidade, mas que se apresentava distorcida pela visão do artista, o *JB* ilustrava o argumento racista de que com uma governadora negra tudo se transformava na paisagem, tudo ficava preto.

No ano seguinte, em 2003, em sua sabatina no Senado para exercer o cargo de ministro do STF, Joaquim Barbosa dizia ter

> esperança de que, nos próximos dez ou quinze anos, uma indicação como esta seja uma coisa banal. Essa indicação contribuirá seguramente para aquilo que chamo — com um palavrão, e gostaria que Vossas Excelências me perdoassem — de a desracialização da esfera pública no Brasil. Ou seja, se, hoje, uma indicação dessa natureza provocou todo esse estrépito é porque a sociedade, de alguma forma, está racializada.

A desracialização da esfera pública e da sociedade é uma expressão elegante com que se pode evitar a palavra "racismo". Numa sabatina, cercada de tensões, parece importante selecionar o que é aceitável do que não é aceitável e se apostou na velocidade presumida de mudanças profundas na sociedade brasileira.

Mudanças que não ocorreram, o que acabou provocando a questão levantada por Joaquim Barbosa em 2017, respondendo aos que expressam o desejo de vê-lo candidato à presidência da República: "O Brasil está preparado para ter um presidente negro?".

Não sei se alcanço toda a extensão de significados desse "estar preparado". As formas de dominação e os poderes que oprimem o negro no Brasil não se alteraram nesses "dez ou quinze anos". O Atlas da Violência do Ipea, divulgado no início de junho, para ficarmos num exemplo recente, explicita uma dimensão das relações de guerra que a sociedade brasileira mantém contra o segmento negro. Em outras palavras, o Brasil não está preparado para deixar viver um jovem negro ou uma jovem negra.

No período em que tudo deveria melhorar, conforme a previsão de Joaquim Barbosa em 2003, foram assassinados mais de 400 mil jovens negros. Ou extermínio, ou desqualificação, exclusão e desemprego — são essas as condições históricas em que deve prosperar uma candidatura negra à presidência da República. Não dá para fugir dessa condição de existência, real, material e concreta da maioria da população.

Ou, dizendo de outra maneira, o país que não permite a sobrevivência dos negros de diferentes idades aceita sob que condições uma candidatura negra? Parece-me que a questão fica posta assim de modo mais apropriado. Aqui devemos temer a renovação, às nossas custas, de fórmulas em que ninguém mais acredita. Não há, efetivamente, sinais de ampliação da convivência, exceto o mínimo indispensável ao aniquilamento e à sujeição extremada.

Há uma guerra, certo? A guerra atende a que objetivos políticos? Quando falamos em genocídio e extermínio, estamos falando de objetivos que pretendem alcançar o fim de toda a população negra, não é isso mesmo? Qual será então o significado de uma candidatura negra numa sociedade disposta a pôr um ponto-final na existência dos negros?

A gente fala que não dá, depois torce a língua. Lembro-me de deputado federal negro do Rio de Janeiro, uma das maiores concentrações de melanina que já passaram pelo Plenário da Câmara dos Deputados, que não perdia ocasião para louvar a princesa Isabel e "resgatar" o Treze de Maio. Era um sebo. Quem sabe o que virá por aí?

25/6/2017

Discursos extraordinários

No planeta Skol, um jovem negro, livre, leve e solto, atravessa a faixa de pedestres. O jovem sorridente representa o "desconhecido", o "novo". No anúncio, a cerveja Skol desafia os consumidores a, deixando seu quadrado, interagir com a diversidade.

O aparecimento de jovens negros no planeta Skol é muito recente, ainda não tiveram tempo de multiplicarem-se, e o planeta Skol permanece dominado pelos brancos, os quais, portanto, dão ainda os primeiros passos no inusitado diálogo com o "outro", esse desconhecido subjugado há mais de quinhentos anos.

A rigor, o planeta Skol não está sendo submetido a mudanças que o desfigurem mais profundamente. Suas representações da tolerância e da diversidade são simplificadas, um papo de cerveja, e essas representações correspondem a um mundo de cuja existência todos, a sério, duvidam.

Na real, os personagens sabem que possuem o direito de vida e morte sobre o descolado recém-chegado. Ele é a manifestação e o símbolo daquilo que os demais foram educados para considerar indigno de convivência.

No entanto, os mecanismos que permitem ao discurso da propaganda tratar o negro como "novo" e "desconhecido" ajudam a afastar a história do país, na qual o negro se faz presente desde o início do século XVI, do produto anunciado, a cerveja Skol, e a sugestão, bem ao gosto da mídia, é a de um jogo que começa agora.

Começa agora também na Bayer do Brasil. Num estalo, seu presidente executivo decidiu contribuir com a luta contra a discriminação dos negros: "Preciso tomar alguma atitude para ampliar a presença de negros aqui, mas não sei como começar".

A Bayer tem representantes no Brasil desde o final do século XIX e seu atual presidente angustia-se, em texto para a revista *Veja* (edição 2543, 16/8/2017), porque quer tomar iniciativas que assegurem a inclusão de negros nos cargos mais altos. Finalmente, Theo, parabéns. Theo van der Loo é brasileiro e declara que a Bayer planeja adotar meta de 20% de estagiários negros até 2020!

Imagino que, nesses termos, o tema não tenha sido abordado antes nem marginalmente. Em seu relato, Theo van der Loo afirma que procurou alguns funcionários negros para ouvi-los a respeito, criou um grupo de afinidades para "organizar o pensamento sobre o assunto dentro da Bayer" e estabeleceu "uma parceria com uma empresa que tem um banco de candidatos negros".

A frase "organizar o pensamento dentro da empresa sobre o assunto" sinaliza para as dificuldades com outros setores e executivos da empresa. Theo desabafa: "A maior ajuda que recebi foi de profissionais negros que trabalhavam na Bayer".

Vocês que me leem podem achar que a angústia de Van der Loo se cura com muito pouco, mas ele se diz inspirado pelo desejo de fazer o bem.

Pelo que entendi de uma entrevista de Celso Athayde a Mario Sergio Conti na GloboNews (17/8/2017) a respeito da criação do partido Frente Favela Brasil, um partido de negros e favelados que contará com o apoio indispensável de brancos desejosos de fazer o bem, Theo da Bayer seria uma presença significativa nele.

Celso Athayde disse ainda a Mario Conti que o protagonismo no partido será de negros e favelados, e os brancos deverão, numa analogia invertida e no limite do delírio, empurrar o carro no desfile da escola, para os negros brilharem.

19/8/2017

É o racismo, estúpidos

O repórter Bernardo Mello Franco, de *O Globo*, escreveu que a "Câmara dos Deputados aprovou ontem uma versão esvaziada do Estatuto da Igualdade Racial".* Na mesma reportagem, o ministro Edson Santos afirmou que "o grande avanço é que ele não vai gerar conflito".

O deputado Luiz Alberto (PT-BA), por sua vez, afirmou em pronunciamento da tribuna da Câmara que o texto aprovado era "o que foi possível". E acrescentou:

> Em caráter conclusivo, a matéria vai ao Senado Federal, onde também há um acordo para se constituir imediatamente uma Comissão Especial e se aprovar o Estatuto, a fim de que o presidente Lula, ainda este ano, possa sancioná-lo e dar ao Brasil a oportunidade de criar uma verdadeira democracia.

Segundo ainda a reportagem de Bernardo Franco, "o DEM [...] elogiou as mudanças". Quem conduziu as negociações pelos Democratas foi o deputado Onyx Lorenzoni (DEM-RS) e já se pode bem avaliar a profundidade (e a reali-

---

* Foram retiradas do projeto as cotas universitárias, a reserva de 20% dos papéis para atores negros em filmes e programas de TV e a demarcação de terras quilombolas.

dade) da "verdadeira democracia" para a qual se abrem agora todas as oportunidades.

Johanna Nublat, repórter da *Folha de S.Paulo*, escreveu que a oposição, comandada por Lorenzoni, afirmou "ter tirado todos os pontos com os quais não concordava" (p. C9). Ao *Correio Braziliense*, o deputado fez declarações mais incisivas: "Tiramos qualquer tentativa de racialização do projeto" (p. 11).

Nublat, aliás, é autora da pérola mais preciosa escrita sobre a versão do Estatuto aprovada ontem na Câmara dos Deputados: "Há também pontos mais práticos, como a possibilidade de o governo criar incentivos fiscais para empresas com mais de vinte empregados e pelo menos 20% de negros".

Quando o ponto mais prático é uma possibilidade, o leitor pode bem dimensionar o que representa a proposta aprovada para a superação das desigualdades raciais. Nem falo de racismo, porque a Comissão Especial, a rigor, nunca tratou do tema. Mas é fato que, sem falar de racismo, não alcançamos as motivações fundamentais.

Há algumas semanas, a mídia divulgou a discriminação sofrida por Januário Alves de Santana, agredido por seguranças do supermercado Carrefour numa cidade da Grande São Paulo. Todos conhecem a história do homem negro, técnico em eletrônica, que foi acusado de tentar roubar seu próprio veículo, um EcoSport. Acusado e violentamente espancado nas dependências do Carrefour.

Ainda segundo o noticiário, Januário viveu tantos constrangimentos após a compra do veículo, que decidiu se livrar dele. Creio que deveríamos fazer uma reflexão sobre como essas imposições violentas de limites têm afetado a população negra. Inclusive entidades e parlamentares.

Por causa de seus traços fisionômicos, seu fenótipo, e de um conjunto de injunções decorrentes da hierarquização do humano vigente entre nós, Januário vê-se obrigado a rever seu projeto, reduzindo suas dimensões, buscando adequar-se aos limites impostos pelo racismo.

Um modelo mais modesto de veículo talvez lhe permitisse acomodar-se aos limites rígidos preestabelecidos — seguramente é o que pensa Januário.

Segundo os seguranças do Carrefour citados na revista *CartaCapital* (n. 560, 25/8/2009, p. 16), tudo, toda a informação estava na cara de Januário. "Sua cara não nega", teriam dito os seguranças. E mais: "Você deve ter pelo menos três passagens pela polícia". Sendo assim, não admiraria que Januário, renunciando a seu projeto legítimo de possuir um EcoSport, fosse preso ou assassinado conduzindo uma bicicleta.

O fato é que os negros vivem em um mundo em que se sabe de antemão muita coisa sobre eles. Impressiona a quantidade de informação que o olhar racista pode colher em um rosto negro. Os negros são no Brasil a evidência pública de um conjunto de delitos.

Apoiado por muitos outros autores, Umberto Eco afirma que é o outro, é o seu olhar, que nos define e nos forma. E não se trata aqui, diz ele, de nenhuma propensão sentimental, mas de uma condição fundadora (ver *Cinco escritos morais*, Record, 1997, p. 95).

Já sabemos como somos vistos e, a partir desse olhar, como devemos nos definir e conformar nossos projetos. Seria melhor dizer como devemos amesquinhar e reduzir nossos projetos. Sonhos não realizados, esperanças frustradas reafirmando e reforçando a ideologia que previamente nos classificou a todos.

Os parlamentares negros que ontem cantaram e ergueram os punhos fechados e se abraçaram ao DEM, o ministro Edson Santos, a Seppir, a Conen, a Unegro, todos comemoravam no fundo a redução e o amesquinhamento do projeto de Estatuto. Conformaram-se ao "possível". Confiam que, na redução, ainda se podem projetar ganhos eleitorais. Vão colher, seguramente, o que plantaram.

10/9/2009

4.

O JORNALISMO EM REVISTA

A violência das imagens:
duas ausências muito sentidas

Em 19 de janeiro de 1988, ano do Centenário da Abolição da Escravatura, uma crônica assinada por Vera Luedy,[1] no jornal *A Tarde*, de Salvador, registra-

---

1. Vera Luedy, "Chica Bondade". *A Tarde*, 19/1/1988, Cad. 2, p. 3. Eis a íntegra da crônica: "Grande parte de sua existência foi dedicada a nossa família. Muitas vezes a surpreendi conversando com os meus vestidos superengomados, exigente muito que minha mãe era, e enquanto passava a roupa ia dizendo: 'Você tem que ficar bem bonito pra minha fia ficá linda, não quero uma dobrinha. Minha fia vai passear e todo mundo vai olhar pra ela'. As 'fia' de Milucha teriam de andar impecáveis.

Certo dia, eu ainda era uma criança, perguntei por que ela ficava tanto tempo ajoelhada, rezando. 'Chiquinha, seus joelhos vão ferir de tanto você rezar, pra que ficar nesta posição?'

Imediatamente ela respondeu: 'Minha fia, é pedindo a Santo Antônio pra te livrar de uma paixão quando ficá mocinha. Paixão é a pior coisa deste mundo'.

Não conseguiu, com suas preces, livrar-me da paixão, mas estou certa que foram suas orações de joelho que colocaram no meu caminho o meu 'Santo Antônio' em carne e osso.

Minha preta querida, seu legado de carinho, dedicação, fidelidade e amor não se pode medir.

Você partiu no dia 5 de janeiro, descansou desta batalha, deixando-me a certeza que não se fazem mais babás iguais a você. Resta o consolo de que você vai encontrar seu patrão adorado e meu Alexandre, que você tão bem amou. Vai estar livre dos telefonemas que você odiava e nunca aprendia a atender corretamente como mamãe ensinava: como existiam dois Alfeu lá em casa, vinha sempre a célebre pergunta: 'Fio ou pai?'. Livre de substituir as copeiras nas folgas ou na falta delas, o que mais você detestava e só desabafava comigo, pois o que gostava mesmo e o

va em tom lamentoso o falecimento de sua velha babá Chica, ocorrido a 5 de janeiro. "Chica", "Chiquinha", "Chica Bondade" era uma mulher negra que dedicara "grande parte de sua existência" à família de Vera Luedy.

A figura de Chica revelada pelas reminiscências de seu elogio fúnebre é a de um ser alienado[2] em altíssimo grau: sua linguagem é "diálogo" com os objetos; sua prática religiosa, distante dos padrões culturais afro-brasileiros, é autoflagelação e mutilação da atividade vital. A imagem que Vera Luedy retém de sua "preta querida" é a de "cão de guarda, tomando conta do silêncio nas portas dos quartos".

O texto não faz nenhuma referência ao período da vida de Chica em que ela não esteve a serviço da tradicional família baiana. Onde esteve, de onde veio? Algum vínculo afetivo ou familiar? Nada. No entanto, Vera Luedy faz uma reveladora projeção póstuma (que a consola), onde visualiza o reencon-

---

fazia como ninguém era cuidar das roupas e mascar fumo, escondida no quintal, e não havia meio de entrar em sua cabecinha grisalha a maneira certa de servir mesa à francesa, como mamãe queria.

Conservo sua imagem de cão de guarda, tomando conta do silêncio nas portas dos quartos dos meus pais, e quando chegava, para as temporadas políticas, o tio Simões, você vigiava de dedo na boca e psiu sempre as portas do corredor, para que nada perturbasse o repouso dele. 'O doutor Simões chegou, minha fia, não faça barulho senão ele briga com você. Sabe como ela é pro lado desse velho. Nem a mosca pode voar e ela qué calar a boca até dos passarinhos pra não acordar ele.'

Na sua santa ignorância você ensinou a educar meu lado mais simples e puro, e me deixou a grata recordação de ter sido tão bem amada na infância.

Sua presença será sempre uma constante em minha vida e fico feliz, Chiquinha, porque transmiti a admiração e o amor que tive por você aos meus filhos rapazes. Um deles já perguntou onde você está enterrada: 'Quero levar flores pra Chica, mãe'.

Chica Bondade tão bem sabia identificar-se com nossas tristezas e sobretudo com nossas alegrias, e conseguir dar-se por inteiro (o que é tão difícil) nas mínimas coisas que fazia.

Fui melhor aquinhoada que os meus irmãos mais velhos, que tiveram governanta estrangeira e com elas aprenderam a falar francês e alemão (Mmle. Giroud) e fico devendo aos meus filhos uma figura igual a Chica."

2. O que nos apoia nessa classificação é uma citação dos *Manuscritos econômicos e filosóficos* de Marx que encontramos no verbete "alienação" do *Dicionário do pensamento marxista*, organizado por Tom Bottomore (Zahar, 1988), p. 6. Eis um trecho: "Assim como o trabalho alienado aliena do homem a natureza e aliena o homem de si mesmo, de sua própria função ativa, de sua atividade vital, ele o aliena da própria espécie [...] aliena do homem o seu próprio corpo, sua natureza externa, sua vida espiritual…".

tro de Chica com o seu "patrão adorado". Com a morte, Chica poderá se livrar da dificuldade de executar tarefas tais como atender ao telefone e servir à francesa, mas não se poderá livrar, por amor, por adoração e, principalmente, pela eternidade de sua condição servil, do reencontro com seu patrão. Sendo assim, não há dúvida de que, desde antes, sempre e para toda a eternidade, não há possibilidade de se pensar a figura de Chica Bondade fora da esfera do servir. Ela, negra, sempre servindo; ele, branco, sempre mandando.[3]

No entanto, o "consolo" dessa representação é o que "resta" a Vera, uma vez que a morte de Chica trouxe-lhe mesmo foi a certeza da impossibilidade real de encontrar-lhe uma substituta, porquanto "já não se fazem mais babás iguais a você".

Assim, se Vera lamenta a morte de Chica, lamenta-a enquanto signo a apontar-lhe a morte das "mães-pretas", apropriadas por famílias brancas como a sua: "Fico devendo a meus filhos uma figura igual a Chica".[4]

A família Simões (do "tio Simões", citado por Vera) é proprietária do jornal *A Tarde*, que publica o "Chica Bondade" e é o veículo impresso de maior circulação no estado da Bahia. Em editorial, no dia 12 de maio, *A Tarde* também lamenta uma ausência, nas comemorações do Centenário da Abolição.

> Estará faltando, porém, o calor popular, aquele sentimento festivo que se manifestava antigamente, sobretudo aquela adesão da população negra, que nas ocasiões do Treze de Maio costumava reunir-se para reafirmar o seu amor à liberdade, adquirida com a Abolição.[5]

---

3. Para se avaliar bem a violência da projeção de Vera, que esboça a alienação absoluta ao apropriar-se da dimensão póstuma de Chica, confronte-se a estrofe final do poema "Negra", de Carlos Drummond de Andrade (*Poesia e prosa*, p. 557), em que o ser volta-se para si mesmo no momento último da morte:

> *A negra para tudo*
> *nada que não seja tudo tudo tudo*
> *até o minuto de*
> *(único trabalho para seu proveito exclusivo)*
> *morrer".*

4. Os mecanismos específicos de dominação da mulher negra escravizada estão bem analisados em Sônia Maria Giacomini, *Mulher e escrava: Uma introdução ao estudo da mulher negra no Brasil.* (Petrópolis: Vozes, 1988)

5. "A Abolição na História e no embuste". *A Tarde*, 12/5/1988, p. 6.

Ora, nesse mesmo 12 de maio, nas ruas de Salvador, milhares de negros protestavam contra os "cem anos sem nada" ateando fogo a um boneco que simbolizava a princesa Isabel, fato que não teve nenhuma cobertura do jornal *A Tarde*, ele sim ausente às manifestações públicas que registravam, da ótica negra, o transcurso do Centenário da Abolição.[6]

Do mesmo modo, Vera Luedy não teria nenhuma dificuldade em encontrar uma babá para seus filhos, fosse essa, de fato, a questão. Mas, como questão de fundo, o que se coloca para o grupo racialmente dominante, no Centenário da Abolição, tanto no plano do trabalho doméstico quanto no plano das políticas mais públicas, é a impossibilidade de continuar reproduzindo as relações de dominação racial como "antigamente": sem turbulência, sem explicitação dos conflitos.

Como conseguir uma figura igual a Chica e perpetuar, como na consoladora projeção póstuma, a dominação racial? E como, também, trazer para a praça a adesão da população negra para reafirmar, a cada Treze de Maio, o mito da democracia racial? Logo veremos de que modo a ideologia da supremacia racial argumentará "movida pelo desejo de demonstrar que o grupo que a professa tem razão de ser o que é".[7]

Na análise de "Chica Bondade" atraiu-nos a atenção o acúmulo de estereótipos racistas, num texto de tão exíguas dimensões. Principalmente, não esqueçamos, tratando-se de uma enunciação que o seu emissor pretende elogiosa.

A crônica de Vera Luedy acumula antigas manifestações do imaginário racista: inferioridade intelectual do negro ("não havia meio de entrar em sua cabecinha"), perpetuação, por incapacidade congênita, da condição servil, animalização, transposição da relação de dominação e exploração para o campo afetivo ("o amor que tive por você")[8] etc.

Muitas dessas imagens do negro, e outras do mesmo teor, tiveram expressiva circulação em textos alusivos ao Centenário da Abolição. E não poderia

---

6. *A Tarde* esteve presente às conferências do Instituto Histórico e Geográfico e à palestra do cardeal-arcebispo na Sociedade Protetora dos Desvalidos. Ver na edição de 14 de maio de 1988, p. 3, as reportagens "Instituto encerra conferências" e "D. Lucas Neves lembra a importância da Lei Áurea".

7. Paul Ricoeur, *Interpretação e ideologias*, p. 68.

8. Ver Flora Sussekind, "Construção em branco". Folhetim da *Folha de S.Paulo*, 13/5/1988, pp. B2-B4.

ser de outra forma, uma vez que, integrando o senso comum do brasileiro, elas se explicitam no cotidiano de nossas relações raciais.

Consagradas por venerável tradição, elas costumam, porém, disfarçar seu conteúdo de extrema violência, que aponta incessantemente no sentido da negação da humanidade do negro, num invólucro colorido pelas melhores das intenções.

Essas "boas intenções" podem associar à veiculação de imagens discriminatórias um "discurso igualitário", que chama a atenção para a fraternidade entre as pessoas[9] (elaborado, porém, de um lugar muito superior, esse discurso igualitário nega-se já desde o momento de sua formulação), assim como podem incluir entre seus objetivos, explicitamente, "combater o preconceito de cor e a discriminação", que é o caso, para ficarmos num exemplo de escândalo, do manual elaborado pela Comissão de Moral e Civismo da Secretaria de Educação de Minas Gerais, contendo sugestões e recomendações de atividades comemorativas do Centenário da Abolição aos professores de primeiro e segundo graus.[10]

9. Sobre a associação entre discurso igualitário e veiculação de discriminação, ver Fúlvia Rosemberg, *Literatura infantil e ideologia*, pp. 79-89.

10. O Manual "Negro que te quero Negro", redigido por Terezinha Yone Rodrigues, coordenadora da Comissão Estadual de Moral e Civismo (MG), é um documento precioso. Nele o discurso racista de larga tradição popular, como as diversas versões piedosas acerca da origem da raça negra (entre elas aquela que a considera uma criação da inveja do demônio diante da grande obra divina — o homem branco. Ver p. 12), é metido de cambulhada com vagas bandeiras antirracistas e alusões epidérmicas ao Movimento Negro, tudo confluindo para um conjunto de atividades com que se pretende desenvolver nos alunos de 1º e 2º graus "o sentimento de amor e respeito pelo negro". Um exemplo: "trazer os dois negros mais idosos encontrados [a atividade é etapa de uma gincana para estudantes], sendo um homem e uma mulher. Após a comprovação com uma identidade, oferecer um lanche para eles diante da comissão julgadora…" (pp. 61-2). Digamos que a redatora, ao manipular de forma bisonha a receita assimilacionista proposta pelo Estado no ano do Centenário, terminou por escancarar seus aspectos teratogênicos (quero-te igual, mas inferior). O resultado se anuncia desde a quadrinha que serve de epígrafe ao Manual:

> *Mostrando a alma que é franca*
> *a raça negra é querida.*
> *Alma de preto é mais branca*
> *que os brancos "pretos" da vida.*

O Centenário da Abolição ampliou o debate sobre relações raciais e étnicas, e, em razão das demandas do Movimento Negro, diversos segmentos organizados da sociedade civil incorporaram-no a suas pautas reivindicativas. Durante os cinco primeiros meses do ano de 1988, os jornais, progressivamente, abrem espaços para a abordagem do tema da "liberdade dos escravos", associando-o, em graus diferentes, às condições de vida da população negra no presente. Embora ainda predomine o discurso sobre o negro, este já conquistou o espaço de fala nas entrevistas e em alguns artigos assinados, manifestando-se também através das "cartas dos leitores". É no interior do duro embate ideológico que então se trava que devemos buscar o significado do acúmulo dos velhos estereótipos racistas que examinaremos a seguir.

BRUXAS, ESPÍRITOS E OUTROS BICHOS

O Treze de Maio de 1988, sendo uma sexta-feira, propiciou a circulação de imagens racistas do negro que associavam sua trajetória no Brasil à "má sina", ao azar de um destino mau. "O destino nem sempre se apresenta da mesma maneira para todos",[11] pondera em editorial o *Jornal do Brasil*. O destino que coube ao povo negro estaria bem simbolizado "no azar da data do Centenário da Abolição",[12] segundo a *Gazeta de Pinheiros*. A manchete de primeira página desse jornal paulista ("Sexta-feira 13 para os negros") tem ao lado a foto de um homem negro sentado, com as mãos presas a um tronco e todo o corpo envolvido por uma rede de pescador, numa representação (inequívoca) de como foi um povo capturado pelas malhas cegas do destino.

Na véspera, em Manaus, o azar da data e a sina do negro já causavam estragos, perturbando a normalidade da cidade:

> Na véspera do feriadão de Treze de Maio, a coisa ficou realmente preta. A bruxa andou fazendo das suas em várias ruas de Manaus, dando margem a acidentes violentos, envolvendo veículos de toda a sorte.[13]

---

11. "As duas Abolições", *Jornal do Brasil*, 13/5/1988, p. 10.
12. "Sexta-feira 13 para os negros", *Gazeta de Pinheiros*, 13/5/1988, p. 1.
13. *Diário do Amazonas*, 13/5/1988, p. 2, Col. Cidade Aberta.

O anúncio de que o presidente da República, cujas superstições a imprensa palaciana tornou públicas, faria um pronunciamento à nação no Treze de Maio serviu de mote para a elaboração de chiste que se destinava, a julgar pela sua ampla circulação em colunas sociais e afins, ao riso do elegante racismo dos salões. Pequenas e insignificantes variações (como exemplo a de Teresina, que troca Sarney por autoridades locais) em nada modificam nem sua estrutura nem seu conteúdo:

(1) Alheio ao fato de que o próximo dia 13 cairá numa sexta-feira, o presidente José Sarney decidiu ir à televisão para homenagear o Centenário da Abolição da Escravatura.

Decididamente, não se fazem mais supersticiosos como nos velhos tempos.[14]

(2) Alheios ao fato de que o próximo dia 13 cairá numa sexta-feira, autoridades da Cultura neste estado decidiram ir às praças para homenagearem o Centenário da Abolição. Não se fazem mais superstições como antigamente.[15]

(3) Sem se "tocar" de que o próximo dia 13 cairá numa sexta-feira, o presidente José Sarney decidiu ir à televisão para homenagear o Centenário da Abolição da Escravatura.

Decididamente, não se fazem mais supersticiosos como antigamente.[16]

(4) Sexta-feira 13 nunca foi uma data que inspirasse muita confiança, sempre foi uma data de maus presságios, de maus agouros, especialmente para os supersticiosos renitentes.

Mesmo sabendo disso, o presidente José Sarney parece insistir em fazer um pronunciamento em cadeia nacional, para comemorar os cem anos da Abolição da Escravatura. Não se sabe se para azar dele ou nosso.[17]

Bem próxima a essa representação do negro amaldiçoado, maldito, situa-se a que figura sua cor como estigma daqueles que, nesta encarnação, deveriam remir-se de culpas passadas, a serem saldadas pelo sofrimento e humilhação.

---

14. *Jornal do Commercio*, 12/5/1988, p. 17.
15. *Diário do Povo*, 12/5/1988, Cad. 2, p. 11.
16. *Diário do Amazonas*, 12/5/1988, Cad. de Polícia, p. 7.
17. Maria Tereza Pagliaro, *Folha da Tarde*, 13/5/1988, Suplemento Programe-se, p. 16.

Moacir Jorge, em sua coluna "Coisas do outro mundo", do jornal *Notícias Populares*, registrou os cem anos da Abolição fazendo referência, por um lado, aos atabaques que, nos terreiros de umbanda, "soam para saudar os negros escravos, os Pretos Velhos que lutaram pela liberdade", à coragem de Zumbi, à luta presente contra as injustiças, à discriminação racial ("embora não seja ostensiva"), e, por outro lado, transcrevendo um texto do escritor espírita Herculano Pires. Eis o texto:

O cirurgião-dentista, católico, dr. Urbano de Assis Xavier, começou a sofrer os sintomas de mediunidade, com desmaios semelhantes aos da epilepsia. O espírito de um preto velho, que dava o nome de Pai Jacó, manifestou-se, incorporando no próprio dentista, aconselhando-o a procurar, em Matão, o farmacêutico Cairbar Schutel, de origem alemã e diretor de um jornal e uma revista espíritas.

Cairbar Schutel resolveu fazer um teste de mediunidade, mas disse: "Não está me agradando essa história de preto velho". Ao terminar, Cairbar disse ao dr. Urbano: "Não gosto de negros e índios, mas o seu Pai Jacó encheu-me as medidas, revelando um conhecimento doutrinário que me assombrou. Pai Jacó me explicou ter sido médico holandês em encarnação anterior, mas agora viera como negro, para aprender a ter humildade".[18]

A humanidade possível no negro supõe uma preexistência branca, atributo universal da normalidade existencial. O assombro de Schutel diante dos conhecimentos revelados por Pai Jacó desaparece após a "explicação" que este lhe faz de sua branquidade essencial. Uma transgressão fez deslizar o ser da normalidade existencial para um espaço inferior em que deve remir-se, sob a forma negra. "Tantos negros hoje foram louros dolicocéfalos em encarnações precedentes. Quem duvida?"[19] A pergunta é de José Cláudio de Oliveira, na *Tribuna do Ceará*, num artigo em que pede solidariedade e compreensão para "os irmãos que mourejam neste planeta de expiação".

Não existe, para esses textos atravessados pelo sentimentalismo algo pe-

---

18. *Notícias Populares*, 13/5/1988, p. 8. Não podemos perder de vista, se quisermos medir o alcance dessa insidiosa veiculação de racismo, que o *Notícias Populares* é, há anos, o jornal de maior venda de banca da cidade de São Paulo.

19. *Tribuna do Ceará*, 13/5/1988, 2º Cad., p. 1.

gajoso a que se convencionou chamar de "espiritualidade", a humanidade *do* negro, mas sim a humanidade *no* negro, uma vez que se identifiquem encarnações brancas precedentes (almas brancas, aquelas da linguagem do cotidiano do racismo brasileiro...).

Uma outra abordagem do negro, na mesma linha, lança-se, após a negação de seus traços fenotípicos, por detrás e no fundo à cata de atributos que possam ser assemelhados à humanidade do branco:

> Atrás da pele escura, do cabelo crespo e dos dentes brancos, há corações grandes e abertos, inteligências raras, talentos artísticos de rara criatividade como só um ser humano pode apresentar.[20]

O negro, por essa visão, não possui uma natureza humana, mas é portador de atributos humanos. Sua natureza é, assim, antropomorfizada. A associação entre branco e humanidade, como vimos em "Chica Bondade", vai ser reforçada pela animalização do negro:

> [...] produto nosso, uma das melhores e mais resistentes raças brasileiras. Com boa moradia, com boa remuneração, bem alimentado e com salário compatível, o negro dá excelente produção e é saudável, causando pouca correria aos postos de saúde.[21]

Essas imagens da não humanidade do negro produzem consideráveis estragos no interior da comunidade afro-brasileira, e por isso não admira o fato de o jornalista Oliveira Ramos, de *O Estado do Maranhão*, mesmo sendo negro, interrogar do título de sua coluna: "Negro é gente?". Nem espanta que a

---

20. Nelci T Arnhold, "Homenagem ao irmão negro", *A Notícia*, 13/5/1988, p. 22.
21. Carta do leitor Orlando Norberto, jornalista de Piçarras (sc), *A Notícia*, 13/5/1988, p. 4. Ainda sobre animalização, ver este exemplo da hipersensibilidade racista na construção de personagem louvadíssimo pela crítica especializada: o autor Carlos Augusto Carvalho, para construir o onceiro de *Meu tio Iauretê*, "passou uma temporada frequentando os zoológicos. Destas observações do reino animal, especificamente a onça, ele aprendeu coisas que nem mesmo sua origem nativa de cidadão amazonense havia lhe dado. Aprendeu que [...] 'Onça odeia preto por achar que a carne de preto é mais macia'". "Um bicho sonhando com as entranhas da arte." (*O Estado do Maranhão*, 12/5/1988, Cad. Alternativo, p. 13).

conclusão de seu texto dispersivo e superficial sobre o racismo refira-se à "submissão que carregamos por atavismo durante séculos",[22] fazendo coro com aqueles que, em textos ostensivamente racistas, justificam a espoliação do negro como o resultado de "sua própria submissão, da pusilanimidade histórica, da ausência de ideais políticos...".[23]

Se queremos apreender o significado de imagens tão negativas que se propagam a partir do universo dominante branco, num momento como o do Centenário da Abolição, em que o protesto negro se faz presente em manifestações públicas, devemos afastar as explicações que enfatizam o caráter "cultural" desses estereótipos, vistos apenas como sobrevivências racistas do século XIX.

De acordo com Heleieth Saffioti, em ensaio sobre a situação social da mulher, essas abordagens culturalistas da discriminação são insatisfatórias e

> por esta via, deixa-se de perceber e, portanto, de levar em consideração nas formulações explicativas, o suporte material das ideologias. Atribuiu-se ao plano ideológico uma autonomia excessiva que ele, evidentemente, não apresenta. Uma das importantes funções sociais cumpridas pela ideologia reside exatamente em justificar as formas de produzir e as relações de dominação-submissão nelas implicadas.[24]

As imagens estereotipadas recolhidas dos jornais do Centenário, que definem os negros como portadores de uma humanidade inferior, precisam ser articuladas, portanto, na esfera da produção, "aos benefícios simbólicos e materiais que os brancos obtêm da desqualificação competitiva do grupo negro e mulato".[25]

Luiza Bairros, analisando as desigualdades raciais no mercado de trabalho, conclui que "é no segmento negro da força de trabalho que se manifestam os efeitos mais perversos da exploração capitalista". E acrescenta: "Desse ponto de vista, a manutenção das desigualdades raciais cumpre um importante pa-

---

22. *O Estado do Maranhão*, 12/5/1988, Cad. Alternativo, Col. Hoje É Dia de, p. 13.
23. Sady Carlos Souza Jr, "A Abolição confundida". *Jornal da* Asusp, 21/6/1988, p. 6.
24. Heleieth Iara Bongiovani Saffioti, "O fardo das brasileiras — de mal a pior". Rev. *Ensaio*, p. 11.
25. Carlos Hasenbalg e Nelson do Valle Silva, *Estrutura social, mobilidade e raça*, p. 166.

pel num processo de acumulação assentado em altas taxas de exploração da força de trabalho".[26]

É esse então o "suporte material" da ideologia racista, ou seja, a relevância que a dimensão racial tem para o processo produtivo e a acumulação capitalista, a realidade de "dominação-subordinação" que as representações negativas que inferiorizam o negro pretendem justificar. E visam também atingir no indivíduo, além da autoestima, seus mecanismos de representação coletiva, levando-o a abdicar de "qualquer movimento social […] para a transformação de suas condições de existência".[27]

Para concluirmos este capítulo, precisamos destacar a importância que tem nesse quadro o Movimento Negro para bloquear e reverter essas imagens de inferiorização do negro. No episódio do manual elaborado pela Secretaria de Educação de Minas Gerais, foram as denúncias do Movimento Negro que levaram à dissolução da Comissão de Moral e Civismo e ao recolhimento dos exemplares já distribuídos. Gutemberg de Souza, na *Folha de S.Paulo*, comentando o escândalo, perguntou: "Se não tivessem os militantes do Movimento Negro gritado a tempo?".[28]

E se, como vimos, há quem se pergunte: "Negro é gente?", a resposta que se pode contrapor às imagens do mundo branco vem também da militância negra: "Somos seres humanos, inteligentes, sensíveis…".[29]

1992

26. Luiza Bairros, "O negro na força de trabalho — Bahia 1950/1980". Rev. *Humanidades*, p. 19.

27. Roberto Cardoso Oliveira, *Identidade, etnia e estrutura social*, p. 74.

28. Gutenberg de Souza, "Cartilha racista". *Folha de S.Paulo*, 7/4/1988, p. A-2.

29. A citação é trecho da entrevista de Sueli Carneiro ao *Diário Popular*. "O desafio de ser mulher, negra e brasileira", 12/5/1988, Suplemento especial do Centenário da Abolição, p. 8.

Carta ao *Correio Braziliense* em resposta a um anúncio que procurava "uma empregada clara"

SR. REDATOR

Anúncio racista discrimina negros

O caderno "Classificados", da edição de 25 de agosto do *Correio Braziliense*, veicula, na coluna de oferta de serviços domésticos, um anúncio que é evidente manifestação racista. Jornal e anunciante cometem crime de lesa-humanidade, com penas definidas em Lei.

Ao se exigir "moça clara" para a execução de tarefas domésticas, o que se faz é negar o acesso ao mercado de trabalho a seres humanos negros, exclusivamente pela sua condição racial.

Quanta infâmia e desumanidade!

Edson Lopes Cardoso
Executiva Nacional do Movimento Negro Unificado (MNU)

N. da R.: O *Correio Braziliense* não compactua com manifestações de racismo. A referida nota, uma entre as muitas centenas que diariamente chegam ao nosso Departamento Comercial, foi publicada por inadvertência. Nossas escusas.

1/9/1994

Primeira página: domingo sombrio, imagens surreais

A primeira página do *Jornal do Brasil*, edição de 7 de abril de 2002, um domingo, trouxe em destaque, na parte superior, uma foto de Rosane Marinho e uma foto de Renan Cepeda, colocadas lado a lado.

"Imagens surreais" é o título do texto-legenda que transcrevo aqui:

Primeira negra a governar um estado, militante do PT e evangélica, Benedita da Silva cantou e chorou na cerimônia de posse. Vai administrar instalada no palácio Guanabara, ponto histórico da cidade retratada em imagens surreais na exposição do fotógrafo Renan Cepeda, no Rio Design Center.

As "imagens surreais" estão justapostas: uma mulher negra assume o cargo de governadora do Rio de Janeiro; e um cartão-postal da Cidade Maravilhosa é retratado sem luz, sem cor. A governadora é negra; a paisagem, distorcida, é carregada de sombras. Céu, nuvens e montanhas — a paisagem se deixa contaminar por um atributo indesejável. O editor selecionou e combinou as imagens, forçou a barra e articulou os dois períodos, a posse e a exposição.

Na primeira página, aos olhos de leitores e curiosos, imagens justapostas, muito diferentes daquelas a que nos habituamos. Somos testemunhas, na paisagem e na representação do poder político, de mudanças que contrariam a ordem natural das coisas. As imagens não fazem parte da realidade ordinária. Imagens, portanto, surreais.

O que é "natural" no cenário da representação política? Que os negros, maioria demográfica desde o século XVI, não façam parte dessa realidade. Primeira mulher negra a governar um estado, diz o texto da legenda. A julgar pela capa do *JB*, é um primeiro acontecimento de grande carga negativa, sombrio, aterrorizante. Envolvendo a paisagem, cresce monstruosa a sombra que distorce a realidade ordinária. Para o racismo, os negros turvam o que era antes uma presença luminosa.

abr. 2002

Modos de representação e luta pelo poder

A propósito da carta do jornalista Rodrigo Vianna (ex-Rede Globo) que circula na internet,* revelando verdades já bem conhecidas sobre a direção de jornalismo de televisão da emissora e dizendo-se envergonhado pelo fato de os repórteres serem obrigados a evitar a palavra "negro", lembrei-me de Walter Avancini e o ciclo de debates realizado no Teatro Casa Grande, em maio de 1975, um ano muito especial na luta contra a ditadura militar.

A mesa que tratou de televisão tinha ainda Muniz Sodré e Paulo Pontes, mas foi Walter Avancini que se referiu ao código de censura que impunha "determinadas normas". O código explícito na Rede Globo dizia que, entre outros temas, não se podia colocar "nenhum conflito racial" (ver *Ciclo de Debates do Teatro Casa Grande*, Inúbia, 1976, p. 128).

No início dos anos 1970, a canção "O mestre-sala dos mares", uma homenagem a João Cândido feita por Aldir Blanc e João Bosco, travou, como se sabe, dura batalha contra a censura militar. Depois de muitas idas e vindas à

---

* Com o título "Lealdade", a carta de despedida de Vianna a seus colegas da emissora dizia ser "difícil continuar fazendo jornalismo numa emissora que obriga repórteres a chamarem negros de 'pretos e pardos'. [...] A justificativa: IBGE (e, portanto, o Estado brasileiro) usa essa nomenclatura. Problema do IBGE. Eu me recuso a entrar nessa".

Divisão de Censura, de trocar "almirante" por "navegante" e de introduzir "polacas", "mulatas" e "baleias", ouviu-se enfim do representante da censura que o problema político da canção era a "apologia ao negro" (ver Fernando Granato, *O negro da chibata*, Objetiva, 2000, p. 136).

João Cândido, aliás, é o símbolo maior de nossa luta contra a censura. O primeiro filme censurado no Brasil foi o que revelava as imagens da revolta dos marinheiros negros. Sua segunda anistia também permanece engavetada no Congresso Nacional (a primeira foi aprovada pelo Senado e pela Câmara em novembro de 1910, provocou a rendição dos revoltosos, que alguns dias depois já eram expulsos, caçados, torturados e assassinados).

Leio nos jornais que a Prefeitura do Rio de Janeiro não autorizou a colocação da estátua de João Cândido na praça Quinze.* A obra é do artista Walter Brito e está em seu ateliê, censurada, do mesmo modo que o projeto da segunda anistia nas gavetas da Câmara dos Deputados. Quantos atos de censura e omissão serão ainda necessários para fazer desaparecer o momento grandioso de revolta negra?

Mas voltemos às disposições do censor Ali Kamel,** denunciadas por Rodrigo Vianna. Ali Kamel quer mudar critérios de classificação dos afro-brasileiros para justificar sua oposição às ações afirmativas. Sua argumentação quer fazer crer que a miscigenação inviabilizaria políticas públicas focadas nos negros. Ali Kamel, de fato, não aceita que numa família como a minha, com seis filhos do mesmo pai e da mesma mãe, existam irmãos pardos e pretos — negros portanto. Kamel sabe muito pouco sobre o que liga pretos a pardos.

O esforço que o jornalismo da Globo desenvolve é pelo monopólio da representação "legítima" dos afro-brasileiros. Mas, além do poder de julgar e classificar, o que está em disputa é o poder político. Travemos esta luta: o que somos, como nos percebemos, como nos classificamos. Dominados, oprimidos pelo racismo, temos que ser capazes de fazer prevalecer nossas percepções, nossa história, nossos Cândidos.

---

* A estátua do Almirante Negro na praça Quinze de Novembro foi inaugurada pelo presidente Lula em 20 de novembro de 2010. A transferência da estátua do Museu da República, no Catete, para a praça somente foi admitida pela Marinha depois da anistia póstuma a João Cândido, concedida no mesmo ano.

** Diretor de jornalismo da Rede Globo.

Ali Kamel não é um árbitro imparcial. O telejornal que ele dirige tinha candidato à presidência da República, do mesmo modo como ele pretende, ao censurar o termo "negro", inviabilizar conquistas que ponham em risco o poder branco. A "verdade" de sua classificação mantém as coisas do modo como são há mais de cinco séculos. O termo "negro", rejeitado por ele, não apenas introduz uma nova percepção como é, em si mesmo, núcleo impulsionador de mudanças estruturais.

26/12/2006

As comadres estão assanhadíssimas

Muito breve e agitada é a vida daqueles que esquecem o passado, negligenciam o presente e temem o futuro.

Sêneca, *Sobre a brevidade da vida*

Da leitura atenta de jornais e revistas deve-se concluir que os negros estão perigosamente empenhados na racialização da sociedade brasileira. Destituídos do emprego e da visão genômica, só conseguem ver, por exemplo, apenas brancos trabalhando nas empresas de comunicação e passam equivocadamente a pleitear "cotas raciais", quando as ditas empresas já possuem toda a variação genômica de que necessitam (ver Capítulo ix do malfadado Estatuto do Negro).

Na semana passada (29 de maio de 2007), o sr. Nelson de Sá, responsável pela coluna "Toda mídia" da *Folha de S.Paulo,* chamou o jornal de Ali Kamel de "Jornal 'não somos racistas'* Nacional". Não se enganem, é briga de comadres, porque o epíteto qualifica na verdade toda a mídia brasileira, inclusive a *Folha de S.Paulo.*

* Alusão ao livro homônimo de Ali Kamel publicado em 2006 pela Nova Fronteira.

Todos acusam os negros de encobrirem seus verdadeiros objetivos por trás de reivindicações descabidas de políticas públicas para a superação das desigualdades raciais. Como raça não existe e todos compartilham a mesma estrutura genética (afinal, o que tinha para ser distribuído a história o fez de modo especial neste paraíso), o que a fantástica reivindicação dos negros produzirá mesmo são desastres do tipo Auschwitz, isso pegando leve, é claro.

A *Veja* também citou Gobineau, inspirada talvez no perfil genético de artistas e atletas negros de sucesso. Convém não esquecer que, para o teórico francês do racismo, uma gota de sangue teutônico faria qualquer ser inferior tocar violão e ganhar uma que outra medalha.

Segundo ainda a mesma *Veja* (edição 2011, ano 40, n. 22, p. 86), até as primeiras décadas do século XX prevalecia o pensamento racista no Brasil. Se o marco inicial foi o século XVI, gostaria muito de saber o que ocorria no Brasil quando prevalecia o pensamento racista. Se os racistas negros projetam o Holocausto com apenas dois projetos de lei, quais seriam os parâmetros de nossas tragédias passadas? Outra coisa: o que foi mesmo que interrompeu o predomínio do pensamento racista no Brasil? A resposta da *Veja* é iluminadora: o façanhudo Gilberto Freyre. O paladino convenceu as elites brancas a abandonarem suas práticas nefandas contra os negros e dedicarem-se com afinco a estimular "os fatores decisivos nos processos civilizatórios". Depois de trilhar quatro séculos na cacunda dos negros, os brancos finalmente desprovidos de racismo apearam e foram obrar o processo civilizatório.

A partir dessa façanha freyreana, adentramos o paraíso, de onde os negros querem agora nos arrastar para o forno crematório hitlerista. Vê se pode, comadre?

4/6/2007

Operação dissociação em curso

"Toda criança negra, de qualquer país, do mundo; toda criança, de qualquer grupo discriminado, crescerá recebendo a mensagem de que barreiras podem ser superadas. Mesmo as que pareciam intransponíveis." Assim a jornalista Míriam Leitão encerrou ontem sua coluna "Panorama econômico" (*O Globo*, 2/11/2008, p. 28), referindo-se à possibilidade da eleição de Barack Obama.

Caso Obama se eleja, acentua Míriam, "o primeiro presidente negro da história americana produzirá transformações sociais muito além da fronteira". Está claro que a jornalista associa expectativas de mudança, na condição de vida de pessoas dominadas e discriminadas, à presença de um elemento catalisador capaz de produzir alterações positivas em suas subjetividades esfrangalhadas.

Uma provável vitória de Obama emitiria a "mensagem" capaz de produzir a reação desejada, ou seja, a convicção (ou o fortalecimento da convicção) de que as ações voltadas para a superação das desigualdades raciais podem de fato alcançar seus objetivos. Uma "mensagem" de otimismo e confiança que antecipa fins desejáveis, mas dos quais comumente se descrê.

Vê-se, por outro lado, um esforço constante em alguns colegas de empresa de Míriam Leitão em negar a condição racial de Obama. Confrontam o real, com a cara de pau que Deus lhes deu, convencidos de que suas opiniões constituem o único fundamento válido do que devemos entender como realidade.

Pedro Bial, patético, dizia há pouco no *Jornal Nacional* (3/11/2008) que Obama não é "negro", mas "mulato". Bial, Demétrio Magnoli, Ali Kamel, na verdade, insistem é no "pós-racial", em que a miscigenação biológica seria uma evidência inequívoca — uma noção bastante confusa de que se utilizam brancos para eliminar todos os problemas decorrentes de uma pauta de reivindicação negra. A propósito, está editado o pronunciamento que Obama fez em 18 de março deste ano, refutando a ideia de que sua candidatura seja "pós-racial" (*Change: We Can Believe in*, Three Rivers Press, 2008, p. 226).

Trata-se de negar a possibilidade de que se estabeleça aquele vínculo de confiança e identidade a que se referia Míriam Leitão. Querem confundir e ludibriar. Para o logro do "pós-racial" ser eficaz, no entanto, precisaríamos alterar um conjunto complexo de relações concretas e experiências de hierarquizações várias vezes seculares. Bial parece apelar para que não só Obama mas todos os negros deixem de ser o que são.

Míriam Leitão projeta mudanças a partir mesmo da identidade racial de Obama. Se elas acontecerão ou não é outro papo. Bial e seus amigos temerosos querem produzir cegueira, ao afirmarem que o cotidiano de seus ouvintes e leitores (e o de suas redações) não é constituído e permeado por noções opressivas e desumanizadoras de identidade racial e étnica, às quais sistematicamente negam validade e existência.

Promover a dissociação entre Obama e sua dimensão racial e étnica parece ser a tarefa prioritária de alguns jornalistas brasileiros. Temem todas as implicações decorrentes do fato de um negro vir a ser o próximo presidente dos Estados Unidos. Sabem que toda comparação, a partir desse fato, não assegurará nenhuma estabilidade ao mundo profundamente injusto e desigual que contribuem para sustentar e do qual usufruem as delícias com grande gozo e prazer.

11/4/2008

Dois achados, dois petardos

Laura Capriglione, repórter da *Folha de S.Paulo*, está de casa nova. Comprou e está reformando um sobrado na zona sul de São Paulo, no Paraíso. No sábado passado ela escreveu reportagem contando que havia uma bomba debaixo da escada de sua casa nova (8/11/2008, p. C6).

A "granada de morteiro", o achado inusitado de um ajudante de pedreiro, é descrito na reportagem pelo comandante da 2ª Região Militar, Eduardo Wizniewsky, presente na futura residência da repórter com oficiais da Polícia do Exército. No meio da reportagem, que além da identificação do "artefato" relaciona comentários curiosos de vizinhos, Laura Capriglione faz outra descoberta: um sargento negro.

Trata-se do sargento "João Augusto, negro forte que tem andado mais feliz nos últimos dias, por causa da eleição de Barack Obama nos Estados Unidos". A repórter parecia contagiada pelo entusiasmo geral. Um homem negro a sua frente trouxe-lhe imediata associação: Barack Obama, tópico obrigatório de todas as pautas, ao redor do qual a reforma de sua casa passou também a gravitar. O operário descobriu a granada, a repórter descobriu o negro brasileiro com razões para conectar-se a outro negro — este, norte-americano. E feliz com isso.

Suponho aqui, com base no texto divulgado pela *Folha*, que o sargento não fez alusão ao processo eleitoral norte-americano. A repórter é que não pôde deixar de ver, nem tampouco pôde dispensar, a oportunidade de associar uma coisa e outra.

Parece seguro afirmar que, diante da nova situação, o olhar da repórter também se redefine. Olha agora e vê pessoas negras, nas quais julga perceber alegria e força, tendo em vista sempre a eleição do presidente dos Estados Unidos.

É necessário dimensionar os dois achados históricos. A granada, depois de submetida ao exame dos técnicos militares, vai para o museu, enquanto o sargento e seus nexos de identidade corporificam símbolos de transformação presente e futura.

Na tentativa de explicar a origem do "artefato", o ex-proprietário da casa fez alusão a vizinhos, velhinhos, que "diziam ter lutado na Revolução Constitucionalista de 1932". É de lamentar, no entanto, que a presença do sargento João Augusto, "responsável por erguer a granada", não levasse também a repórter a evocar a Legião Negra que integrava o exército constitucionalista, de que fizeram parte cerca de quinhentos soldados negros (ver Flávio Gomes, *Negros e política (1888-1937)*, Zahar, p. 67).

Mas embora Capriglione não se refira à alegria do sargento como expressão de nova etapa da vida brasileira, suas projeções reconhecem vínculos da identidade, sempre negados entre nós. O sargento negro aqui está feliz com a eleição do presidente negro lá. Quem vai ativar esse outro petardo, que apavora aqueles que tiram proveito da perpetuação de nossas desigualdades raciais?

Essa identificação, essa alegria, essa força podem resultar em alguma transformação concreta, marcada pelo reconhecimento racial e étnico? Podem impulsionar uma compreensão de nosso papel político em nosso destino e no destino do Brasil? Um papel ativo, com interesses bem definidos? Uma casa cheia de novidades, a nova casa de Laura!

11/10/2008

Quem se importa mesmo com o que pensa a *Folha*?

A *Folha de S.Paulo* defende a "adoção de políticas universais em prol de uma verdadeira igualdade de oportunidades". Posiciona-se francamente contra "políticas de cotas" e "ações afirmativas". Afasta terminantemente o que considera "afirmações artificiais de 'negritude' e divisões identitárias radicais numa sociedade que cada vez mais se vê como mestiça".

Essa tomada de posição franca não é nova, mas cresce em importância quando expressa em editorial de uma edição que contém resultado de "pesquisa" feita pelo Instituto Datafolha sobre preconceito racial (editorial *FSP*, 23/11/2008, p. 2).

De saída, impressiona como uma afirmação "artificial" de negritude pode provocar divisões identitárias "radicais". Eu pensava que "artificial", que se opõe a "natural", qualificando afirmação (de negritude), fosse indicação pela *Folha* da simulação com que os movimentos negros buscam esconder a real natureza (mestiça) da população brasileira.

Mas se provoca, ou pode vir a provocar, divisões radicais, talvez valesse a pena a *Folha* rever o artificialismo com que julga essa afirmação identitária de negritude. Talvez, em lugar de disfarçar a natureza verdadeira de nossa composição étnico-racial, seja uma expressão de sua composição real e histórica, contraditória e conflituosa. Em vez de ser mera fachada ideológica, manipulada por grupelhos desprezíveis, talvez seja um conceito suscetível de ir muito além das aparências e penetrar na realidade político-institucional, econômica etc., desse país injusto.

Coerente com esse desprezo pela "negritude", o caderno especial da *Folha* sobre racismo mutila a ação organizada da militância e suprime a Marcha Zumbi dos Palmares de 1995. Na cronologia exibida na página 10 do referido caderno, destaca-se o discurso de posse de FHC, um relatório do governo FHC, e a instalação do Grupo de Trabalho Interministerial (GTI) pelo governo em 1996. Para completar, dois antropólogos (somos ainda o objeto predileto da antropologia) tecem ligeiras considerações sobre "o Movimento Negro brasileiro", alguns clichês com grandes possibilidades de ampliar a ignorância dos leitores sobre o tema.

Artificializada a negritude e desprovido de fala o ativismo negro, devemos entender o sumiço da Marcha de 1995 como uma intervenção editorial de caráter político, coerente com os princípios adorados pelo Grupo Folha, com o objetivo de negar instituições e sujeitos que poderiam pôr em xeque a validade de afirmações, cronologias e processos explicativos.

São aquelas bem denominadas "omissões convenientes", que favorecem as ideias defendidas pela empresa. Há, sem dúvida, deliberada omissão dos esforços realizados pelos negros para a superação das desigualdades raciais. Diante disso, a questão que se impõe é: que autoridade tem mesmo a *Folha de S.Paulo* para fazer pesquisa sobre o tema?

Os editoriais da *Folha* e suas reportagens têm revelado tamanho desprezo pelo negro e suas instituições que é difícil imaginar que as posições defendidas pela empresa não influenciem questionários, procedimentos, amostras, resultados. Francamente, eu estou me lixando para o que pensa o Datafolha sobre racismo.

24/11/2008

É singular essa República

Na última sexta-feira, a coluna "Panorama político", do jornal *O Globo* (29/5/2009, p. 2), comentou brevemente uma "curiosidade" da pesquisa sobre reforma política realizada pelo Departamento Intersindical de Assessoria Parlamentar (Diap) e pelo Instituto de Estudos Socioeconômicos (Inesc). "Dos 150 parlamentares ouvidos, 16,7% defendem uma cota para representantes dos povos indígenas; 12% apoiam políticas afirmativas para garantir mais negros no Congresso."

Na noite da quinta-feira anterior, em intervalo do *Jornal Nacional*, foi ao ar mais um programa do Partido dos Trabalhadores. Eram claros todos os personagens que tinham expressão partidária, institucional ou sindical. Eram escuros os representantes do povo agradecido e o apresentador do programa.

No "governo de todos", a parte que representa o todo é clara. Os escuros, emocionados e dramáticos, agradecem as benfeitorias. O programa do partido mais "popular e democrático" tem a força da evidência que nenhuma manipulação verbal pode ocultar. Os negros não são visíveis nas propagandas partidárias, nem o são também no Congresso Nacional.

"É triste não ser branco", anotou em seu diário Lima Barreto, em 24 de janeiro de 1908, após ser barrado em uma visita a navios americanos ancorados no porto do Rio de Janeiro (*Diário íntimo*, Brasiliense, 1956, p. 130). Os políticos negros do PT devem ter anotado algo semelhante em seus diários após a exibição do programa de TV.

Relacionado por Ilmar Franco de *O Globo* entre as "curiosidades da pesquisa", o tema transcende em muito essa avaliação frívola. Em 10 de janeiro de 1905, Lima Barreto (nascido a 13 de maio de 1881) anotava em seu diário, sobre o engavetamento da nomeação de um professor negro para o Colégio Militar: "É singular que, fazendo eles a República, ela não a fosse de tal forma liberal, que pudesse dar um lugar de professor a um negro. É singular essa República" (*Diário íntimo*, p. 82).

O programa do PT e a pesquisa Diap/ Inesc demonstram como igualdade e liberdade são ainda abstrações na política brasileira. Se o TSE incluísse o dado cor/ raça nos formulários dos candidatos, poderíamos dimensionar mais amplamente a participação política de negros e indígenas, inclusive avaliando o fosso que separa candidatos de eleitos.

É singular essa república que continua, mais de um século depois dos registros de Lima Barreto, excluindo negros e indígenas. É singular também o jornalismo que se recusa a explorar as possibilidades que uma pesquisa pode oferecer de aumentar nosso conhecimento da realidade social e política do país.

2/6/2009

Esperança vã, outro medo

Para a compreensão do jornalismo que se faz hoje no Brasil, a campanha dos principais veículos contra qualquer política que beneficie a população negra é a pedra de toque definitiva. Uma disposição visceralmente antinegra impiedosa direciona sem distinção reportagens e editoriais.

A reportagem de Chico Otavio de *O Globo*, publicada na edição de ontem (27/5/2009, p. 9), tem ao lado uma opinião editorial (cujo título é "Esperança") e seria quase impossível duvidar de alguém que levantasse a questão de uma mesma autoria para os dois textos.

O Globo atua com o ímpeto do combatente que vê em cada oportunidade de disputa "um decisivo divisor de águas". A expressão é do texto "Esperança" sobre a liminar do Tribunal de Justiça do Rio de Janeiro suspendendo as cotas nas universidades estaduais, mas a empresa de comunicação tem jogado pesado, com práticas muito pouco profissionais, como se viu no assédio a deputados federais no episódio recente do Estatuto.

O ministro Edson Santos, sem coragem de citar nomes, referiu-se em Salvador, na abertura da II Conferência Estadual de Políticas de Promoção da Igualdade Racial, a certo diretor de jornalismo de um grande veículo, que pessoalmente teria feito ligações telefônicas para pressionar e constranger parlamentares. Todo mundo entendeu que ele se referia à Rede Globo e a Ali Kamel.

Mas não nos devemos deixar seduzir pelas aparências. O episódio do Estatuto da Igualdade Racial e a indignação do ministro ocultam outros constrangimentos. O Estatuto foi rechaçado por amplo espectro político. Sob o pretexto de que não se pode aprovar o "ideal", as forças do governo, negras e não negras, justas e onipotentes como sempre, já haviam feito previamente seu trabalho de mutilação.

A esperança maior de *Folha de S.Paulo*, *O Estado de S. Paulo*, *O Globo* etc., expressão significativa do temor das elites, é excluir definitivamente a possibilidade de manifestação da identidade negra no campo da política. Defendem princípios discriminatórios diante do avanço demográfico e político da população negra. Defendem princípios diante de fatos que não se subordinam também à lógica governamental.

O que aflora sem controle no meio negro é a tomada de consciência do poder político.

Por trás da disputa por cotas, o que existe não é o temor de que se inocule "o perigoso, errado e reacionário conceito de raças", como reafirmou ontem *O Globo*. Na realidade, o que se teme é que esses pequenos avanços possam abrir caminho e ajudem a consolidar rupturas mais amplas com a ordem de privilégios que permanece inalterada há mais de quinhentos anos.

25/8/2009

Estremecimentos no meio diplomático

Acho que, de tanto mexer com macumba, não sei o que é aquilo.
O africano em si tem maldição. Todo lugar que tem africano está
fodido.

George Samuel Antoine

A notícia sobre as declarações do cônsul-geral do Haiti em São Paulo me chegou primeiro pela CBN, no dia seguinte a sua participação no programa *SBT Brasil*. Fiquei impressionado com a indignação do locutor, que recomendava ao Itamaraty a expulsão de George Samuel Antoine.

Sabe aquela indignação justa diante de uma manifestação inequívoca de racismo? O locutor da CBN parecia não querer perder a oportunidade de reafirmar valores caros aos brasileiros: impossível conviver, numa sociedade como a nossa, com uma pessoa dessas — fora!

Eu estava na cozinha, preparando meu café e ouvindo rádio, e me convenci de que já havia ganhado meu dia. Na manhã seguinte, ganhei também o mês ao ler a reportagem da *Folha de S.Paulo* ("Cônsul do Haiti atribui tremor à religião africana", 16/1/2010, p. A21) sobre o mesmo episódio.*

---

* Um terremoto de magnitude 7 atingiu o país caribenho em 12 de janeiro de 2010, matando entre 100 mil e 300 mil pessoas — os números são controversos.

O repórter Vinícius Queiroz Galvão referiu-se a "um mal-estar nos meios diplomáticos", causado pelas declarações do cônsul do Haiti. Pelo verbo utilizado, foi um rápido abalo, você sabe como é. Vinícius Queiroz Galvão escreveu que as declarações "estremeceram ontem a repercussão da tragédia que deixou entre 45 mil e 50 mil mortos".

Aqui é um lugar onde vivem também *les Damnés de la terre*.* Assim, presumivelmente, a maldição está à solta, já que todo lugar em que vivem africanos (e seus descendentes, presumo) está "fodido". Mas julgo que precisaríamos distinguir entre "em todo lugar os africanos estão fodidos" de "todo lugar em que vivem africanos está fodido".

De qualquer forma, em um ou em outro caso, a causa será a mesma: mexer com macumba. O cônsul, após 35 anos de Brasil, está atualizadíssimo com a agenda interna da intolerância. Manifestações religiosas africanas, por essa visão, são a encarnação do mal. Lúcifer matou Zilda Arns etc. Com fartura de imagens de destruição, sofrimento e morte, os pastores neopentecostais e outros vão fazer uma festa por esse Brasil afora: quem mandou mexer com macumba? Largue isso, assuma Jesus e evite um grande terremoto no Brasil.

Ao resumir os dados biográficos e profissionais do cônsul, o repórter Vinícius Queiroz Galvão arriscou-se francamente a perder seu emprego. Vejamos: "Nascido em Porto Príncipe e representante branco de um país de população majoritariamente negra, Antoine é cônsul em São Paulo desde 1975, indicado durante o regime de terror do ditador haitiano Jean-Claude Duvalier, o ex-presidente e também ditador conhecido como Papa Doc". Que tal?

Arrisco dizer que o texto de Vinícius causou grande estremecimento no Itamaraty e adjacências. Esse negócio de representante branco de país majoritariamente negro é especialmente problemático. Vinícius, pelo que pude entender, rejeita ou critica o contorno aristocrático e uma concepção de Brasil desenvolvida desde tempos imemoriais na casa do barão do Rio Branco. É isso mesmo, Vinícius? Entendi também que, além da cor da pele, as raízes ditatoriais deslegitimam o mandato do cônsul Antoine — sugestão para inserção futura no Programa Nacional de Direitos Humanos (PNDH) 4.**

---

* Título do livro de Frantz Fanon publicado em 1961, traduzido no Brasil como *Os condenados da terra*.

**A terceira versão do Plano Nacional de Direitos Humanos fora decretada em 21 de dezembro de 2009.

Na linguagem utilizada pelos editoriais dos jornalões brasileiros, se diria que o texto do repórter da *Folha* recebe forte influência do discurso racializado do Movimento Negro. Os manuais de redação orientam que Vinícius deveria ter se limitado a mostrar a inadequação das declarações do cônsul, acentuando que elas comprometem a "singularidade do Brasil no horizonte cultural do planeta", ou coisa que o valha. Compreende-se, no entanto, no caso da CBN, que a sugestão de expulsão possa ser atribuída aos excessos do emocionalismo, presente ainda, infelizmente, nas transmissões radiofônicas.

O cônsul fica porque há sinais visíveis de uma boa adaptação ao país. Com excelente domínio da língua, demonstra também saber o que é certo e o que é errado para os nativos, ainda que eventualmente possa ser objeto aqui e ali de hipócrita reprovação. O repórter da *Folha* é que, ao apropriar-se de um discurso de Movimento Negro, parece querer sabotar práticas jornalísticas consagradas em nosso meio. Ninguém vai demitir esse cara?

19/1/2010

Duas histórias, faça sua escolha

No caderno dedicado a sua reforma gráfica, no último domingo (14 de março de 2010), o jornal *O Estado de S. Paulo* destinou uma página aos seus 135 anos de "história e credibilidade". Fomos assim informados de que a primeira edição do jornal, que se chamava então *A Provincia de São Paulo*, foi lançada em 4 de janeiro de 1875 e "impressa à luz de velas de sebo, numa máquina comprada de segunda mão movida pelos músculos de seis negros libertos".

Essa meia dúzia de negros anônimos teve oportunidade de utilizar bastante seus músculos para imprimir as ideias de "um grupo de republicanos", uma vez que, segundo informa a reportagem do *Estadão*, "foi necessária quase uma noite de trabalho".

Posso ainda ver, como numa pintura, o grupo de "idealistas" fumando, saboreando o bom café paulista, conversando sobre suas convicções republicanas, de que conhecemos bem o calibre, enquanto aguardam ansiosamente o resultado da agitação daqueles seis torsos negros talvez despidos à luz das velas de sebo.

A julgar pelas fotos divulgadas, no mesmo caderno, dos atuais colunistas e articulistas e de técnicos envolvidos nos bastidores com a reforma do jornal e do site, ninguém precisa mais, passados 135 anos, de velas de sebo e trabalhadores negros para botar notícia na rua. Não duvido de que até mesmo no manejo das impressoras se reproduza a quase exclusividade branca que vemos nas imagens do caderno especial de domingo último. Tudo agora muda profundamente nas mídias do *Estadão*, segundo anunciam, exceto a cor dos profissionais que lá trabalham.

Em 1876, em Recife, um grupo de libertos e livres trabalhou duro, com os músculos e com a inteligência, para botar na rua o jornal *O Homem*. Trabalhavam em benefício de ideias que nunca seriam assimiladas pelos republicanos paulistas ou de qualquer outro estado brasileiro. Amparavam-se numa brecha da Constituição de 1824, que afirmava que todo cidadão podia ser admitido nos cargos públicos "sem outra diferença, que não seja dos seus talentos, e virtudes". O título da publicação era uma radical afirmação da humanidade e dos direitos humanos dos "homens de cor" (ver Leonardo Dantas Silva, *A imprensa e a Abolição: Fac-símiles de jornais e revistas abolicionistas editados em Pernambuco*, Fundação Joaquim Nabuco; Massangana, 1988).

Demitidos de seus cargos, os "homens de cor" reagem, denunciam a violação da Constituição e apelam para a única alternativa que vislumbram possível:

> À vista de tanto atrevimento, à vista de um desafio tão provocador, o que cumpre aos homens de cor fazer? É evidente que a não quererem ser afinal reduzidos à mísera sorte dos hilotas da antiga Grécia, ou dos párias da Índia que não gozam de nenhuma consideração social; a não quererem legar a seus filhos tão mísera condição, importa que quanto antes se associem e reúnam, pois que da união resulta a força, para o fim de vingar seus direitos de homens e de cidadãos.

É essa uma pequena mostra do que perdem as faculdades de comunicação que, regra geral, continuam ignorando as contribuições da imprensa negra. Sabemos bem a quais interesses servem essas lacunas curriculares. O que se transmite (e o que se apaga ou distorce) nas faculdades é suporte para as práticas discriminatórias nas empresas jornalísticas. Entre a primeira edição de *A Provincia* e a primeira de *O Homem*, o intervalo é de cerca de um ano (13 de janeiro de 1876). De um lado, a metonímia redutora ("músculos") com que se pretende amesquinhar a participação negra na história da imprensa. Trabalhadores braçais utilizados na divulgação de ideais supostamente universais.

De outro, seres humanos lutando para que fossem respeitados seus direitos. O que fazer? Eles responderam, e sua resposta permanece válida também para os dias de hoje: se organizar e lutar, por nosso presente e nosso futuro.

19/3/2010

Tensões na grande mídia

A audiência pública no STF sobre ações afirmativas na universidade teve, como era de esperar, pouca repercussão na pauta dos grandes veículos de comunicação. Na cobertura da TV Justiça, os participantes acentuavam em suas intervenções a percepção de que vivenciavam um "momento histórico", mas a grande mídia não demonstrou o menor interesse pela história contemporânea.

Repórteres e editores da *Folha de S.Paulo* participarão na próxima semana, e durante todo o semestre letivo, da disciplina sobre jornalismo diário na Escola de Comunicação e Artes da USP: "Os estudantes vão aprender as principais técnicas para produzir reportagens investigativas sobre empresas, governos e Judiciário" (*FSP*, 6/3/2010, p. A12). Suponho que repórteres e editores da *Folha* em suas preleções didáticas não farão referência aos fatos com os quais seu veículo encontra enormes dificuldades em lidar.

A temática racial e as reivindicações do Movimento Negro desafiam as concepções de jornalismo vigentes entre nós, ainda mais quando o veículo se define como "crítico, pluralista e apartidário". Diante do distanciamento das reportagens de fatos com a importância da audiência pública do STF, esses atributos parecem um tanto fantasiosos, ou melhor, cínicos e hipócritas.

A faculdade de comunicação não poderia deixar de ouvir, por exemplo, os promotores da campanha "Afirme-se", que se esforçam ainda para pagar anúncio a favor das ações afirmativas, divulgado em alguns jornais, entre eles a *Folha*, último recurso para furar bloqueio do "pluralismo" muito peculiar, que exclui sumariamente a opinião dos negros.

Mas esta semana foi muito rica também porque permitiu que aflorassem algumas contradições e tensões. O *Jornal Nacional* resistiu o quanto pôde, mas no terceiro dia divulgou, a seu modo, as exposições da audiência do STF. A TV paga está exatamente neste momento (escrevo às 18 horas) retransmitindo o *Encontro com Hillary*, programa gravado pela GloboNews em auditório da Universidade Zumbi dos Palmares, em São Paulo, no qual a secretária de Estado dos Estados Unidos responde a perguntas de alunos e professores. O acesso é mais limitado, mas a transmissão do evento, com mediação de William Waack e Maria Beltrão, é um marco importante. No site da GloboNews está liderando "as mais vistas".

A propósito, a serenidade e a propriedade com que Hillary Clinton respondeu a perguntas sobre ações afirmativas na universidade deveriam constranger políticos brasileiros, que poderiam, à luz dos últimos acontecimentos, e numa conjuntura eleitoral, atualizar o discurso sobre o tema das desigualdades raciais.

A visita de Hillary à Universidade Zumbi dos Palmares estaria vinculada, segundo pequenas notas de alguns órgãos da imprensa, à implementação do Plano de Ação Brasil-Estados Unidos pela Eliminação do Racismo, do qual pouco se sabe.

Em 2008, Condoleezza Rice, secretária de Estado no governo Bush, veio ao Brasil para a assinatura do Plano de Ação. A reação da mídia brasileira foi violenta e despropositada. Comentei nesta seção a coluna de Luiz Garcia, de *O Globo* (14/3/2008, p. 7), que chamou o tratado de "meio tratante", uma vez que no Brasil não há racismo.

Mas nem a visita de Hillary à Universidade Zumbi dos Palmares alterou a disposição dos jornais brasileiros de manter distância da temática racial. Seria um bom momento para dar visibilidade ao Plano de Ação, esmiuçar suas reais intenções e objetivos, avaliar em que consiste exatamente sua "implementação".

Um setor do Movimento Negro teve que pagar anúncio para que se pudessem conhecer suas posições em relação às ações afirmativas; outro setor, que se articula em torno da Universidade Zumbi dos Palmares, presume-se que tenha se beneficiado de negociações com a diplomacia norte-americana e setores responsáveis pela agenda de Hillary, e pôde assim divulgar mais amplamente seus objetivos. Se é, de fato, um desdobramento do Plano de Ação pela Eliminação do Racismo, algumas resistências foram vencidas no Sistema Globo de Comunicação. O Plano já não é mais "meio tratante", é isso mesmo? Já se pode falar de racismo no Brasil?

3/6/2010

A cor sumiu

Como se trata de raridade, registramos que na segunda-feira (10/5/2010) o editorial da *Folha de S.Paulo* ("Nosso amor neandertal") fez alusão a diferenças raciais. O assunto tratado era a recente descoberta de pesquisadores alemães, que afirmaram poder concluir, com base em evidências genéticas, que, entre 80 mil e 50 mil anos atrás, o *Homo sapiens*, nossa espécie, teria cruzado com o Homem de Neandertal.

O editorial conclui afirmando que nós, humanos, somos na verdade formados por centenas ou milhares de outros cruzamentos com diferentes tipos ancestrais e que as diferenças raciais seriam apenas marcas de superfície. Sob a aparência de distintos traços fenotípicos, afirma a *Folha*, somos todos humanos.

Os termos "aparência" e "superfície", em oposição a uma essência profunda definidora da espécie, são, obviamente, de menor valor nessa hierarquização, com a qual o editorial da *Folha* chama nossa atenção para a irrelevância das distinções raciais.

Essas distinções consideradas "irrelevantes" e "superficiais" vêm sendo sistematicamente omitidas pelo noticiário da grande mídia, com raríssimas exceções. O editorialista da *Folha* talvez tenha considerado o cruzamento com neandertais, extintos há mais de 25 mil anos, uma temática esvaziada de tensões e conflitos, ao menos daqueles que envolvem a luta política pela manutenção de privilégios que caracterizam a realidade brasileira.

Influenciada por essas posições, a reportagem "PMs são presos acusados de matar mais um motoboy" (mesma edição da *Folha*, p. C1) silencia sobre a cor de Alexandre Santos, executado por quatro policiais militares na frente de sua própria casa e diante de familiares.

Na presença dos corpos negros sacrificados em todo o país, como sustentar uma argumentação que considera a cor da pele uma distinção irrelevante? Como apagar o fato de que "marcas de superfície" decidem o destino das pessoas?

No dia 24 de maio de 2009, Maxwil de Sousa dos Santos, jovem negro de 21 anos, foi assassinado por policiais militares em Brás de Pina, Rio de Janeiro. A reportagem de Ruben Berta e Taís Mendes (*O Globo*, 26/5/2009, p. 13) não fazia alusão à cor de Maxwil. O fotógrafo Ricardo Leoni, porém, registrou imagem da mãe da vítima, com foto do filho numa mão e cápsulas de balas na outra.

Cristiano de Sousa, negro, dezessete anos, interno do Educandário Santo Expedito, em Bangu, Rio de Janeiro, foi torturado e assassinado, com a participação de diretores da instituição, em 10 de novembro de 2008. A reportagem de Marcos Nunes (*O Globo*, 31/3/2010, p. 21) nada nos diz sobre a cor de Cristiano, mas o fotógrafo Fabiano Rocha registrou foto da mãe da vítima tendo nas mãos a imagem do filho.

Não sabemos até quando os fotógrafos dos grandes jornais continuarão nos informando sobre irrelevantes marcas de superfície. Há, evidentemente, uma censura que alcançou as palavras, mas ainda não cerceou de todo as imagens.

No raciocínio da *Folha*, o humano é uma essência, de aparência descartável. O problema é que o racismo considera relevante, na definição do que seja humano, exatamente os elementos da aparência. E foi com base nessas distinções de aparência que nos organizamos como Estado e como sociedade de privilégios desumanos. Silenciar sobre a aparência das vítimas é contribuir para negar o papel decisivo da cor nesses crimes de ódio que se multiplicam em todo o país.

O censo de 2010 inclui a questão sobre cor/ raça no questionário universal. A *Folha* considera essa pergunta irrelevante. O Grupo Folha é uma das grandes empresas de comunicação do país. Abra o olho.

16/5/2010

Valeu, apesar dos limites

No debate realizado ontem sobre "Democracia, raça e pobreza", parte do seminário "O Brasil que queremos ser", comemorativo dos quarenta anos da revista *Veja*, os três convidados — Patrus Ananias,* Hélio Santos** e Roberto DaMatta*** — posicionaram-se na defesa da focalização das políticas públicas, em especial da política de cotas.

DaMatta ainda esboçou críticas ao que chamou de "assistencialismo de uma política pública eleitoreira", referindo-se à exposição do ministro Patrus Ananias, mas o tempo escasso não lhe permitiu ir mais longe.

As perguntas do moderador Carlos Graieb, editor executivo da revista *Veja*, tornavam evidentes as restrições da linha editorial abertamente assumida pela publicação:

— É preciso racializar a questão da igualdade no Brasil hoje?

---

* Candidato a deputado federal (PT-MG) e ex-ministro do Desenvolvimento Social do governo Lula.
** Professor de economia da PUC-Campinas, pesquisador do Núcleo de Estudos Interdisciplinares do Negro Brasileiro da USP e coordenador do Grupo de Trabalho Interministerial para a Valorização da População Negra.
*** Antropólogo.

— Se nós seguirmos a lógica da particularização, aprofundando cada vez mais essa lógica, nós não estamos perdendo de vista o Brasil como um todo? Nós não tendemos a criar cisões?

No final, o jornalista William Waack, da Rede Globo, que conduzia o cerimonial, trouxe duas perguntas da plateia, direcionadas, no meu fraco entendimento, para reforçar o questionário de Carlos Graieb. A pergunta referente às cotas (a outra era sobre a "porta de saída" do Bolsa Família) tinha uma introdução que aludia a Barack Obama, o qual, segundo o ilustre indagador (adjetivo que emprego desnecessariamente, porque a plateia do seminário era constituída exclusivamente pelos mais ilustres cidadãos brasileiros; acho que Hélio Santos era o único negro...), fez sua carreira política evitando ser tratado como negro. A pergunta final, enunciada por Waack, indagava (coerente com sua introdução, que sugere que se contenha e se reprima a identidade étnico-racial) se não seria melhor adotar cotas sociais em vez de raciais.

Quero destacar aqui que não se pronunciou, em nenhum momento, a palavra "racismo". Ainda que, entre nós, ele seja quase uma carícia ("sutil", "delicado", "velado", segundo os estudiosos da temática alienígena), o ambiente, onde predominava o verde e amarelo da Semana da Pátria, em absoluto comportava importações indevidas.

De qualquer modo, considero a introdução na festa da revista *Veja* do tema "raça", entre outros temas considerados "fundamentais para o nosso futuro", uma vitória do ativismo. A revista já deu provas sobejas de resistência e oposição antiética. Embora reduzido praticamente às cotas, os poucos minutos de exposição do tema permitiram desnudar a fragilidade dos adversários. Era visível o constrangimento de Graieb.

7/10/2014

Opor-se à "vontade de atropelar"

A jornalista Luisa Leite colheu depoimento de estudante negra, do Capão Redondo, periferia de São Paulo, que relatou seus esforços para ingressar e se manter na Politécnica da USP. "Cara de Politécnica" é título de reportagem da *Folha de S.Paulo* publicada na semana passada (2/2/2017).

O testemunho de Larissa Mendes, estudante do primeiro ano de engenharia civil, é, em primeiro lugar, uma rara oportunidade para o jornalismo que se faz no Brasil tomar contato com um conjunto de experiências e vivências que ignora ou finge ignorar. Através dessas pequenas brechas, um mundo pouco conhecido, o que é extremamente sintomático, emerge.

No entanto, reportagens sobre iniciativa negra bem-sucedida em universidade que não aceita cotas para negros* e veiculada por jornais que estiveram sempre na linha de frente do combate contra as cotas são, obviamente, para serem recebidas com alguma cautela, porque o pano de fundo é a exaltação do mérito individual e a negação de políticas públicas de inclusão.

Podemos imaginar a carga imensa de esforços desenvolvidos pela estudante e por familiares, e seu depoimento mostra como o resultado do vestibu-

---

* Em julho de 2017, a universidade aprovou a adoção gradual de cotas sociais para estudantes negros e indígenas.

lar não ofereceu solução imediata para problemas concretos de sobrevivência nem alterou nada na ideologia que os inferioriza.

Mas todos nós conhecemos como uma realidade adversa se impõe de modo a minar resistências. Por isso devemos louvar os desempenhos de Larissa Mendes e de outros estudantes, os quais, embora conscientes das dificuldades à sua volta, não abriram mão de sonhos e aspirações.

Numa narrativa sucinta, Larissa detalha com precisão cada estágio de um processo pelo qual os negros são expulsos de determinadas carreiras de prestígio e as pretensões universais das "bolhas" criadas pelos privilégios do segmento branco.

"Pensei muito em desistir", durante o pré-vestibular, e "penso em desistir quase todo dia", cursando a faculdade. As barreiras, os medos, as inseguranças, a terapia. Mas Larissa está na luta, tem esperanças, convicções e ambições. O subtítulo da reportagem diz que ela "superou" o preconceito, mas seu depoimento mostra sua briga cotidiana contra o racismo, a opressão racial e o sexismo.

Larissa já ouviu um monte, vocês sabem. Uma frase ouvida por Larissa, de imediato, inspira medo e fica martelando com insistência em nossa cabeça, após a leitura da reportagem: "Toda vez que vejo esses pretos com dread [dreadlocks], tenho vontade de atropelar". Como Larissa conseguirá desviar de si essa hostilidade e adotar uma postura de aluna concentrada, exclusivamente, em conteúdos escolares?

Da resistência dela e de seus contemporâneos, acadêmicos ou não, dependerá, não duvidemos, a viabilidade de nosso futuro.

Essa "vontade de atropelar" é uma das reações mais espontâneas do racismo brasileiro, dito cordial. Os negros, por serem negros, são vítimas sempre dessa "vontade de atropelar". O "imaginário etnocida" aí se manifesta em sua plenitude e devemos buscar prevenir, por todos os meios, suas consequências práticas.

Mas corremos sempre o risco de ser eliminados. O agressor está ao volante, não se esqueça disso. Relações sociais são relações de força, e ele está motorizado e você é o pedestre inoportuno. Seria uma grande ilusão, desmentida todos os dias, imaginar que a vitória é certa. Não é.

2/6/2017

Silêncio assombroso

Dentro de nosso contexto, não seria necessário escrever aqui sobre o fato de que as redes de TV não são as instituições mais adequadas para falar bem de uma percepção que não distinga as cores das pessoas.

No entanto, mal disfarçando o constrangimento de abordar conteúdo recalcado com rigor, o *Jornal Nacional* da Rede Globo exibiu na noite de sexta-feira, 3 de março de 2017, reportagem de Alan Severiano, direto dos Estados Unidos, com o tema "No olhar de uma criança, um mundo sem distinção de cor".

Tratava-se de registrar mais uma história de sucesso na internet, com uma infinidade de acessos: o relato de uma mãe norte-americana, branca, surpreendida com a atitude do filho (Jax), que queria cortar o cabelo bem baixinho para ficar parecido com seu amigo negro (Reddy).

"A ideia de Jax era fazer uma brincadeira com a professora. Ele ficaria tão parecido com o amigo que ela não saberia diferenciar um do outro." A mãe "disse que era uma prova de que o ódio e o preconceito são coisas ensinadas".

Embora as imagens do "mundo visto na TV", com sua força e seu prestígio, sejam incompatíveis com as percepções de Jax e de Reddy, os apresentadores do jornal, William Bonner e Renata Vasconcellos, sorriem enternecidos diante da manifestação infantil de uma igualdade radical.

"Dos Estados Unidos chega a história de dois amigos. Dois meninos que alegraram o dia de milhões de pessoas no mundo todo."

Enquanto o mundo transborda de ódio e intolerância, somos contemplados com a imagem de duas crianças, uma negra e a outra branca, se abraçando e sorrindo felizes. Subitamente, feito mágica, critérios rigorosos de percepção, normas e valores tradicionais cedem espaço na socialização, e os indivíduos, livres de toda pressão, confraternizam. Temos somente a surpresa manifesta da mãe branca; a reportagem não faz referência à mãe negra.

Seguem-se depoimentos de pais de crianças, inclusive o de uma brasileira que vive em Nova York, e todos tecem elogios à convivência em escolas integradas. Numa escola infantil, que utiliza "livros que valorizam a diversidade", a diretora "diz que as crianças são curiosas para entender o motivo das diferenças, mas que elas não nascem com o desejo de discriminar os outros".

O tom predominante na reportagem é de grande entusiasmo e deslumbramento pela manifestação do que não é exatamente novo, a saber, a constatação de que o preconceito e seus efeitos são aprendidos em diferentes processos de educação, dentro e fora da escola.

A matéria do *JN* foi ambientada exclusivamente nos Estados Unidos e não provocou nenhuma consideração relacionada à realidade brasileira. Repórter e apresentadores pareciam divertir-se com um jogo gratuito, de grande abstração, sem aplicação prática em nossa realidade imediata, incluindo aí a programação e os funcionários das redes de TV.

A disposição predominante nos meios de comunicação é sempre tratar os temas relacionados ao racismo e à discriminação racial como temas estranhos à nossa realidade de convivência, definida a priori como harmoniosa e fraterna.

Não existe, portanto, uma dimensão da reportagem que aborde "o caso brasileiro". A ideia de um mundo sem distinção de cor está sendo utilizada em proveito de seu contrário. Você quase não vê pessoas negras na programação? É porque não distinguimos as cores das pessoas, que são contratadas exclusivamente por seus méritos.

E fica lá a lacuna na reportagem que não traz nem uma remota invocação da realidade brasileira e silencia sobre os avanços obtidos em nossas escolas com as tentativas de implementação da lei nº 10 639, agora também sob ameaça do projeto "Escola sem Partido", na pauta do Congresso com chances reais de aprovação.

4/7/2017

A marca indelével

A subordinação de africanos e seus descendentes durante o longo período de escravização foi tensionada por atos cotidianos, individuais e coletivos, de resistência e enfrentamento. No Brasil, precisamos repetir isso a todo momento. Está sempre à espreita uma generalização, feita com base em estereótipos, que nos atribui comportamentos legitimadores da dominação.

Lula foi condenado pelo juiz Sergio Moro. O que se seguiu ao anúncio da condenação não foi um levante popular de grandes proporções, varrendo tudo pela frente? O jornalista Mino Carta se apressa a explicar as razões do que entende ser uma grave manifestação de apatia e alheamento popular:

"E casa-grande e senzala continuam de pé, donde a facilidade de entender por que a maioria de um povo que ainda traz nos lombos a marca da chibata não lota ruas e praças e põe a tremer o solo pisado e o coração dos senhores."

Não há preocupações maiores com o nível real de mobilização política do PT hoje na sociedade brasileira. Isso parece não ter nenhuma relevância. A explicação "fácil", porque sugere um aparente vínculo causal, de natureza "histórica", é a "marca no lombo".

A gravura de Debret na capa da revista *CartaCapital* (edição especial, ano XXIII, n. 961, 19/7/2017) fortalece o argumento da continuidade histórica, e a subordinação de negros passivos e serviçais é uma representação paradigmática, a partir da qual toda abstenção política encontrará justificativa.

No início do PCB, é comum encontrarmos opiniões de dirigentes comunistas brasileiros a respeito dos efeitos do "cativeiro prolongado" na população negra, que lhe embotava "o senso moral e social". Elas são muito semelhantes às reiteradas alusões contemporâneas feitas por Mino Carta e outros jornalistas. Vejam exemplos em *A derrota da dialética*, livro de Leandro Konder (Campus, 1988, pp. 137; 151). A coisa é velha, portanto.

Sempre que há negros no pedaço, a tendência é explicar tudo a partir do passado. Somos seres singulares e constituímos uma área de grande autonomia, por isso conjunturas e razões econômicas e sociais contemporâneas não nos podem alcançar. Mudanças estruturais, abalos na geopolítica global, nada nos afeta. Seremos sempre explicados pela marca da chibata no lombo.

"Os estragos deixados pela escravidão na consciência das massas" segue sendo, portanto, o eixo central de um diagnóstico que sempre traz algum consolo à incompetência das esquerdas no Brasil. A chibata no lombo de quase animais estabelece a impossibilidade de uma reação eficaz, em que pesem os esforços da liderança iluminada.

O desdém quase aristocrático de descendentes de imigrantes, impregnado de preconceitos, nunca pôde construir um modo de percepção que valorizasse, por exemplo, o mar de rostos negros que encontro, neste momento, na batalha das ruas de Salvador, numa conjuntura de desemprego, fome e extrema violência.

Há ansiedade e desespero, os nervos estão à flor da pele, os ambulantes se atropelam. Há combatividade e resistência e é tudo que lhes resta para enfrentar a situação. Na real, não temos jornalismo no Brasil que se disponha a abandonar generalizações e se volte para recolher testemunhos e vivências do povo negro.

17/7/2017

Um artigo, uma esperança

Li e recomendo o bom artigo da jornalista Bruna Ribeiro em *O Estado de S. Paulo* (8/12/2017). Acho importante atentarmos para a superação de limites no entendimento da realidade da expressão "genocídio negro", que finalmente vai ganhando circulação fora do meio de ativistas de movimentos negros.

Uma atualização da linguagem jornalística que, a se confirmar, tem evidentemente implicações profundas. A ética da representação jornalística estaria sofrendo abalos entre nós, no que diz respeito às reais condições de vida da população negra?

Falo ética porque não se tratava evidentemente de uma questão de ignorância, pura e simplesmente. Todos sabiam o que faziam, o que escondiam e escondem no noticiário. O silêncio dos meios de comunicação sempre funcionou como uma autorização de prestígio — não tem inocente nessa história de barbárie.

O título do artigo de Bruna Ribeiro é "O impacto do racismo institucional na vida de crianças e jovens negros", e ele vem encimado pela rubrica "genocídio negro", uma indicação pertinente que foge à abordagem enviesada tradicional em nossas mídias.

O bicho está pegando, penso logo que boto o olho no artigo, que foi escrito em condições tais que permitiram mobilizar um conhecimento da realidade social e econômica dessa população que é normalmente desprezado pelos jornais.

Uma tarefa nada fácil, como se fôssemos restituir uma cor a cadáveres ao longo de décadas passadas, exumando os corpos dos arquivos dos próprios jornais. Uma espécie de iluminação retrospectiva. A realidade macabra criada por uma negação sistemática — o negacionismo, que colocou os assassinos sempre em um lugar de prestígio e ocultou as vítimas.

Seria bom que o artigo de Bruna Ribeiro sinalizasse uma ruptura com esse quadro. No momento em que brotam nas ruas sementes do autoritarismo e do fascismo, seu artigo é um sinal da resistência possível à lógica do aniquilamento em que submergem jornais e jornalistas.

12/11/2017

O que me intriga…

Quando nos debruçamos sobre a realidade contemporânea no que diz respeito à denúncia de casos de discriminação racial e racismo, nos deparamos, às vezes, com fatos aparentemente desconexos. Pode ilustrar isso o comunicado da Rede Globo divulgado ontem (22/12/2017), assinado por seu diretor de jornalismo, Ali Kamel, e pelo jornalista William Waack.*

Ambos reiteram seu repúdio ao racismo, apresentado como um "sentimento abjeto". Waack desculpa-se por eventuais ofensas, é elogiado pelos serviços prestados à empresa, e o caminho escolhido consensualmente pelas partes foi o encerramento do contrato de trabalho.

O que nos diz de fato o comunicado? O que levou ao rompimento do contrato entre o profissional reputado como de primeira linha, avesso ao racismo, e a empresa que se define visceralmente antirracista?

Ao formalizarem o rompimento, acentuaram que partilham na essência os mesmos valores. A negação do racismo se faz costumeiramente entre nós por meio de autodeclarações enfáticas e dissociadas da "prática" de atos concretos.

---

* Durante uma transmissão ao vivo sobre as eleições presidenciais norte-americanas, sem saber que podia ser ouvido, o jornalista fez um comentário racista sobre os eleitores da democrata Hillary Clinton.

Os parceiros ficaram nesse nível de generalidades e não dedicaram mais que uma vaga alusão ao episódio de bastidor, um comentário racista, que teria gerado, quando divulgado com atraso, a pressão das redes sociais.

É certo que mais detalhes, mais minúcias sobre o episódio fortaleceriam sua verossimilhança. Parece que quanto mais distância do fato concreto, melhor para as partes. Há alusão a uma vaga ofensa no comunicado, pedem-se desculpas, mas quem são os ofendidos?

A atribuição de negatividades e limites às pessoas negras, como dimensão de sua constituição genética, atinge a todos e as pessoas atingidas têm o direito de processar o agressor e de não ficarem satisfeitas nem com sua demissão nem com o jogo sutil da empresa de afirmar ser o antirracismo parte de suas "vísceras".

A meu ver, para desestimular o uso de instrumentos coletivos de defesa de direitos, o comunicado de ontem e a nota anterior enfatizam os "valores" e "os princípios". Embora um fato tenha motivado a demissão do jornalista, o fato importa pouco.

Não se pode, contudo, negar a evidência do desligamento súbito de um jornalista que supúnhamos surfando na crista da onda conservadora mais alta. Conhecemos realmente todos os fatos que envolvem esse episódio? A principal razão do desligamento foi realmente o vídeo só agora exumado?

No admirável mundo novo em que vivemos, a revista *Veja* é a favor das cotas, o *Estadão* faz circular, em coluna de jornalista especializada em direito internacional, a expressão "genocídio negro" do modo que o movimento social gostaria que fosse usada, e a Rede Globo declara-se visceralmente antirracista, seja lá o que isso signifique de fato.

Há profunda contradição entre a ausência ou sub-representação de grupos humanos inferiorizados pelo racismo na programação da emissora e a sistemática negação de que tal realidade seja decorrência natural de hierarquizações racistas.

Essa ausência ou sub-representação são fundamentais para compreendermos o alto nível de abstração de declarações de tipos como Kamel e Waack. Suas afirmações grandiloquentes não incluem, portanto, a realidade concreta da programação. Não só: sinto que algo nos escapa aí. Mas no admirável mundo novo não temos o direito de supor nada e alguns funcionários negros têm

328

motivos pessoais para legitimarem essas abstrações. E fizeram também seu trabalho com eficiência.

23/12/2017

5.

IMAGINÁRIO

O verão da C&A

O governo racista da África do Sul sempre soube utilizar com eficiência os anúncios da propaganda turística para veicular os valores e os objetivos da política do apartheid. Esses anúncios ocuparam grandes espaços na imprensa brasileira, até que os protestos do Movimento Negro conseguiram que muitas publicações, como *Veja* e *IstoÉ*, deixassem de veicular os coloridos apelos de Pretória.

Isso não significa que tenhamos ficado livres da propaganda sul-africana (emissões de rádio, jornais e revistas, slides e filmes fazem circular intensa e livremente entre nós a mensagem do apartheid), tampouco do racismo de nossos meios de comunicação.

Jornais, revistas, TVs cumprem o importante papel de apoiar e reforçar a discriminação e o racismo que caracterizam a sociedade brasileira, só que a propaganda é eficiente e atinge seus objetivos na medida em que consegue dissimular a mensagem racista que veicula.

De vez em quando, rompe-se o véu da dissimulação e a mensagem surge crua, chocante, gerando protestos. Assim ocorreu no ano passado com o anúncio produzido pela CBBA-Propeg (ver *IstoÉ*, 7/5/1986). O anúncio ("Defeito de fabricação") afirmava sem disfarces que há pessoas (negras, como mostrava a foto) que já nascem marginais. E que por isso não deveriam nascer. Para impedir que se manifestasse uma programação genética com tendências à marginalidade e ao crime, as pessoas deveriam procurar os cuidados do Centro de Pesquisa e Assistência em Reprodução Humana, uma clínica baiana e racista para controle da natalidade.

Na maioria dos casos, porém, a coisa é mais sutil. Vamos examinar um anúncio da C&A ("Vestidos — Abuse/ Use"), veiculado no suplemento Domingo do *Jornal do Brasil* de 18 de janeiro deste ano (ver foto).

No anúncio, moças brancas exibem a moda jovem de verão diante de um carrinho de sorvetes e picolés e de seu vendedor, um jovem negro (também vestido pela C&A). As moças brincam felizes, formando um grupo homogêneo — na altura, na arrumação dos cabelos, nos gestos de alegria. As moças se tocam, se olham, curtem a moda, a estação, o seu grupo. A felicidade aí tem origem em duas identidades: uma, com o clima, a estação, através da moda verão; outra, com o grupo. Reconhecem-se no grupo, identificam-se.

O jovem vendedor negro, inclinado sobre o carrinho de sorvete, também está feliz. Sua felicidade é, porém, de natureza bem diversa daquela que envolve o grupo de moças. O vendedor está feliz porque *serve*. Sua roupa está identificada com o seu serviço. Verão, para o jovem negro, não é lazer, mas trabalho. Paralelamente à harmonia do grupo branco, coloca-se a harmonia do negro e seu trabalho. As moças brancas *humanizam-se* no prazer, na gratificação lúdica, no reconhecimento de cada uma no grupo. O jovem negro *coisifica-se*, preso à sua função, agarrado ao carrinho de sorvetes. Sua felicidade está relacionada à sua capacidade de servir o grupo branco.

Assim, ou colocando-se a serviço da esterilização da mulher negra, propondo medidas de controle da natalidade com base na teoria racista do "crime congênito", ou fazendo circular velhas imagens do negro cuja felicidade é estar servindo os brancos, os anúncios da imprensa brasileira cumprem com eficiência seu papel de veicular os preconceitos e os interesses dos grupos brancos dominantes.

1987

Racismo e educação

Destruído o velho mito da democracia racial, tudo leva a crer que os esforços antirracistas detectaram na escola brasileira o principal foco irradiador de discriminação. Segundo recente reportagem da revista *Veja* (n. 950, 19/11/1986), "a ideia é de que nos próximos anos todo livro didático e material de leitura adicional que minimizem a atuação do negro na sociedade e na história do país sejam retirados de circulação na rede pública de escolas estaduais e municipais".

Outros propõem ainda, para a valorização da história e do patrimônio cultural dos afro-brasileiros, a inclusão obrigatória das disciplinas "História da África" e "Cultura Afro-Brasileira" nos currículos de primeiro, segundo e terceiro graus.

A limpeza das impurezas racistas que mancham os currículos e a inclusão de novas disciplinas são as duas principais reivindicações de setores do Movimento Negro, endossadas pressurosamente por ministros, secretarias, assessores governamentais etc.

As mudanças que se anunciam para combater o racismo de nossas escolas, ao que parece, seriam formalizadas durante as comemorações do Centenário da Abolição da Escravatura, em 1988: a princesa Isabel ataca outra vez, com a mesma inocuidade.

Reivindicações legítimas, como as citadas, vão sendo progressivamente neutralizadas, à medida que se incorporam ao discurso oficial desvinculadas naturalmente de reivindicações mais amplas, mesmo no âmbito da educação. Transformam-se em puro verniz, de brilho ardiloso. E sopra-se o pó dos móveis, que são ótimos. Vamos terminar acreditando que, exceto uma ou outra mancha curricular, uma ou outra página de discriminação espúria, tudo vai bem com a escola brasileira.

GARANTIR O ACESSO DO NEGRO À ESCOLA — MAS QUE ESCOLA?

O sistema escolar brasileiro ignora a multiplicidade de etnias que habita o país. Não apenas os manuais de história, mas todos os conhecimentos, todas as práticas educativas são transmitidas e efetivadas a partir de uma visão etnocêntrica. A escola brasileira é branca não porque a maioria dos negros está fora dela. É branca porque *existe* a partir de um ponto de vista branco. Que interesse têm os negros nessa escola? Aos conhecidos índices socioeconômicos deve-se acrescentar, na justificação da evasão escolar no Brasil, a violência com que se agride a dimensão étnica dos alunos negros. Estes, se querem permanecer na escola branca, têm que afastar de si marcas culturais e históricas — incluindo os traços da aparência física.

Não se trata, portanto, nem de uma escola para cada segmento étnico do país (segregação), nem de reformas curriculares de verniz demagógico, mas da elaboração de um ponto de vista que considere a multiplicidade étnica do país. O acesso do negro ao sistema escolar deve impulsionar a criação de uma *outra* escola.

UMA OUTRA ESCOLA DE UM OUTRO PAÍS

Por que a escola discrimina o negro? (Não vale responder que a escola discrimina porque é racista, ou seja, é racista porque é racista.) Como a escola pode apresentar uma visão favorável de um grupo oprimido sem que, na realidade, se alterem relações objetivas de dominação? Essas são algumas questões fundamentais, geralmente ausentes dos debates sobre educação e racismo.

A mesma matéria de *Veja* citada reproduz declaração de uma coordenadora de pesquisa do Departamento Intersindical de Estatísticas e Estudos Socioeconômicos (Dieese) sobre as dificuldades do negro no mercado de trabalho: "Quanto mais instruído o negro, maiores são as dificuldades de se empregar, e a eles são oferecidos em geral trabalhos que não exigem qualificação". E agora, como ficamos? Paradoxalmente, quanto mais escolaridade, menos empregos. Então, para o negro, o melhor é não frequentar escolas?

O racismo de nossas escolas tem, portanto, relação íntima com o racismo do mercado de trabalho, com o racismo dos meios de comunicação de massa, com o racismo de nosso sistema político-partidário, com o racismo do aparato policial etc. Uma resposta efetiva à questão racial brasileira implica, pela sua essencialidade, um deslocamento radical de relações e interesses. Combater o racismo nas escolas significa empenhar-se na construção de uma outra escola, de um outro país.

1987

Resenha: Uma narrativa portuguesa

Teve lançamento ruidoso este ano em Brasília uma narrativa que se pretende africana mas que, no fundo, é uma aventura portuguesa na Guiné-Bissau — com certeza. O autor, João Ferreira, disfarça-se, através de uma inverossímil e insustentável narração em primeira pessoa, em militante guineense em luta pela libertação nacional, e supõe ficar, assim disfarçado, muito à vontade e protegido para veicular os preconceitos caros à ideologia colonialista e racista.

Impossível citar aqui todas as aberrações que João Ferreira (português, professor da UnB) colocou na boca do fantasioso libertário guineense. Um exemplo: "O homem manjaco, na linha da tradição negra, não é muito propenso à contemplação [...]. Por esse motivo não tinha no sangue propensão para meditar. Olhava o meu canhuto de barro. Olhava as duas galinhas do mato que levaria para casa" (*Uaná: Narrativa africana*, Global; INL; Fundação Nacional Pró-Memória-Minc, 1986, p. 37). Quem tem propensão sanguínea para a meditação, para o pensamento abstrato? O branco, suponho. Para meditar, para civilizar, para colonizar.

E mais: a religião dos "silvícolas" é "feiticismo" (p. 16) ou "superstições animistas" (pp. 57, 97 e muitas outras). Uaná aprende com um mentor branco (o "papai branco") as glórias da civilização, libertando-se de tudo que se relaciona com sua origem africana. Aprende que é indispensável a presença branca na

338

África porque "na minha opinião, o branco deveria ser considerado elemento de equilíbrio no meio das rivalidades tribais" (p. 87). Quando a criação revolucionária de João Ferreira está sendo interrogada pela repressão portuguesa, repete bonitinho as lições de seu "papai branco": "Não obstante ser nacionalista, partidário da independência dos povos da Guiné, quero deixar bem claro que sou contra a subversão. Respeito, além de tudo, as instituições, a autoridade e as culturas do Ocidente" (p. 136). É dose.

O Ministério da Cultura, um dos coeditores da obra, e que diz ter uma assessoria para assuntos afro-brasileiros, deveria cuidar melhor onde põe os pés e a pouca grana que diz ter. Senão, vai dar nisso aí: velharias racistas e colonialistas travestidas de aventura revolucionária. Uma lástima.

1987

A democracia racial virou apartheid social

Vai-se disseminando entre nós, com impressionante rapidez, o conceito esdrúxulo de "apartheid social". Sua circulação esteve, de início, restrita aos artigos de jornal e às entrevistas de ocasião. Agora chega, promovido por importantes universidades brasileiras, a ser tema de uma conferência nacional. Nada mais, nada menos, para que não pairem dúvidas sobre o momento glorioso de penetração do prestigioso conceito no mundo acadêmico, que uma CONFERÊNCIA NACIONAL SOBRE PROJETOS ESTRATÉGICOS ALTERNATIVOS PARA O BRASIL. Está assim mesmo, em maiúsculas imponentes, no programa distribuído pela Universidade de Brasília para apresentar a conferência que se realizará em outubro próximo.

O cientista político Francisco Weffort esteve na África do Sul, onde participou de um seminário sobre democratização. De volta do seminário, publicou um pequeno artigo no *Jornal da Tarde* (2/8/1993), comparando África do Sul e Brasil.

O texto representa bem, por um lado, a situação embaraçosa, para dizer o mínimo de um profundo dilema moral, em que se debate a esquerda brasileira quando não pode evitar encarar as desigualdades raciais. Por outro lado, o artigo de Weffort é a melhor expressão das razões profundas que explicam a rápida disseminação entre nós do conceito de "apartheid social".

A aproximação entre as realidades sul-africana e brasileira foi sugerida a Weffort por um cientista político norte-americano, portanto uma visão de fora.

Alguém que pôde fazê-lo com a espontaneidade e a singeleza de quem comenta e aproxima paisagens naturais. O nosso cientista político, contudo, hesitou. Sua hesitação está bem assinalada na pergunta: "Pode-se comparar a África do Sul ao Brasil?". Antes de decidir-se, porém, manifesta seu descontentamento: "Há algo que nos desagrada profundamente em sociedades que se organizam a partir de separações raciais".

Mas vamos à comparação. De um lado, a África do Sul, uma sociedade organizada a partir das separações raciais. De outro lado o Brasil, uma sociedade com muitos defeitos em sua formação histórica e cultural, uma sociedade hierárquica e autoritária, mas que, desde a Abolição e a Primeira República, buscou se organizar segundo princípios de igualdade no tratamento das pessoas, quaisquer que sejam suas origens, preferências religiosas ou cor da pele. Weffort diz ainda que os brasileiros são incapazes de aceitar a ideia de que diferenças de raça ou de religião possam gerar desigualdades.

Embora seja surpreendente a quantidade de termos e expressões da mais absoluta subjetividade ("desagrada", "defeito", "incapaz de suportar a ideia"), surpreendente no texto de um cientista político que faz questão de alardear essa condição, sua e de seus pares, Weffort afirma ser um fato, tanto de natureza moral como histórico-social, que os brasileiros repudiam a discriminação racial, entre outras. É importante assinalarmos nossa estranheza diante do seguinte: o fato (este, sim, um fato) de haver mais estudantes negros em universidades públicas sul-africanas do que em universidades públicas brasileiras não terá nenhuma relevância na conclusão do professor Weffort?

Ao mesmo tempo, portanto, somos capazes de extremos de desigualdades econômicas e sociais, mas incapazes de discriminação racial.

O que se nega aqui, juntamente com a existência do racismo no Brasil, é o conceito de raça como categoria social. Weffort nega qualquer objetividade histórica, qualquer suporte material às desigualdades raciais. É nesse momento da argumentação que irrompe no texto o conceito de apartheid social.

Em 13 de maio de 1988, o *Jornal do Brasil*, referindo-se ao Centenário da Abolição, afirmava em editorial que "a percepção, cada vez mais difundida, de que a democracia racial, como propalada pelas versões oficiais e oficialescas, não coincide com a realidade do país é um saldo auspicioso das comemorações do Centenário da Abolição". Em tempo: não foi, evidentemente, um saldo das comemorações, mas sim das anticomemorações conduzidas pelos movimentos negros mais consequentes que, fugindo da cooptação dos salões governamentais, queimaram nas ruas e nas consciências o boneco da princesa Isabel, a regente do mito.

Mas, quem diria, o mito renasce nos arraiais da esquerda substituindo a "democracia racial" pelo "apartheid social". Nesta expressão, o adjetivo "social" não foi escolhido para completar nosso conhecimento da realidade indicada pelo substantivo. Suas intenções argumentativas são claramente de negar uma dimensão (a racial) constitutiva do conceito. Estamos jogando fora, mais uma vez, a oportunidade de mergulhar fundo na dilacerada realidade racial brasileira.

Ao menos os dados colhidos pelo IBGE, as pesquisas de emprego realizadas em São Paulo pelo convênio Seade/ Dieese, entre outras, deveriam ser evidências de que a população negra tem uma relação específica com a ordem política e econômica criada pelo capitalismo no Brasil.

Os negros não são discriminados porque são pobres. Os negros são pobres porque são negros. A condição racial é determinante na sua exclusão, não apenas das estruturas de poder e riqueza, mas antes na sua exclusão do universo que se compreende por humano. O racismo, que atrofia e amputa no Brasil a humanidade de 90 milhões de pessoas negras, não poderá jamais ser dimensionado em sua grandeza trágica pelo instrumental simplificador de uma ciência política conciliadora.

1/11/1993

Crespos são lindos

Veja, veja os cabelos dela.
Parece bombril de arear panela
Quando ela passa, me
Chama atenção
Mas os seus cabelos
Não tem jeito não

Eu já mandei ela se lavar
Mas ela teimou e não
Quis me escutar.
Essa negra fede, fede de lascar.
Bicha fedorenta, fede mais
Que um gambá

Essa é a letra da música "Veja os cabelos dela", de Tiririca, um sucesso nacional com presença obrigatória no *Domingão do Faustão*, no programa da Hebe Camargo e em todas as emissoras de rádio do país.

A música que acompanha a letra abjeta é um arremedo de produções afro-baianas, que nas últimas duas décadas têm difundido amplamente os valores da cultura e da estética negra.

A associação de traços de aparência física a valores negativos e a animalização têm um único objetivo: negar a humanidade da mulher negra. A mensagem racista de Tiririca circula impunemente porque seu conteúdo desumanizador integra os núcleos essenciais da cultura brasileira.

O presidente da República, discursando na abertura do seminário internacional sobre políticas de combate ao racismo e às desigualdades raciais, realizado esta semana em Brasília, fez referência a circunstâncias de sua biografia para lembrar o tempo em que falar do racismo brasileiro era, na visão das autoridades de governo, atentar contra os interesses nacionais.

Democracia racial, racismo cordial, racismo sutil, apartheid social, são algumas das representações conceituais de um pensamento que se contorceu ao extremo para negar as evidências do cristal. Tudo sempre muito límpido, muito claro, muito nítido como na letra de Tiririca.

Mas, além da propaganda racista, aberta e impune, há outras coisas rolando no ainda Reino da Dinamarca.

"Crespos são lindos" é o título de uma reportagem da revista *Cabelos & Cia*, que traz na capa a atriz Isabel Fillardis ("as tranças que seduzem o Brasil"). Os salões de beleza afro se disseminaram no país, substituindo os espaços em que se alisavam cabelos a ferro quente.

Negros têm filhos negros e introduzem alterações fundamentais no nosso vocabulário onomástico: Dandara, Akotirene, Omowalê, Inaê e Tana.

Os estudantes negros se reúnem e trocam experiências. As comunidades negras rurais se encontram e reivindicam a propriedade de suas terras. Sindicalistas negros realizam encontros nacionais e exigem igualdade de oportunidade, de emprego e de salário. Os educadores negros criticam os novos padrões curriculares, não tão novos assim. Surgem pequenas editoras (vejam o exemplo da Mazza Edições, de Belo Horizonte) e de seus catálogos desponta uma geração de intelectuais e pesquisadores.

A Marcha Zumbi dos Palmares, que reuniu 30 mil pessoas na Esplanada dos Ministérios, no memorável 20 de novembro de 1995, com sua pressão sobre a representação do Estado, trouxe definitivamente a questão racial para o campo da política. Os negros querem ter acesso aos processos decisórios.

Fernando Henrique Cardoso, é forçoso reconhecer isso, mostra-se aberto, como nenhum outro presidente da República, a discutir com entidades do Movimento Negro uma linha de ação para o governo no campo das desigualdades raciais. Experientes lideranças de movimento se entreolham, desconfiadas. Mas o diálogo entre as entidades e o Estado se inicia e a perspectiva não parece ser a da cooptação vulgar.

No horizonte o que se delineia, a partir da mobilização negra e do fortalecimento de suas entidades representativas, são os contornos de uma sociedade multirracial verdadeiramente democrática.

Antes que eu me esqueça: as entidades do Movimento Negro vão processar Tiririca e sua gravadora.*

7/7/1996

---

* Em 1998, a Sony Music e Tiririca foram absolvidos pela primeira instância do Judiciário fluminense. Houve diversos recursos. Treze anos depois, a gravadora foi condenada em segunda instância pela Justiça do Rio a pagar 1,2 milhão de reais de indenização por danos morais coletivos causados pela música de Tiririca. A ação foi movida pelas ONGs Centro de Articulação das Populações Marginalizadas (Ceap), Instituto de Pesquisa das Culturas Negras (IPCN), Grupo de União e Consciência Negra (Grucon), Instituto Palmares de Direitos Humanos (IPDH) e Criola, entre outras entidades da sociedade civil.

Legislação só não basta

> *O Poder Judiciário tem o dever de tutelar os direitos ameaçados e lesados e pode — e deve —, quando necessário, impor restrições à liberdade de expressão, sem que isso constitua violação à democracia ou ao Estado de Direito.*
>
> Desembargador José Eugênio Tedesco, presidente da 3ª Câmara Criminal Porto Alegre (RS)

Em novembro do ano passado, em Porto Alegre, o editor Siegfried Ellwanger Castan, da Editora Revisão, foi condenado por unanimidade pelos desembargadores da 3ª Câmara Criminal do Tribunal de Justiça do Estado. Seu crime foi o de incitar e induzir à discriminação racial, através do conteúdo racista das obras publicadas pela sua editora.

A acusação tinha como base a lei nº 8081, de 1990, e o desembargador José Eugênio Tedesco, presidente da 3ª Câmara Criminal, afirmou em sua decisão que "do exame das obras, sem dúvida, se extrai a intenção única de execração de uma raça, ao usar atributos pejorativos, juízos e não fatos para difamar o homem e a raça judaica" (*Zero Hora*, 1/11/1996, p. 37).

Em Porto Alegre, não houve dúvidas no reconhecimento de que "o limite da liberdade de expressão é a dignidade do ser humano". Pelas mesmas razões, em agosto do ano passado, a Philco teve que refazer o comercial com que anunciava as virtudes de seu novo videocassete, por pressão, entre outros, do cardeal-arcebispo de São Paulo dom Paulo Evaristo Arns e do Grupo Tortura Nunca Mais. No anúncio rapidamente substituído, um extraterrestre era torturado para confessar aos concorrentes a origem das inovações extraordinárias do novo produto.

No caso Tiririca/ Sony, diante da evidência da propaganda racista, setores importantes da mídia se dedicaram intensamente a: 1) desqualificar o Movimento Negro; 2) vitimizar o cantor e compositor Tiririca; e 3) desviar a discussão do racismo para o campo da liberdade de expressão, acusando o Movimento Negro de defender a censura.

No Rio de Janeiro, durante a tomada de depoimentos das testemunhas, o juiz da 23ª Vara Criminal, Carlos Flores da Cunha, comentou que "os negros estão muito sensíveis". Pimenta nos olhos dos outros arde muito, no nosso é refresco. Para os negros tudo se inverte: a lei e os provérbios.

Quando os negros recorrem à legislação que a militância de suas organizações e entidades ajudou a criar, formadores de opinião e representantes do Poder Judiciário rotulam de excessos de hipersensibilidade aquilo que é legítimo direito de cidadania.

Em Brasília, o governador Cristovam Buarque (PT), encaminhando proposta do Movimento Negro do DF, redefiniu, em bases não racistas, através do decreto nº 17 832, os princípios da propaganda institucional do Governo do Distrito Federal. Na Câmara Distrital, os deputados petistas Eurípedes Camargo, Antônio Cafu e Miqueias Paz apresentaram projeto de lei que regulamenta também os anúncios da iniciativa privada.

No importante setor das comunicações, os passos dados no Distrito Federal, para produzirem efetiva mudança, precisam ser seguidos por articulações e negociações que envolvam os órgãos da administração do GDF, os principais anunciantes, as faculdades de comunicação (UnB e CEUB), as agências de publicidade e formadores de opinião. Além, é claro, do Movimento Negro. A legislação só não basta.

1/3/1997

Lembo inculpa, Sinhá Moça absolve e nós colaboramos

O governador de São Paulo, Cláudio Lembo (PFL), no dia 18 de maio, deu à *Folha* uma declaração estrondosa. Disse numa entrevista à jornalista Mônica Bergamo que, para haver mudança no quadro de miséria e desigualdade, precisa haver uma mudança de mentalidade no "cerne", ou seja, na parte central ou essencial, da "minoria branca muito perversa" que comanda o país.

A entrevista de Cláudio Lembo foi recebida com fingido espanto e logo desqualificada como "sociologia do hip hop", ou "letra de rap", alusões feitas em editorial da própria *Folha de S.Paulo* e na revista *Veja*, significando, obviamente, tratar-se de um comentário digno de um negro de periferia. Logo passou a "burro", de forma explícita, na versão mais crua de Antônio Carlos Magalhães.

A trajetória política e pessoal de Cláudio Lembo, desenvolvida no campo da representação política e da prestação de serviços jurídicos à "burguesia muito má", a que ele se referiu em sua entrevista, só aumenta o valor de suas palavras. Ninguém duvida que ele conheça o "cerne", as entranhas, os intestinos do poder.

Dando substância estatística à avaliação de Lembo, o Instituto Ethos e o Ibope, associados à Fundação Getulio Vargas, ao Ipea, à OIT e ao Unifem, divulgaram no mês de maio o "Perfil Social, Racial e de Gênero das Quinhentas Maiores Empresas do Brasil", constatando que a participação dos negros decresce quanto mais alto é o nível hierárquico nas principais empresas que operam no país.

Se, como disse Norberto Bobbio, "o poder se esconde porque se sente tanto mais forte quanto mais secreto", Lembo, com sua declaração, que teve a visibilidade de manchete principal da *Folha*, prestou um enorme desserviço aos de sua classe, que escondem, a sete chaves, a natureza da opressão racial. Acredito mesmo que ACM disse que ele tinha "cara de burro" porque Lembo atirou, afinal de contas, no próprio pé.

Esse aparente paradoxo — um membro de uma classe vir a público revelar o que não pode ser revelado porque enfraquece o poder de sua própria classe — talvez encontre explicação na própria entrevista da *Folha*. A jornalista Mônica Bergamo começou a entrevista com o governador de São Paulo falando da matança ocorrida na madrugada do dia 16 de maio.* Há evidências de chacinas realizadas por policiais e grupos de extermínio vinculados ao estado. A dimensão da opressão racial extrema (jovens, em sua maioria negros, executados covardemente por funcionários a serviço do estado) era visível nas fotos do Instituto Médico Legal das pessoas mortas com tiros na cabeça. Lembo não tem respostas, negaceia, foge. Na fuga, o rabo ficou de fora.

Mas, ao menos por um dia, o poder branco ficou menos potente, porque se deixou entrever na fala do governador tremebundo e na manchete do jornal arrogante. Acuado, Lembo revelou e acusou, mas sosseguem. Em contrapartida, Sinhá Moça absolve e esconde todos os dias.

Não sei se o leitor teve a oportunidade de consultar o livro de Maria Dezonne Pacheco Fernandes, que tem servido de inspiração a roteiros no cinema e na televisão, desde meados do século passado. No último capítulo do livro, Rodolfo e Sinhá Moça, casados, são os pais de Maria Camila, que tem seis anos. Permitam-me descrever a cena final. Justino, escravo velho e doente, vai diariamente visitar seus antigos senhores. A garotinha é surpreendida pela mãe quando enxugava as lágrimas do escravo. Rodolfo, o pai, chega eufórico e anuncia a Abolição em Araruna. Justino, que na realidade agoniza, dá vivas à

---

* Mais de cem pessoas foram assassinadas no estado de São Paulo na madrugada de 16 de maio de 2006, numa suposta represália da polícia paulista contra os ataques do PCC a agentes de segurança, iniciados quatro dias antes. No total, 564 mortes violentas foram atribuídas ao confronto entre a facção e a polícia, que durou nove dias.

liberdade e pede a Nosso Senhor que abençoe os brancos que redimiram os escravos. Faz esse último pedido e morre.

Rodolfo diz ainda a Sinhá Moça que a abolição dos escravos se deve "exclusivamente" a idealistas como ela. Os três se retiram deixando o morto: "Devagarinho, minha filha, para não acordar Pai Justino...". Termina assim o livro. A Abolição coincide muito justamente com a morte do escravo. Seu último suspiro é o agradecimento pelo gesto de bondade extrema dos brancos, que, vivos e felizes, seguem em direção ao porvir, ao futuro. Os brancos generosos livraram-se da escravidão e dos negros. Essa raiz de prodigalidade e desprendimento deu os frutos perversos apontados por Lembo. Quem diria, não é mesmo?

No filme da Vera Cruz de 1953, a velha Bá, representada na versão atual televisiva* por Zezé Motta, era Virgínia Camargo, a velha mucama da própria autora, acreditem. Os maldosos podem dizer que aqueles que representam ainda esses mesmos papéis no século XXI são, de algum modo, mucamos de alguém. E não deixam de ter razão. Numa cena da cozinha da casa-grande, Sinhá Moça (Débora Falabella) argumenta enfaticamente com a mãe, dona Cândida (Patrícia Pillar), que os escravos "são seres humanos como nós". A poucos passos das duas, a velha Bá (Zezé Motta) diz não entender o que elas falam e que o coronel Ferreira, marido de Cândida, não ia gostar nem um pouco daquela conversa.

Os negros não participam, não entendem uma conversa em que se discute a sua própria humanidade, afirmada por terceiros. Os ombros caídos, a fala trôpega exaltando a todo momento a "bondade da princesa". Em resumo, "novela histórica" na televisão brasileira é sinônimo de desqualificação e aviltamento do negro. E seu alvo é, obviamente, o presente e não o passado. O que leva um elenco de atores talentosos a aceitar esses papéis degradantes? E não são apenas os atores. Entre os diretores de *Sinhá Moça* está Luiz Antonio Pilar, também negro.

É possível dizer que o racismo da televisão reserva aos negros um modo de inclusão que avilta sua dignidade humana: só há lugar para o estereótipo do negro sorridente e submisso. Certo. Mas há um grande esforço (e um grande

---

* Transmitida pela Rede Globo entre março e outubro de 2006, com direção geral de Rogério Gomes e texto de Benedito Ruy Barbosa.

sentimento de dignidade) sendo desenvolvido e reafirmado em todo o país por diversos grupos de teatro, numa direção oposta, evitando negociar com a opressão racial. É esse o caminho.

1/5/2006

Nossa imagem idealizada pelos brancos: "Aqueles que prestam serviço, comprazendo-se com isso"

A coluna "Gente boa", de Joaquim Ferreira dos Santos (*O Globo*, Segundo Caderno, 9/12/2006, p. 3), foi dedicada a "personagens" contratados para trabalhar no Shopping Leblon, "templo de consumo" inaugurado há pouco no Rio de Janeiro.

O colunista e sua equipe, com bom humor e ironia, apresentam a faxineira, a superintendente, os "concierges" (serviço de atendimento), o empresário, o vendedor, a consultora de moda e a animadora.

Na equipe de limpeza, a entrevistada é Luana Procópio Soares, vinte anos, casada, dois filhos, residente na Cruzada São Sebastião ("comunidade carente da vizinhança"), segundo grau completo. Luana estava procurando emprego há dois anos: "Quando você mora na Cruzada é muito difícil. Acham que tem marginal".

Diz Joaquim Ferreira dos Santos: "No templo de consumo, onde uma bolsa custa 9 mil reais, ela vai ganhar 375 por mês.* Feliz da vida". Luana confirma: "A gente se diverte. Vejo cada madame…".

A reportagem ainda acrescenta que um salário de um vendedor é cerca de 5 mil reais e há camisas de algodão de 1780.

---

* Cerca de 25,5 mil reais e 855 reais em setembro de 2021, com correção pelo IPCA.

Ficamos sabendo que Luana é uma mulher negra porque a coluna reproduz sua foto. O texto expõe, digamos, as desigualdades salariais, de poder aquisitivo, de nível educacional, mas as fotos exibem a dimensão racial dessas desigualdades. Luana não só tem um endereço que dificulta seu acesso ao mercado de trabalho como tem a pele escura e os cabelos crespos.

A equipe de atendimento entrevistada, Leonardo, Paloma e Jorge, tem curso superior e fala até três línguas. São brancos, vemos na foto. Luana tem o endereço que não ajuda e só o segundo grau. Podem-se depreender as normas do manual de redação: o acesso à educação é que tem que explicar as diferenças de ocupação e de salário numa democracia racial, por favor não insista. Por isso os negros são gente boa, felizes por terem a oportunidade de observar o trânsito das madames, deusas no templo de consumo.

Luana exibe, segundo a reportagem, um "sorrisão de sincero orgulho" e diz que "vou sair no jornal e não é porque estou roubando, matando ou traficando, mas porque estou tra-ba-lhan-do. Chique à beça, não é?".

Somos conformados, ordeiros e trabalhadores. Fomos convencidos de que temos o que merecemos, em decorrência de nossas próprias limitações. Ficamos agradecidos aos que nos permitem penetrar no interior do templo e limpar e polir o chão onde os deuses desfilam e ostentam sua superioridade.

12/12/2006

Cê vê tudo ao contrário

Na canção "O herói", de seu novo disco *Cê*, Caetano Veloso retoma o principal argumento do manifesto contra as cotas, que leva também sua assinatura. O argumento quer nos convencer de que por imitação de outra realidade (o comparante é sempre os Estados Unidos), os negros brasileiros dedicam-se a estimular e promover o ódio racial.

O argumento não é original, nem na canção nem no manifesto, e apenas atualiza velhos estigmas que nos acompanham desde tempos coloniais: raça inferior, intelectual e moralmente, criminosos em potencial e avessos ao progresso e à civilização.

A um só tempo, os adversários das políticas públicas voltadas para a população negra declaram seu "horror" às desigualdades e nos acusam de cometer um "equívoco elementar": a importação arbitrária de traços muito particulares dos Estados Unidos. E, por esta via, da importação inadequada de singularidades repulsivas, estaríamos insuflando o ódio racial numa sociedade, como disse o ministro Gil em sua posse em 2003, de caráter "mestiço" e "cultura essencialmente sincrética".

Na letra da canção "O herói", a primeira opção do favelado, o caminho inicial que ele descortina é "fomentar aqui o ódio racial/ a separação nítida das raças". Em sua odi(o)sseia, nosso herói mulato quer ser tudo o que ele não é:

"quero ser negro 100%, americano/ sul-africano, tudo menos o santo/ que a brisa do Brasil briga e balança". (É preciso fingir aqui que não sabemos ser a favela uma demarcação com rígido recorte racial, certo?)

Mas o resultado da autoconstrução odiosa é, finalmente, repudiado pelo nosso herói, que não se reconhece nessa indumentária postiça, que lhe subtraiu a boa índole sincrética, e, numa daquelas metamorfoses dignas de Macunaíma, decide-se em grande êxtase por assumir o peso da tradição ideológica. Transformado quase em camelo nietzschiano, sai gemendo sua dor, queixando-se a Deus: "Eu sou o homem cordial/ que vim para instaurar a democracia racial/ eu sou o herói/ só Deus e eu sabemos como dói".

É fundamental não perder de vista que a acusação repetida, que nos atribui o "ódio racial", se faz contra um pano de fundo do qual se destacam o protesto negro e a luta pelo acesso a recursos públicos e políticas públicas que conduzam à superação das desigualdades raciais. Como encobrir essa orientação conservadora? Vejam bem, trata-se de negar uma afirmação — a da existência do racismo, da opressão racial e de práticas de discriminação racial — que desnuda os privilégios da cidadania usufruídos pelos brancos. A negação de Caetano, Kamel e outros só poderia tomar mesmo um caminho: descolar-se do real, a que opõem a sublimação de nossas relações raciais, idealizadas em sua máxima potência de quase delírio, a ocultação ou a distorção de fatos objetivos e a projeção de todo o mal nos Estados Unidos. Estranhamente, porém, nosso ódio produz quase que exclusivamente vítimas negras, aos borbotões.

Na polêmica sobre o "apartheid" do Carnaval baiano, levantada mais uma vez por Carlinhos Brown, Caetano usou os mesmos argumentos presentes na canção "O herói" para desqualificar as críticas de Brown, associando-as a sugestões de subalternidade intelectual e desvios patológicos. O debate sobre segregação é recorrente no Carnaval baiano, instigado por camarotes, cordões e muita porrada nos negros. Os blocos afros e afoxés são também marginais nos circuitos. Quem brilha nos horários de visibilidade televisiva e grande afluência de público são, como se sabe, aqueles aquinhoados, ano após ano, com os convênios da Superintendência de Fomento ao Turismo do Estado da Bahia (Bahiatursa), sem que se esclareçam os critérios estabelecidos para premiar entidades carnavalescas inadimplentes. Ao longo dos últimos anos não foram poucas as auditorias de técnicos do Tribunal de Contas do Estado engavetadas por conselheiros subservientes. Os privilégios racistas, profundamente enraizados em nossa sociedade, abarcam as instituições, as estruturas de saber e poder, e o Carnaval não fica de fora (ver Immanuel Wallerstein, *O albatroz racista*, p. 37).

Na canção "O estrangeiro", do disco de 1989, Caetano escreveu os versos: "O macho adulto branco sempre no comando/ [...]/ Riscar os índios, nada esperar dos pretos". Não esperar e não aceitar sequer que possam expressar sua própria experiência, como o fez Carlinhos Brown e o fizeram muitos representantes de blocos e entidades do Movimento Negro na Bahia. Uma experiência que afeta a vida de milhões de pessoas, e não só na Bahia, de modo essencialmente dilacerador. É uma experiência que pode ser compartilhada sem demérito. Por que não podemos aprender com Spike Lee? A proibição de que os negros brasileiros possam se debruçar sobre a realidade da Diáspora, sob o pretexto de uma singularidade extrema de nossas relações raciais, soa ridícula mas não inocente.

Caetano Veloso esteve preso em um subúrbio do Rio de Janeiro, durante a ditadura militar. E fez em seu livro *Verdade tropical* um relato da experiência da tortura de presos comuns que seus ouvidos testemunharam ("gritos horrendos"). "De fato, desde essa experiência na Polícia do Exército da Vila Militar, passei a ter uma ideia diferente da sociedade brasileira, a ter uma medida da exclusão dos pobres e dos descendentes de africanos que a mera estatística nunca me daria."

Os tais "gritos horrendos" configuram uma experiência real, autêntica, legítima — dos ouvidos e da sensibilidade de Caetano. Mas não pode ser utilizada pelos negros, que a vivenciam no pau de arara, como referência concreta para definir seu real "status" na sociedade brasileira. Nossas experiências servem aos outros, mas não servem a nós.

mar. 2007

Profetas do terror e a distorção da história

"O passado nunca está morto, ele nem mesmo passou", disse William Faulkner, e no mês de maio pudemos comprovar o acerto da feliz expressão do laureado romancista norte-americano.

Os principais veículos da grande mídia, de forma articulada, descarregaram suas baterias no mês de maio com tal intensidade que me fizeram evocar as "profecias de terror" com que os escravistas resistiram aos abolicionistas no século XIX, segundo relato de José do Patrocínio e outros.

Já não se fala, como no passado, em aniquilamento da colheita, em retração do capital e diminuição da renda. Os profetas do terror contemporâneo se dizem acuados por fantásticas falanges negras neonazistas que disseminam o racismo e ameaçam botar fogo no inestimável patrimônio do Grande País Miscigenado, ameaçando o mérito e a qualidade do ensino superior e jogando no mercado profissionais despreparados.

Temos poucos meios de reação e de defesa contra uma avalanche desse porte, que envolve veículos poderosos e se dissemina em rede nacional, repontando ainda aqui e ali em um vasto subconjunto de meios de comunicação subordinados, auxiliares e complementares.

Vejam a pérola que encontrei num veículo dessas redes subsidiárias. Trata-se da *Revista de História da Biblioteca Nacional* (ano 2, n. 20, maio 2007,

p. 88), que circula em todas as bancas do país. Sob o título "Negros colonizadores", uma pequena nota interroga os leitores:

> A colonização europeia do Brasil foi obra exclusiva dos brancos, certo? Errado — pelo menos segundo Gilberto Freyre. O sociólogo relatou o caso de negros que fugiram para as matas no século XVIII, passaram a roubar mulheres indígenas de suas tribos e com elas tiveram filhos. Uma expedição enviada para dispersá-los encontrou uma situação inusitada: ex-escravos dirigindo uma grande população de cafuzos, com plantações, criação de animais e fabricação de tecidos. [...] Prova de que a nossa história não é feita de mocinhos e bandidos.

Não duvide o(a) leitor(a) do *Ìrohìn*: a intenção da *Revista de História da Biblioteca Nacional* foi mesmo a de demonstrar, com a evidência de "provas", que os negros também participaram da "colonização europeia". Um caso contado por Gilberto Freyre, sim senhor. Um caso reproduzido assim, displicentemente, pela publicação da prestigiosa Biblioteca Nacional. Displicentemente, porque não se alude à obra, não existe referência de lugar, não se avalia a importância do empreendimento "colonial" negro para o conjunto do sistema colonial português. Um fiapo de contraditório, porém, se insinua na qualificação da situação como "inusitada". Que significa, afinal, que o "caso" relatado não era corrente e fugia a padrões costumeiros.

O fato é que, durante o mês de maio, aqueles que contra-argumentam afirmando a impossibilidade de se reconhecer quem é negro hoje na sociedade brasileira, para fins de implementação de políticas públicas, fique isso bem claro, ampliaram, digamos assim, os limites de sua cegueira, intensificando esforços para empreender uma "radical" revisão historiográfica que pudesse colocar de ponta-cabeça o tráfico negreiro, a exploração escravista colonial e a gênese do capital industrial.

O quadro resultou assim: 1) os negros foram os principais responsáveis pelo tráfico de escravos; 2) os negros foram senhores de escravos no Brasil; 3) sem uma série histórica delimitada nitidamente pela linha de cor, não se justificam reparações, nem políticas públicas focalizadas; e, finalmente, 4) com as ações afirmativas, os negros disseminam racismo e querem, na visão de uns, reconstruir Auschwitz, e, na visão de outros, implantar o regime de apartheid.

Todos os ideólogos mobilizados em maio alisaram o banco da ciência, como dizia minha mãe. Mas nenhum estava preocupado com a exatidão de fatos históricos. O rodapé de seus artigos, pelos vínculos que anunciam com despudor, comprometem sem dúvida as mais prestigiosas instituições de ensino e pesquisa do país. Trata-se de uma campanha difamatória e reacionária que quer "explicar" aos contemporâneos, pela deformação do passado, as razões pelas quais os negros não devem ser beneficiados por políticas públicas.

Nesse ritmo de sinfonia amalucada, podemos esperar para breve o anúncio do resultado de rigorosas pesquisas, desenvolvidas na região de Campos, no estado do Rio de Janeiro, que comprovarão a existência de uma enorme fazenda de café, propriedade de um senhor negro impiedoso que explorava um plantel numeroso de escravos brancos, derrubando assim de uma vez por todas a outrora rígida linha de cor da escravidão brasileira.

Diante das reivindicações negras, a resposta da elite branca desnudou, no mês de maio, o enorme recuo dos "padrões de objetividade" das ciências sociais no Brasil. Nenhum crédito pode ser dado à pesquisa e opinião de historiadores, sociólogos e antropólogos cuja avaliação "crítica" mantém-se dentro dos limites ideológicos definidos com rigor pelo *Jornal Nacional*.

Para finalizar, saudemos as boas notícias que nos chegam da Alemanha! Circula na internet a informação de que foi finalmente concluído o pagamento da reparação devida às pessoas submetidas a trabalho escravo na Alemanha, durante a Segunda Guerra. Estado e empresas, que se beneficiaram da exploração dos trabalhadores escravizados, assumiram o pagamento das indenizações, milhões de euros. A notícia teve pouca ou nenhuma circulação nos jornais brasileiros, pela simples razão de que não se fala de corda em casa de enforcado.

jun. 2007

Premonições e invisibilidades oníricas

Joaquim Barbosa saltou para as capas da revista e foi entrevistado por todos os principais jornais no fim de semana, como previra a troca de e-mails de seus colegas do STF.* E como tinha pressentido o senador Pedro Simon (PMDB-RS), durante a sessão da Comissão de Constituição e Justiça do Senado que aprovou a indicação de Joaquim Barbosa para exercer o cargo de ministro do STF.

"Tenho um pressentimento...", dizia Pedro Simon, no dia 21 de maio de 2003, mas na verdade tinha dois. Um de que "Vossa Senhoria vai marcar época no Supremo, não tenho dúvida nesse sentido. Com seu estilo, com sua maneira de ser, com a profundidade de seu pensamento, com a sua maneira de abordar as matérias, Vossa Senhoria vai marcar época no Supremo Tribunal Federal".

O outro pressentimento tinha a ver com a dimensão racial. Simon considerava a indicação de Joaquim Barbosa "o ato mais importante do governo Lula, até agora. E, querendo ou não, esse será um ato que vai marcar o governo Lula para todo sempre, porque no futuro vamos dizer: 'Te lembras daquela

---

* Em agosto de 2007, durante a primeira sessão do julgamento do mensalão, repórteres fotográficos de O Globo registraram as mensagens trocadas pelos ministros Cármen Lúcia e Ricardo Lewandowski, nas quais comentavam a sessão e combinavam votos. Uma das frases da ministra foi "Esse [Joaquim Barbosa, relator do caso] vai dar um salto social agora com esse julgamento".

manhã, quando um tal de Lula manda um homem de cor que apareceu e foi indicado, e foi o primeiro, e agora está cheio, de tudo que é lado?'. Esse é o momento que estamos vivendo".

Simon comungava essa segunda antevisão de futuro com o relator da Mensagem Presidencial, o senador César Borges (PFL-BA), que, ao abrir a sessão com a leitura de seu relatório, disse esperar "que essa indicação que fez o Governo da República, tão carregada de simbolismo, seja um sintoma de que alcançamos o ponto de inflexão na nossa história rumo à igualdade de direitos e de oportunidades".

"Estrépito midiático" foi a expressão usada por Joaquim Barbosa na sabatina do Senado para referir-se à reação da mídia ao fato de ele ser negro. E fez, como Simon e César Borges, uma projeção otimista de nosso futuro, ao mencionar as "barreiras invisíveis", os obstáculos à mobilidade dos negros, que ele via, nos próximos anos, caírem "automaticamente" e "naturalmente", enfatizando que "daqui a pouco, ninguém mais prestará atenção quando se promover a nomeação de um negro para uma posição importante". (As citações foram extraídas de "Sabatina do dr. Joaquim Benedito Barbosa Gomes", Brasília, Senado Federal, os nº 06541/2003.)

Olhando para trás, podemos afirmar que as esperanças de 2003 numa configuração de um "ponto de inflexão", a partir de ações deliberadas de governo, frustraram-se. Barreiras raciais, construídas pelo racismo e pela hierarquização do humano, e que estruturam desigualdades profundas, também não caem "naturalmente" nem "automaticamente".

Numa sociedade em que funcionários pagos pelo Estado explodem com seus fuzis a cabeça de engraxates negros de treze anos, estamos lidando, evidentemente (não há nada invisível aí), com um nível de racialização que não se resolverá com a indicação, de caju em caju, de uma pessoa negra para um posto de destaque e importância.

Carolina Brígido, Fernanda Godoy, Francisco Leali e Sergio Fadul, do jornal *O Globo*, entrevistaram o ministro Joaquim Barbosa para a edição de domingo (2/9/2007, p. 8). Vejamos o trecho a seguir:

Como vê seu papel como o único ministro negro no STF? Considera que tem uma responsabilidade maior por isso?
BARBOSA: Não. Ao acordar, não olho a cor da minha pele.

Mas as pessoas olham?

BARBOSA: No início, olhavam muito. Como disse quando fui nomeado: o Brasil terá que se acostumar com a minha cara. E já se acostumou.

Das barreiras invisíveis, passamos para a cor invisível. O ministro quando acorda não olha a cor de sua pele e as outras pessoas já se acostumaram com ela, ou seja, também não reparam mais nela. O ministro não repara, as outras pessoas também não, a cor sumiu aos olhos de todos. Lá em cima, eu não me vejo mais negro quando acordo e sonho que os outros sonham comigo. Acordo? Sonho? O estrépito midiático atual parece propiciar e estimular alucinações visuais.

4/9/2007

"Mesmice esquerdofrênica"

O sonho vem do futuro e voa para o passado donde volta como névoa donde volta reforçado.

Agostinho da Silva, *Uns poemas de Agostinho*

Neste final de ano, gostaria de receber de presente o livro novo de Antonio Risério, *A utopia brasileira e os movimentos negros*. Não podendo ainda comentar o livro, limito-me a algumas observações sobre a entrevista de seu autor a Flávio Moura, divulgada no caderno Mais! da *Folha de S.Paulo* (16/12/2007, pp. 4-5).

Em síntese, os brasileiros são mestiços, genética e culturalmente. Mestiçagem aqui não é sinônimo de harmonia, nem mecanismo de redução de distâncias sociais. Não exclui, portanto, o conflito e a discriminação. E, sendo assim, a miscigenação é também destacável de qualquer fantasia de "democracia racial".

As desigualdades sociorraciais, que convivem com a miscigenação singular e efetivo diálogo inter-racial, devem ser combatidas pelo "crescimento econômico, investimentos em educação, equalização de oportunidades, aumento da oferta de empregos". Uma ênfase especial deve ser dada à abolição dos privilégios de herança, que contribui para perpetuar desigualdades. Risério opõe ainda ao que chama de "racialismo de resultados" (cotas etc.) a proposta que entende ser mais radical e profunda de converter o mito (democracia racial) em história — de instaurar, em suma, uma verdadeira democracia racial.

Flávio Moura leu o livro *por supuesto* e afirma na abertura da entrevista que Risério "dedica boa parte do livro ao exame do racismo nos Estados Unidos […] [e] reconhece a existência de racismo no Brasil". Mas o foco do livro, ainda segundo Flávio Moura, são as tentativas de "importar categorias ou políticas raciais estranhas ao contexto brasileiro". Risério é duro com aqueles que, numa espécie de tributo pago pela vassalagem aos Estados Unidos, desprezam nossas especificidades históricas e dedicam-se a transplantar o dualismo norte-americano (branco/ preto). Ele admite, porém, que existe "uma coincidência entre fenótipo e lugar econômico, tanto no Brasil quanto nos Estados Unidos".

Estou de fato ansioso para ler o livro. Reconheço aqui e ali na entrevista algumas ideias que Risério defendia assim e assim em 1981 (*Carnaval Ijexá*, Corrupio, 1981), muito antes do debate sobre cotas e ações afirmativas, mas já num contexto de muita denúncia por parte dos movimentos negros. O título do livro e a proposta a que atribui profundidade e radicalidade parecem brotar desse trecho do *Carnaval Ijexá* (p. 72):

> De fato, enquanto não passarmos do mito da "democracia racial" para a realidade da *democracia racial*, isto é, enquanto não realizarmos o mito ou a utopia central do sonho brasileiro, será difícil, impossível mesmo, discordar de Abdias Nascimento, quando este, do prisma radical da militância negra, vê, no mito da "democracia racial", a metáfora perfeita do racismo à brasileira.

O problema com esse sonho que "vem do futuro" é o aviltamento/ apagamento do sujeito que sonhou e sonha esse troço há muito tempo no passado. Não existe utopia sem os movimentos negros. A Casa-Grande nunca sonhou a igualdade, tenha dó. Em plena escravidão os brancos defendiam que o Brasil era um paraíso racial. Sempre foi sonho de preto a democracia racial. É a carne mais barata do mercado que sempre se dispôs a "encarnar" de fato o mito. Aliás, muitos pedaços dessa carne que buscava materializar o mito foram espalhados na cidade da Bahia em 1799 (pedaços de João de Deus, Manuel Faustino, Lucas Dantas, Luís Gonzaga, enforcados e esquartejados).

Segundo Emília Viotti da Costa, que cita os "Autos da Bahia", Manuel Faustino, com dezessete anos, disse a seus algozes que a revolta tinha como objetivo "reduzir o continente do Brasil a um governo de igualdade entrando nele brancos, pardos e pretos, sem distinção de cores, somente de capacidade para mandar e governar" (*Da monarquia à República: Momentos decisivos*, 4. ed., Brasiliense, 1987, p. 32). O sonho de uma democracia racial, portanto, não tem origem oligárquica e senhorial.

"Mesmice esquerdofrênica" é uma expressão deliciosa de Antonio Risério de 1981, referindo-se aos críticos que na ocasião argumentavam contra a juventude do Black Rio, acusando-a de alienada e subserviente, por importar realidades e comportamentos da juventude negra dos Estados Unidos. A expressão hoje me parece bem apropriada à fala de Risério na *Folha*. Na entrevista, ele assume a mesmice que nos acompanha desde o século XIX, quando se dizia que nos Estados Unidos foi preciso uma guerra para acabar a escravidão porque lá havia ódio e aqui "reinava a mais plena harmonia racial" (ver, por exemplo, Celia Maria Marinho de Azevedo, *Onda negra, medo branco*, 2. ed., Annablume, 2004, p. 65).

Quem aguenta tanta singularidade, tamanha "especificidade histórica"? Entre os intelectuais brasileiros, está se tornando um hábito jogar a responsabilidade do "racialismo" sobre as costas dos movimentos negros, enquanto se presumem tributários de uma tradição inventada que sonhou e sonha a "democracia racial". A esse valor supremo se oporiam os movimentos negros, capachos dos norte-americanos. Por isso saio da entrevista com a impressão de embromação e logro. "Vós sois o Cristo!", bradava o padre Antônio Vieira aos escravos nos engenhos do Recôncavo no século XVII. Hoje, a intelectualidade brasileira imagina controlar a ação política dos movimentos negros bradando "Vós sois racistas!". Assim controlados, quietos, aguardaremos a realização da utopia forjada na Casa-Grande, que está mais para "juízo final" do que para a encarnação seja lá do que for na história. É sintomática a reprodução da entrevista no site da Sociedade Brasileira para o Progresso da Ciência (SBPC). Mas vou ler o livro do Risério e seguramente comentá-lo aqui mesmo.

30/12/2007

História: Prepare-se para o embate ou engula o sapo

O historiador Flávio Gomes comenta que Palmares como sociedade multiétnica é uma invenção e uma extrapolação sem apoio em pesquisas documentais (ver *Palmares*, Contexto, 2005, pp. 59-60). Sem negar a possibilidade de contatos de palmaristas/ palmarinos com outros grupos, o historiador afirma que "até hoje as evidências apontam que prevaleciam em Palmares os africanos fugidos e seus descendentes".

É verdade que não sabemos até quando. Há convicções e motivações ideológicas dispostas a mandar às favas as evidências documentais e transformar Palmares numa protoversão do paraíso racial. Parodiando os versos de Jorge Ben, "Zumbi é senhor das guerras/ Senhor das demandas/ Mas quando Zumbi chega/ D. Maria é quem manda".

D. Maria, dita "esposa" de Zumbi, rainha de Palmares, é criação de Ruy Jobim Neto, autor do texto e das ilustrações de *Zumbi*, da Bentivegna Editora, de São Paulo. É material destinado ao público infantil, de venda casada com cartilha da Coleção Atividade Brincar.

Ruy Jobim Neto escreveu que

Zumbi está hoje no coração e nas mentes de todo o povo brasileiro. Se hoje nossas crianças brincam juntas e livres, tiveram mesmo sem saber neste grande herói uma fonte inspiradora, um exemplo a ser seguido, repleto de lutas e sonhos a serem atingidos, tal como nos gloriosos dias do Quilombo dos Palmares.

Ruy criou a figura de D. Maria de olho no presente das crianças que brincam alegres e felizes sem que nada as distinga, exceto o detalhe irrelevante da cor da pele (segunda ilustração). Vestem o uniforme com as cores que importam e que simbolizam a unidade nacional, a igualdade de todos na convivência harmoniosa que anulou todas as diferenças. Convivência fraterna, democrática, assentada nos valores republicanos. Valeu, Zumbi. Valeu, D. Maria.

Assim, tudo teria começado em Palmares. Tanto as sementes do paraíso racial quanto as primeiras germinações de enredos e personagens de novelas de televisão. Lázaro Ramos e Débora Falabella, na novela *Duas caras*,* repetiriam apenas dramas vividos intensamente, no século XVII, por um rebelde líder negro e a filha loura de um senhor de engenho. Que tal?

Palmares tem se mostrado uma experiência histórica vigorosa e muito valiosa para o desenvolvimento de referências simbólicas que estimularam, nas últimas décadas, a mobilização e a iniciativa política de grupos negros em todo o país. Sucessivas gerações de militantes transformaram Palmares em ponta de lança no desafio político-ideológico com que vimos confrontando a opressiva história oficial brasileira.

Como disse Edward Said, "a redação da história e as acumulações da memória têm sido consideradas de muitas maneiras como um dos fundamentos essenciais do poder, orientando suas estratégias, traçando o seu progresso" (*Humanismo e crítica democrática*, Companhia das Letras, 2007, p. 191).

A criação de D. Maria, a rainha quilombola loura, é parte da estratégia dos que não abrem mão de decidir o que é história. De certo modo, a luta prossegue em Palmares, mesmo após tantos séculos. Uma disputa acirrada em que os adversários dos palmaristas buscam agora ofuscar distinções opressivas, negar identidades e impor homogeneidades. Tudo em nome de superiores "interesses nacionais". Na verdade, tudo em nome dos interesses contrários às políticas públicas de superação das desigualdades raciais.

---

* Transmitida pela Rede Globo entre outubro de 2007 e maio de 2008, com texto de Aguinaldo Silva e direção geral de Wolf Maya.

Mas não é somente Palmares que está em disputa. Antes mesmo que se inicie 2008, o *Jornal Nacional* e o *Fantástico*, programas de grande audiência da Rede Globo, já estão engajados na promoção do bicentenário da vinda de d. João VI ao Brasil. O governo federal já embarcou nessa, há grande agito nos bastidores. E os 120 anos da chamada Lei Áurea? Quem se atreve a bancar "uma verificação objetiva dos resultados práticos da lei de 13 de maio de 1888"? Assim questionava Abdias Nascimento em 1968 (*Cadernos Brasileiros: 80 anos de Abolição*, n. 47, maio/jun. 1968).

O ano de 2008 favorece o confronto de discursos sobre a história — um embate nada acadêmico e decisivo para a defesa das legítimas reivindicações dos afro-brasileiros. Participe.

jan. 2008

Doces lundus...

Os jornais destacaram do velório e enterro de Antônio Carlos Magalhães momentos, digamos, de participação popular, chorosa e emocionada, legitimadora, indispensável mesmo para que se pudesse compor a santificada e derradeira imagem: "Glória a ti, redentor".

Folha, *A Tarde*, *Correio Braziliense* e muitos outros veículos gostaram da foto da "baiana" debruçada sobre o caixão e as legendas falavam até em "oração". Olhando a foto, pensei nos versos de "Bancarrota Blues", de Chico Buarque, do disco *Francisco*, de 1987. A canção é uma parceria com Edu Lobo e nela o Brasil é uma fazenda com casarão, onde os diamantes rolam no chão e o ouro é poeira, mas apesar dessa enorme riqueza ela foi posta à venda por um dono que insistentemente pergunta "quanto você dá?", "quanto quer pagar?", "quanto vai pagar?", "eu posso vender/ que que você diz?".

É venda de "porteira fechada", com tudo dentro, inclusive os negros: "Negros quimbundos/ Pra variar diversos açoites/ Doces lundus/ Pra nhonhô sonhar/ À sombra dos oitis/ Eu posso vender/ Que é que você diz?".

Admite-se a diversidade e variação nos instrumentos utilizados para o castigo e a tortura. Os açoitados por instrumentos diversos respondem com suas canções, cuja suavidade serve para embalar o torturador. O par tortura/ suavidade foi que me veio à cabeça quando vi a foto do velório de ACM.

Não é preciso muito esforço para compreender a intenção dos jornais. Negros submissos são, de fato, uma permanente atração nesta fazenda falida, morra ou viva ACM. Lembrem-se dos escravos de Frei Galvão. Os escravos de Frei Galvão ergueram a parede do templo em que o santo se apoiaria para chegar ao céu, mas não há notícia de que tenham tido acesso ao reino dos justos. Não chegaram.

Ainda estamos lá embaixo, na base do processo de purificação e santificação da elite brasileira. Despachamos e encomendamos o "santo", como na foto, e voltamos para o inferno de nossos dias sofridos.

2/1/2008

TV pública: Falta no debate uma crítica radical ao racismo

No debate sobre TV pública, o ministro da Comunicação Social, sr. Franklin Martins, na avaliação que faz da TV comercial, tem se manifestado escandalizado com o fato de que nenhuma emissora brasileira mantém "jornalista correspondente num país africano". É chocante, ele tem dito, considerando-se o percentual da população afrodescendente no país. E complementa dizendo que as emissoras têm os olhos voltados exclusivamente para o "circuito Elisabeth Arden" (*O Estado de S. Paulo*, Cad. 2, 28/6/2007, p. D7).

Diante disso, a repórter Leila Reis, obviamente, perguntou: "O senhor acha que nossa cabeça é de colonizados demais?". E Martins respondeu:

Eu prefiro supor que falta criatividade, capacidade de arriscar. Como a TV comercial só olha para o custo e retorno comercial, está condenada a uma visão imediatista. A TV pública, ao contrário, tem de ir além do imediato, construir audiência com o tempo, com qualificação. Claro que olharemos para o custo, mas valorizaremos o retorno cultural, político.

Mais adiante, Franklin Martins, afirmando a independência da TV pública, disse que, para isso, ela não poderá estar na mão de quem controla a "torneirinha dos recursos", nem "depender da boa vontade do governante de plantão", e que essa era a vontade do presidente Lula, a construção de uma "rede independente".

Martins é a favor do patrocínio na TV pública e exemplifica também com a África, dizendo que "o patrocínio de um programa sobre África pode ser oferecido a uma companhia brasileira que faz investimentos lá, como a Petrobras, a Odebrecht".

Afora isso, há alusões ao fato de que somos uma nação "plural" e que se investirá "na diversidade da cultura brasileira que não está na TV comercial".

Eu creio que nada disso autoriza uma expectativa racional, e favorável, no sentido de que teremos uma TV pública, independente de governos e do poder econômico, capaz de veicular os conteúdos subversivos ligados à identidade afro-brasileira.

Franklin Martins tem a seu favor, a meu ver, o fato de ter escrito um livro sobre jornalismo político para "jovens repórteres e estudantes de comunicação" e incluído um estudo de caso sobre José do Patrocínio, que ele considera "um dos maiores jornalistas que este país conheceu", demonstrando a grande capacidade de análise política de Patrocínio na conjuntura que antecede a abolição da escravidão (ver *Jornalismo político*, Contexto, 2005).

Porque a questão principal está na pergunta levantada pela repórter do *Estadão*, e tangenciada por Martins, que envolve algo implicado nas estruturas mais amplas de dominação, de educação e formação.

Para se ter uma ideia, o já citado estudo de caso do livro de Martins é exemplo único e solitário na bibliografia das faculdades, que pensam comunicação como se nada de importante tivesse acontecido na área envolvendo atores não brancos. Ignoram a imprensa negra, ignoram Manoel Querino etc.*

Deus nos livre e guarde de um programa sobre a África patrocinado por Odebrecht e congêneres. Conhecemos alguns livros e iniciativas culturais patrocinados por essas empresas, distribuídos como brindes a privilegiados. Vai ficar tudo com a cara da Agência Africa, de Nizan Guanaes, que tem uma recepcionista negra e muita miçanga nos adereços.

---

* Escritor, jornalista e intelectual baiano, Querino (1851-1923) era filho de uma escravizada e foi figura destacada das lutas abolicionistas e operárias no final do Império e na Primeira República.

Veicular e não veicular, posto assim tudo parece muito simples, sr. Martins. Não considerar a África e os afrodescendentes relevantes não é uma questão de "criatividade". Trata-se de uma resistência ancorada no racismo, em hábitos mentais e psicológicos cultivados nas melhores escolas do país, na dominação política e econômica, na desumanização do africano e de seus descendentes.

Aliás, a mídia brasileira costuma ser muito criativa ao perpetrar essas perversões. O que orienta a programação da TV comercial se abriga no centro mais profundo da cultura brasileira: a rejeição a tudo relacionado ao negro. A TV pública, se quer de fato romper com essa tradição, tem que se dispor a fazer uma radical crítica dos postulados racistas e de sua força desumanizadora que corroem nossa formação e nossas possibilidades de construção de uma sociedade efetivamente democrática e pluralista.

2/7/2007

Enfrentando um certo preconceito

Nunca torci tanto por uma seleção.* Temia que, caso fosse derrotada, a responsabilidade do fracasso fosse atribuída aos jogadores negros. "Parece uma seleção africana", disse um ex-juiz de futebol num programa de televisão, acrescentando que seria necessário incluir mais jogadores brancos se quiséssemos ganhar a Copa América.

O Pan foi aberto de fato com a frase *"Welcome to the Congo"*, e na cabeça de muita gente a seleção de Dunga na Copa América atualizava na Venezuela os sentidos da expressão norte-americana execrada no Rio de Janeiro. De todo modo, algumas almas sensíveis entraram em pânico.

Assisti ao jogo em casa, com a família e uma amiga de Salvador, fina analista. Ao final do jogo, fomos da Globo para sua extensão, o SporTv, e deparamos com cinco comentaristas em busca de uma pauta perdida. Ou melhor, órfãos de uma pauta cujo tópico principal era a goleada da Argentina sobre o Brasil, comentava minha amiga.

Diante do resultado que lhes roubava a pauta previamente preparada, não tinham nada para dizer, pareciam carpideiras derramando suas lágrimas

---

* Na final da Copa América de 2007, disputada em julho na Venezuela, o Brasil bateu a Argentina por 3 × 0, com gols de Júlio Baptista, Dani Alves e Ayala (contra).

sobre o "medíocre" time brasileiro que, embora vencedor, não deveria iludir ninguém.

O jogo em si, a vitória brasileira, ou melhor, a derrota argentina, não mereceu, até onde suportamos a cena abjeta, nenhum comentário, nenhuma análise técnica.

Dunga, na primeira fala após o jogo, lembrou crianças de várias partes do mundo, começando pela África, e referindo-se expressamente a Angola e Ruanda. Respondia, reforçava afinidades; eu gostei.

A cena que reuniu um punhado de jogadores negros, cantando e dançando o samba de Aragão, Cardoso e Rezende,* foi mais explícita e de uma força extraordinária no resgate da memória dos que fizeram antes pela glória da seleção, no duro embate contra o racismo.

Depois de 1938, na Copa da França, quando a seleção finalmente admitiu jogadores negros (Domingos, Leônidas etc.), é que o futebol brasileiro vai conquistar o respeito dos adversários. Historicamente, ganhamos títulos com os negros. A trajetória iniciada em 1938 ainda enfrentaria vários obstáculos até o momento glorioso de 1958, na Suécia.

Respeite, respeite, cantavam os jogadores da seleção de Dunga, respeite os que enfrentaram "um certo preconceito e muito desdém" e "pôde chegar onde a gente chegou".

A crônica esportiva, como as ciências sociais no Brasil, carece de padrões de objetividade se, de algum modo, o assunto em questão envolve negros. *Welcome to the Congo.*

s.d.

---

* "Moleque atrevido", gravado por Jorge Aragão.

Sinal trocado e impunidade

Na madrugada de 28 de março, na Casa do Estudante Universitário da UnB, botaram fogo em apartamentos ocupados por estudantes africanos. No início de maio, a Polícia Federal prorrogou por mais um mês as investigações que, imaginamos, buscam alcançar os responsáveis pelo ato criminoso. Na ocasião, dia 7 de maio, com veemência e indignação parlamentar, a Comissão de Direitos Humanos da Câmara dos Deputados assumiu o compromisso de acompanhar as investigações. Chegou-se a falar até em "expectativa internacional" na apuração lenta e desinteressada. Coisa do tipo "é preciso preservar a imagem de nossas instituições". Quase dois meses depois, como era de esperar, nada.

O embaixador da Nigéria, sr. Kayode Garrick, ontem em *O Globo* (24/6/2007, p. 3) disse que a mídia brasileira, no que diz respeito à África, tende a divulgar o ultrajante e o trágico e esconder os fatos positivos. Até aí concordamos. Mas ele exemplifica de modo arrevesado, referindo-se ao caso do incêndio criminoso na UnB, classificado por ele de "incidente ultrajante", e que, por isso, teve ampla divulgação na mídia brasileira. Ao contrário, ainda segundo o sr. Garrick, do fato auspicioso que é o aumento do número de estudantes africanos nas universidades brasileiras, fato esse completamente ignorado pela mídia.

376

Por este estranho raciocínio, a África e os africanos teriam saído mal do episódio na UnB — mais ou menos como se o churrasco pedisse desculpas à brasa —, e por isso o fato teria sido amplamente divulgado. Francamente, eu tinha entendido que o episódio era ultrajante porque representava uma execrável agressão à vida e aos direitos de seres humanos. E que a origem africana desses seres humanos não era um detalhe no episódio.

É bom também acentuar que a indignação de estudantes comprometidos efetivamente com os direitos humanos foi o que sustentou a reação no campus, impedindo o silêncio cúmplice (bastante rotineiro entre nós) e mantendo o fato na mídia. Aliás, é preciso frisar ainda a participação demasiado tímida do conjunto das embaixadas africanas. Ficaram devendo no episódio e no artigo do sr. Garrick.

Em 31 de julho de 1996, o embaixador deve lembrar-se, a Nigéria eliminou o Brasil na semifinal da Olimpíada de Atlanta. Pois bem, logo após o término da partida, botaram fogo na embaixada da Nigéria. Uma comparação entre os comentários das transmissões esportivas referentes a Brasil × Nigéria com a narração de outro jogo da semifinal, Argentina × Portugal, talvez nos fornecesse uma exemplificação dramática do poder da mídia de formar e influenciar a opinião (e a ação).

Os narradores e comentaristas, no segundo caso, torceram escancaradamente para Portugal, buscando acentuar os vínculos que unem brasileiros e portugueses, com referências sentimentais à "colônia lusitana". Segundo os jornalistas brasileiros, tratava-se de um povo irmão. No jogo Brasil × Nigéria, os nigerianos eram "eles", sem que se destacassem, em nenhum momento, os vínculos profundos que nos unem também como povos irmãos.

E mais, senhor embaixador, naquela mesma noite de 31 de julho de 1996, no mesmo bloco da Casa do Estudante onde ocorreu agora o incêndio criminoso, a senegalesa Honorine Badji, de 23 anos, cursando relações internacionais, foi agredida por Robson Guimarães B. da Silva, também morador do mesmo alojamento.

Honorine estava ao telefone convidando amigos para virem comemorar a classificação da Nigéria, quando Robson arrancou-lhe o aparelho e disse que ela deveria voltar para seu país, que os africanos "não tinham que estar aqui". Ao mesmo tempo, Robson xingava Honorine de "puta", "bruxa" e dizia-lhe que sua vontade era lhe "enfiar uma faca". Honorine registrou queixa na 2ª Delegacia de Polícia, mas esse fato não foi noticiado em nenhum jornal, exceto no *Ìrohìn* (n. 2, jul./ago./set. 1996, p. 5).

Os africanos continuam ouvindo na UnB, onze anos depois, que não devem estar aqui. E os incendiários continuam impunes. O embaixador Kayode Garrick perdeu ontem em *O Globo*, com a publicação de seu artigo, uma grande oportunidade de retomar o tema do incêndio criminoso para cobrar das autoridades envolvidas alguma coisa mais que embromação e declarações vazias.

25/6/2007

Nossas raízes

"Nossas raízes", continuou, "estão todas no continente europeu. Nós necessitamos agora de impulsionar mais essas relações comerciais e econômicas, uma vez que as relações culturais já foram reafirmadas" (Fernando Collor de Mello em Turim. *Jornal da Tarde*, 5/2/1990, p. 4).

Alguém aí imagina que os valores expressos por Fernando Collor de Mello (ex-aluno do Colégio de Aplicação) refletem apenas a influência indevida de um ambiente muito particular, familiar, estritamente pessoal? Ah, que bom…

Como essa concepção de país manifestada pelo então presidente da República afetaria seu programa de governo e a vida dos não brancos no Brasil? Como a visão excludente de "nossas raízes" modelaria a formação das forças policiais? Como esses valores encorajariam a matança de negros, para ficarmos em um exemplo do cotidiano mais banal?

É possível, diante de uma definição tão acachapante e total, vislumbrar espaço político (sem intensa confrontação?) de promoção da liderança de não brancos? Estamos falando de partilha de poder, de participação efetiva em instâncias de decisão e de alternativas de representação política.

Veja o que pensa o romancista Jorge Amado sobre a participação política dos negros:

"Os radicais da negritude nacional são mulatos brasileiros, uns mais escuros, outros mais claros, cujo único ideal na vida é serem negros norte-americanos, de preferência ricos". Essa é uma anotação de *Navegação de cabotagem* (6. ed., Record, 2006, p. 232). A primeira edição é de 1992, ano do impeachment de Collor.

Assim destacado, o fragmento choca pela grosseria, mas choca ainda mais como apontamento em um livro de memórias que, em boa parte, consagra o internacionalismo, a superação das fronteiras, a fraternidade universal da óptica do ativismo cultural com a marca pecebê.

Em Collor de Mello, a impossibilidade histórica repousa nos fundamentos da nacionalidade, em suas raízes. Aqui não cabem negros. Em Amado, a impossibilidade é biológica (a miscigenação reduz e dilui) e política. Nessa dimensão, o pressuposto é a negação da consciência (a "negritude"), a qual é determinada alhures e expressa, em sua cópia nacional, apenas a subserviência calhorda de mulatos sonsos. Jorge Amado não se refere a nenhuma circunstância concreta, a nenhum fato, a ninguém em especial. O fragmento não tem data e a adesão que ele busca alcançar está fora de um tempo determinado. Que loucura.

Pois é, mermão. Política e cultura no início dos anos 1990, cada qual com seu quinhão, contribuem para a continuidade do paraíso racial brasileiro.

16/11/2008

Nenhum espaço

Os ruídos e tensões que acontecem em algumas cidades brasileiras, mas principalmente em Salvador, durante o Carnaval, continuaram este ano, sem emitir sinais de que as instituições negras estejam avançando na direção da superação de manipulações e controles.

Talvez saibamos muito sobre o Carnaval e pouco sobre nós mesmos. E por essa razão artigos e debates não conseguem alcançar uma perspectiva que permita discernir o que convém, neste momento, a uma população que precisa se organizar politicamente para enfrentar a exclusão e o racismo.

O tema da corresponsabilidade, ou seja, do equívoco de muitas de nossas práticas, mal aflora ainda nas discussões. Afinal, qual a nossa contribuição ao êxito de Zombalino, rei da Kizomba, personagem "incorporado" por um grotesco palhaço fantasiado de africano, em cima do caminhão de conhecido bloco de trio?

O rei da Kizomba, em trajes africanos e empunhando um cetro, zombava impunemente da massa negra. O Carnaval mostrou mais uma vez como somos débeis e impotentes para enfrentar a mentira, o escárnio e a força dos poderosos. A "homenagem" aos blocos afros em Salvador acabou se transformando numa expressão de sua dominação quase total.

Uma significativa doação governamental aos blocos afros e afoxés poderia reverter essa expressão ideológica da dominação racial? Não creio. Se nossa luta é por emancipação política, nenhuma doação governamental será suficiente para assegurar a coesão e nossa capacidade de ação, que é afinal o que decide no jogo político. Precisamos fazer a nossa parte. Que começa por não esquecermos que a questão racial é, antes de tudo, uma questão política.

Nossa atual perplexidade, no Carnaval e fora dele, parece relacionada ao fato de que não compreendemos bem os termos em que se dá a luta política. Se um evento da magnitude do Carnaval em Salvador pode ajudar a desnudar os mecanismos de dominação da população negra, por que os blocos afros e os afoxés, que reúnem milhares de filiados, não aprofundam esse debate político nos bairros populares?

O que nos impede de reunir forças suficientes para deslanchar o debate político e bloquear práticas desumanizadoras? Se essa mobilização não for ao menos tentada ao longo do ano, de que modo a massa negra vai poder diferenciar no Carnaval a homenagem do escárnio? Por que aqueles que dominam iriam eximir-se do exercício de seu poder durante o Carnaval? É em nome dessa coerência que os brancos (ou pardos que se veem brancos, como é o caso de Durval Lelys* e tantos outros) desfilam uma África às avessas. Não se pode deixar nenhum espaço à luta pela liberdade.

3/1/2009

---

* Cantor e guitarrista do conjunto Asa de Águia.

Pare de existir

Enquanto esperava o Elevador Lacerda, num dia quente de Salvador, em 1960, o escritor italiano Alberto Moravia reproduzia mentalmente a lição que aprendera com seus anfitriões, ilustres brasileiros:

[...] o problema racial no Brasil, ao contrário dos Estados Unidos, tem uma solução, mesmo que seja em longo prazo. Graças aos casamentos mistos, o Brasil espera que, devido à preponderância da população branca e à maior mortalidade dos negros, e por conta das misturas, a população de cor pare de existir, em outras palavras, torne-se branca.

Parece reprodução de texto de Paulo Prado, em *Retrato do Brasil*, concluído no final de 1927. É condição prévia a qualquer argumentação sobre o tema, desde tempos imemoriais, reafirmar a comparação com os Estados Unidos, o negro como um problema em si mesmo, seu desaparecimento. Os indicadores de mortalidade se justificam pela pobreza que, por sua vez, encontra explicação na escravidão.

Disseram também ao italiano que na Cidade Baixa, mais pobre, moravam os negros; e na Cidade Alta, próspera, moravam os brancos. Ele acreditou e, enquanto aguardava a chegada do elevador que o conduziria à parte alta, já não via negros a sua volta, só mulatos, tipos em transição, incompletos, tristes, resignados. O que lhe ocorreu de imediato foi que a espera do elevador simbolizava o momento que antecedia a elevação de status racial, o embranquecimento. Aqueles tipos incompletos "esperam tornarem-se brancos".

No horizonte cultural e político, expresso sem disfarces para o visitante, o desaparecimento do negro. Os que sobrevivessem à penúria de suas condições materiais seriam diluídos na mistura. O negro deixaria de existir e os problemas desapareceriam. Penso que deveríamos buscar uma correspondência entre essas ideias e planos de governo. "A população de cor pare de existir" erigindo-se em modelo para os modos de governar a Cidade Alta e a Cidade Baixa. Como o modelo envolveu e formatou o conjunto das instituições, as estruturas de saber e poder.

Ao fazê-lo, devemos aprofundar nossos conhecimentos sobre políticas públicas, uma expressão quase vazia de conteúdo nos intervalos entre duas campanhas eleitorais. Os negros continuam sobrevivendo em condições precárias e não se deve dar como perdida a convicção na solução final do problema racial, a opção firme, cheia de crença no extermínio, que foi exposta a Moravia em 1960. Não acredite que essa gente impregnada de ideias racistas e acostumada a seus privilégios tenha realmente desaparecido.

Vejo um bom exemplo citado na coluna de Míriam Leitão ("Bolsas & famílias", *O Globo*, 31/1/2009), referindo-se a declarações do ministro de Assuntos Estratégicos, Mangabeira Unger:

> Foi criticado pelo ministro Mangabeira Unger [o Bolsa Família], com argumentos espantosos, preconceituosos e elitistas. Falando dias atrás ao repórter Bernardo Mello Franco, deste jornal, ele revelou que pensa que os pobres preferem ser pobres, teriam a cultura do "pobrismo" e que o programa deveria se concentrar nos "batalhadores", aqueles que estão às portas da classe média: "O ponto nevrálgico é escolher corretamente o alvo. Muitas vezes tenta-se abordar o núcleo duro da pobreza com programas capacitadores, e aí não funciona. Populações mais miseráveis são cercadas por um conjunto de inibições, até de ordem cultural, que dificulta o êxito desses programas", disse o ministro, que depois tentou dizer que foi mal interpretado.

Na visão do nosso ministro do sei-lá-o-quê, como o define Elio Gaspari, o governo deveria direcionar os recursos do Bolsa Família aos quase classe média, os "pobres viáveis". Faltou completar o raciocínio e dizer o que deve ser feito com os pobres e miseráveis brasileiros.

A *Folha de S.Paulo*, que reproduziu os trechos das crônicas da visita de Alberto Moravia ao Brasil, não julgou pertinente fazer comentários críticos (caderno Mais!, 25/1/2009), reservando o material mais explicitamente racial para a *Folha* on-line. Os grandes jornais, com regularidade impressionante, divulgam em seus suplementos ditos culturais relatos de viagem de europeus ao Brasil. Entende-se como classudo isso, um toque da mais alta distinção.

Voltando a Moravia: "Dissemos que a solução é fazer com que se tornem brancos. Mas é uma solução de verdade?". O escritor italiano parece não confiar cegamente no entusiasmo de seus hospedeiros. Mas não se preocupem, são variações de um espírito algo inquieto, mas cheio de compreensão e tolerância com os valores de sua patota. O ponto de partida da análise, que aproxima a todos, é a inviabilidade do negro. Há considerações sobre o efeito da escravidão no psiquismo negro (mais um problema do negro), e bobajadas e erros graves sobre a Igreja católica, mas a preocupação central é como livrar o negro "de si mesmo".

Em 1960, 72 anos após a abolição da escravidão, numa cidade de ostensiva maioria negra, o que vislumbramos através da escrita de Moravia é que os ilustres brasileiros que o recepcionavam não estavam interessados em disfarçar ou enfeitar seu ódio nem seus instintos desumanizadores em relação ao negro. Na fila do Elevador Lacerda, divagando sobre a elevação das raças inferiores, o "aspecto branco" que necessariamente deveriam assumir os sobreviventes, o escritor italiano estava afinadíssimo com as tradições sólidas da melhor intelectualidade brasileira. "E assim na cruza contínua de nossa vida, desde a época colonial, o negro desaparece aos poucos, dissolvendo-se até a falsa aparência do ariano puro" (*Retrato do Brasil*, 8. ed., Companhia das Letras, 1997, p. 192).

Dedico esta Opinião a Gilberto Gil, o velho palhaço e mais novo cidadão ítalo-brasileiro (*Veja*, edição 2098, ano 42, n. 5, 4/2/2009, p. 86).* Aquele abraço.

4/2/2009

---

* Na nota "Tutti paesani", da seção "Gente", a revista noticiou que o cantor e compositor baiano adquirira cidadania italiana graças ao casamento com Flora Gil, neta de imigrantes.

Quem precisa de São Sarney?

O artigo do senador José Sarney publicado hoje na *Folha de S.Paulo* ("Um papagaio de Nabuco", p. 2) não deveria merecer nenhum comentário de nossa parte. Alguém que escreve que criou a Fundação Palmares para "levar a raça negra a sair da miséria" deve julgar que seus leitores carecem de inteligência e discernimento.

Vai ainda mais longe na distorção dos fatos, abusando da credulidade dos leitores, ao se atribuir pioneirismos e inserindo-se numa tradição na qual inclui as figuras idealizadas de José Bonifácio, Joaquim Nabuco, Afonso Arinos. Faria bem ao senador ler um projeto de lei de 1983 (nº 1332), de Abdias Nascimento, que dispõe sobre ação compensatória e estabelece alguns percentuais de participação negra.

Mas Sarney não quer saber das ações de lideranças negras, uma vez que se presume paladino da Abolição que não se completou, uma das imagens mais gastas pelo uso indevido na oratória de ocasião dos espertalhões da política brasileira. Vira e mexe tem algum senador mal-intencionado pregando uma Segunda Abolição, cruz-credo.

Os indicadores sociais e econômicos da população negra do Maranhão deveriam pôr limites a esse discurso ilusório, mas Sarney também não quer saber de negros do Maranhão, preferindo a expressão "a questão da raça negra".

Ao não considerar as desigualdades raciais no estado que dominou por décadas, Sarney dá provas de seu empenho em "despolitizar a temática racial", como apela em seu artigo?

Sim, porque na opinião de Sarney é possível tratar o tema com uma visão humanista, que se compadece com os mais pobres entre os pobres. Aqui se faz apelo diretamente a uma "consciência nacional", a qual generosa e altruisticamente quer debater a ascensão da raça negra. Mantendo-se, é claro, o "clima de convivência que sempre vivemos". Nada de "desvios", nem "confronto político", nem "conflito de raça". Não se deveria permitir que se desvirtuasse uma "causa tão nobre", argumenta Sarney.

Penso que a hipocrisia tem um ranço que deixa as palavras assim bem pegajosas. Vejo ainda grande dose de corrupção e perversão moral no sujeito que se esforça para transformar a opressão racial e o racismo em harmonia, ausência de conflitos, nobreza e generosidade das elites. As imagens apontam para o velho paraíso racial.

O artigo termina com uma anedota de papagaio, envolvendo Nabuco e um de seus amigos ingleses. "Que não se deixe a chaleira ferver contra os negros", conclui Sarney. A agitação proveniente da "politização" do "problema das cotas" pode não ter um bom resultado para os negros, é isso? A chaleira está fervendo e Sarney, tomando o lugar do papagaio de Nabuco, alerta para as consequências da radicalização do processo, temeroso pelo que possa vir a acontecer com os negros?

A escolha de Nabuco é infeliz. Celia Maria Marinho de Azevedo ("Quem precisa de São Nabuco?", *Estudos Afro-Asiáticos*, ano 23, n. 1, 2001, pp. 85-97) criticou já "a tentativa acadêmica de transformar o abolicionista Nabuco em uma espécie de santo protetor dos escravos". E muito menos precisamos de São Sarney, protetor de negros pobres em busca de ascensão e que parece nos sugerir baixar a bola e deixar as coisas entregues ao altruísmo e generosidade das elites.

Mas o apelo de Sarney já encontrou ouvidos em correntes partidárias do Movimento Negro. Cópia do artigo circulava hoje na internet, com a seguinte recomendação de Edson França, da Unegro: "Só venceremos nossa luta de superação do racismo e suas amarras se tivermos capacidade de estabelecer alianças, mesmo que sejam pontuais e milimetricamente focadas. Vejam essa importante opinião".

Sarney conta com o adesismo negro, que lê apressadamente e mal. Ou melhor, lê o que lhe interessa ler do poder.

20/3/2009

Zés que não ladram

Jornalistas e colunistas da grande imprensa brasileira situam-se, com frequência, entre a mentira e a fantasia para construir argumentos contrários a qualquer política pública que beneficie a população negra.

O esforço que realizam é para provar a existência de uma sociedade não racista, na qual os negros não têm noção do que seja ser negro (João Ubaldo Ribeiro, *O Globo*, 5/4/2009, p. 7), e "a grande maioria da população não sabe dizer ao certo qual é a sua cor, nem demonstra maior interesse em saber" (J. R. Guzzo, *Veja*, 15/4/2009, p. 114).

Mas não apenas isso. A criação de seres assim tão desinteressados de si mesmos e de suas circunstâncias implica ainda a caracterização do Movimento Negro como racista e antinacional. O personagem negro (Zé de Honorina) criado por João Ubaldo pede explicações, não por acaso, sobre "'negritude' e 'irmandade' entre negros, conceitos que lhe eram pelo menos parcialmente estranhos".

A "inteligência" do personagem, louvada por seu criador, é inversamente proporcional a sua dignidade. Quem são esses outros que, diferentes de mim, se afirmam "negros" e se dizem irmanados na luta? Não há dúvidas de que a disposição de Zé de Honorina é a de ouvir não a voz de sua própria humanidade, mas a daqueles a quem se submete. João Ubaldo traz para o debate o seu próprio negro de estimação, chamado a cumprir o papel de fiador dos argumentos contrários às ações afirmativas.

J. R. Guzzo não é romancista nem nada, mas dá-se um jeito. E o jeito também se chama Zé. Trata-se de José Roberto Militão, o Zé de Honorina do texto de J. R. Guzzo. No texto de Guzzo, nenhum brasileiro tem cor, exceto Zé Militão, apresentado como "o advogado negro". Militão advoga para Guzzo, em seu texto de *Veja*. Temos, nos dois textos, um emprego do argumento da autoridade. As autoridades invocadas, Zé de Honorina e Zé Militão, demonstram que a cor/ raça é possível desde que a identidade se apresente matizada pela subserviência da criatura a seus criadores.

A figura do cachorro ("Quem tem raça é cachorro", título do texto de Ubaldo) teria brotado assim do quintal mesmo da criação do romancista e logo endossada pelo articulista de *Veja*. Em suas existências distraídas, os Zés estão impedidos de usar certas palavras, de uso exclusivo de seus criadores: ou se nega, ou morre cachorro.

16/4/2009

Torço pelo Andrade amanhã

O técnico Andrade do Flamengo afirmou que está "ajudando a abrir as portas para os negros no Brasil, inclusive para muitos ex-jogadores negros que brilharam no campo e poderiam ter contribuído mais ainda comandando equipes no Brasil" (*O Globo*, 5/12/2009, p. 47).

Tostão, em sua coluna na *Folha de S.Paulo* ("Preconceitos e dúvidas", 15/11/2009, p. D3), já havia registrado que se o Flamengo for campeão será uma vitória contra "o preconceito de que os técnicos negros não teriam capacidade intelectual de comandar um grupo".

A porta vislumbrada por Andrade abre-se com largueza para abarcar atividades outras, não relacionadas ao futebol. Seguramente, a repercussão de eventual conquista do campeonato brasileiro* por um clube que mobiliza legiões de torcedores em todo o país alcança espaços diversificados e pode ajudar a reorientar representações próprias de uma cultura profundamente racista.

A expressão "poderiam ter contribuído" refere-se àquela "atrofia da vida" de que fala Stephen Jay Gould e dá testemunho da distância que separa o Brasil

---

* Depois de dezessete anos de jejum, o Flamengo conquistou o título nacional na última rodada do campeonato, batendo o Grêmio por 2 × 1 no Maracanã.

real, atrofiado pelo racismo, de um país possível, livre de coerções castradoras de talentos e vocações.

Um técnico campeão é o sujeito reconhecido por suas aptidões intelectuais. No caso de Andrade, condenado a auxiliar, com humildade e discrição, houve uma reviravolta significativa. O técnico do Flamengo está consciente de que o seu êxito convida a problematizar todos os lugares destinados ao negro, e não apenas no futebol.

Uma vitória do Flamengo não vai nos fazer romper com padrões culturais do racismo. Mas abre brechas na percepção da massa de torcedores para que revejam criticamente a definição autoritária dos lugares inacessíveis ao negro, permitindo-lhes julgar e avaliar as dimensões estreitas, fechadas, subalternas do seu próprio cotidiano.

Meu time é o Bahia, que paga seus pecados na série B, mas amanhã vou torcer pelo Andrade e pelo Flamengo.

12/5/2009

O negro no topo intimida

Comentando o filme *Simonal: Ninguém sabe o duro que dei*, Marcelo Coelho, articulista da *Folha de S.Paulo* ("Simonal, de alto a baixo", 3/6/2009), disse que, nos anos 1960, a imagem de um negro no topo da pirâmide social intimidava os brasileiros.

Por que se assustavam os brasileiros, o que temiam ou receavam? Parece natural supor que os brasileiros que estavam no topo da pirâmide receassem simplesmente ficar fora dele. Deixar o topo da pirâmide social deve ser mesmo uma coisa assustadora.

Isso foi há cinquenta anos, mas existem evidências de que o referido temor não tenha ficado restrito ou localizado na década de 1960. "É esse debate alarmado e alarmista, pautado pelo racismo científico do século XIX, que acompanhamos ao longo deste livro". Essas são palavras de Celia Maria Marinho de Azevedo, no posfácio à segunda edição do indispensável *Onda negra, medo branco* (Annablume, 2004). Onda negra que se forma, na visão de senhores de escravos no século XIX, a partir das "ações anárquicas da 'gente de cor', as quais pretendem nivelar a sociedade com seu desrespeito à hierarquia social, à família, à propriedade" (p. 246).

O deputado federal Indio da Costa (DEM-RJ) participou do grupo de trabalho que discutiu a reforma eleitoral na Câmara dos Deputados. Sua reação enfática à sugestão de inclusão do quesito cor/ raça no projeto de lei então em elaboração baseou-se no argumento de que, se houvesse identificação da cor/ raça dos candidatos, os negros em seguida reivindicariam cotas na representação partidária. Uma reivindicação, como se sabe, que é expressão de desrespeito à hierarquização social e política. Com exceção de dois votos femininos, seu conselho de prudência foi acatado pelos demais parlamentares.

No dia 16 de junho, o deputado Carlos Santana (PT-RJ) encaminhou, por sugestão do *Ìrohìn*, uma indicação (INC 4349/2009) ao Tribunal Superior Eleitoral, propondo a introdução do quesito cor/ raça, nos termos adotados pelo IBGE, nos formulários de registros de candidaturas eleitorais, e a ampla divulgação de informações sobre candidatos e eleitos, segundo cor/ raça, a toda a sociedade brasileira.

É um caminho possível e o ministro Carlos Ayres Britto, presidente do TSE, expressou ao deputado Carlos Santana, a Regina Adami,* Graça Santos** e ao representante do *Ìrohìn* seu interesse em discutir o processo de afirmação identitária no campo da política. Quantos negros, quantos indígenas se candidatam? Quantos se elegem?

A omissão, no registro das candidaturas, da cor dos candidatos é reveladora dos limites da democracia no Brasil. É expressão da dominação racial no campo da política e os partidos não parecem dispostos a negociar nada que possa alterar os desequilíbrios de poder entre brancos e não brancos.

Em março, comentei no site do *Ìrohìn* resultado de pesquisa do Ibope, segundo a qual "77% dos entrevistados afirmaram que votariam em um homem negro e 75% elegeriam uma mulher negra para qualquer cargo público, número maior dos que votariam em mulheres de qualquer raça".

A pesquisa ilustrava a existência de pessoas dispostas a votar em candidatos que, a rigor, não existem. Semelhante concepção da identidade política poderia parecer estranha, mas o fato é que a mobilização política do negro passa mesmo ao largo dos partidos.

Se existe um critério objetivo para avaliar a abertura partidária para o tema da luta contra o racismo e a superação das desigualdades raciais, a partir do

---

* Diretora de gênero do *Ìrohìn*.
** Dirigente da Frente de Mulheres Negras do Distrito Federal e do Entorno.

início dos anos 1980, esse critério é a composição étnico-racial das bancadas federais, estaduais, municipais.

Pesquisa realizada pela revista *Época* e o Instituto FSB com 247 congressistas incluiu uma questão sobre a representatividade do negro no Congresso Nacional: Muito alta — 0,4%; Alta — 3,3%; Mediana — 16,7%; Baixa — 47,3%; Muito baixa — 32,2% (*Época*, n. 581, 6/7/2009, p. 44). Embora cerca de 80% dos parlamentares considerem que o negro está mal representado no Congresso Nacional, isso não significa que estejam dispostos a alterar o grave quadro de exclusão. A argumentação do deputado Indio da Costa, como vimos, só encontrou a resistência de dois votos femininos e as mulheres são apenas 7% dos parlamentares.

set. 2009

Para sempre?

A revista *Veja* comemora esta semana, com muitas páginas numa seção denominada "História", o centenário de Joaquim Nabuco, com texto de Vilma Gryzinski (n. 2147, 13/1/2010). A reportagem despudoradamente insiste no mito Nabuco, a quem chama de herói nacional da mais justa de todas as causas.

Nabuco brilhou principalmente nos teatros, onde se teria travado o principal combate da campanha abolicionista, segundo a reportagem de *Veja*. Uma campanha teatral, acompanhada de suspiros femininos, lencinhos pintados e pétalas de rosa. A mais justa causa e a mais elegante de todas as campanhas.

A base que sustenta a estátua de Nabuco, segundo Gryzinski, é o "imperativo moral", um mandato da consciência a que não se pode renunciar, principalmente por sua origem remota na pureza e inocência da infância de filho de escravocrata que se compadeceu com o sofrimento do escravo supliciado e suplicante. Cena clássica de novela de época.

As conhecidas contradições de Nabuco, que deixavam aflorar os interesses de classe e o racismo, são tratadas com desprezo ou omitidas pela reportagem. Tudo não passaria, na visão simplista e deslumbrada de Gryzinski, daquelas manifestações que costumam revelar "a complexidade e os questionamentos que se esperam dos intelectuais superiores".

A Abolição da Escravatura foi assim a obra de um intelecto superior: Joaquim Nabuco.

Superior e belo. "Branco alvíssimo", preocupado com a aparência e a moda etc. Do estrume da escravidão, nasceu a bela flor abolicionista. De nosso pior, emergiu "o melhor que o Brasil conseguiu oferecer".

Como os negros são, na reportagem de *Veja*, meras ilustrações fotográficas, imagens de corpos dominados apreendidas por fotógrafos brancos, depreende-se que a Abolição que se fez em combates travados nos teatros e parlamentos, controlada pelos senhores de escravos e seus representantes, foi o resgate do melhor da classe senhorial, que encarnava consequentemente o melhor do país, sua essência perene.

Para Gryzinski, portanto, o negro é uma fotografia na parede e em seu texto de glorificação de Nabuco não existe nenhuma alusão a outros abolicionistas. André Rebouças, por exemplo.

Conforme ensaio recente de Maria Alice Rezende de Carvalho ("André Rebouças e a questão da liberdade", que faz parte do livro *Um enigma chamado Brasil*, Companhia das Letras, 2009, pp. 48-59), Rebouças, que publicou suas ideias em livro sobre a democratização da propriedade da terra, no mesmo ano (1883) em que Nabuco divulgava seu *O abolicionismo*, se incluiria entre os perdedores na disputa de projetos de Brasil na transição da Monarquia à República.

No projeto defendido por André Rebouças, "a liberdade que emergiria do processo de abolição da escravidão somente seria efetiva se referida a um fundamento material — a propriedade da terra — e a uma dimensão coletiva". Para a autora, "Rebouças se distanciava dos pressupostos liberais, o que o tornava estrangeiro em relação ao debate político do período final do Império".

Enquanto se comemora Nabuco, se apaga intencionalmente a memória da participação negra (protagonismos e sacrifícios no campo e nas cidades, ideias e projetos políticos para um Brasil democrático). O título da reportagem de *Veja* é "Herói nacional para sempre", no qual obviamente se encontra manifestação de desejo das elites, que a revista representa, de perpetuar a dominação e sua perspectiva da história. *Veja* configura o passado de olho na eternidade.

Precisamos de um Movimento Negro capaz de discutir projeto político e alternativa de poder, resgatando a experiência histórica que permanece soterrada. André Rebouças é, sem dúvida, uma das fontes desse diálogo histórico que precisamos retomar em profundidade.

11/11/2010

O consenso das gentes

Uma empregada doméstica uniformizada serve a refeição. Na mesa estão pai e filho, que conversam. A empregada se retira. A conversa continua. Fala-se de sentimentos, desejos, vida de novela. A empregada é negra, seus patrões são brancos. A empregada veste-se de modo a nos fazer imaginar que nunca será escolhida como mulata do Ancelmo Gois. Aquelas que o serão um dia têm a pele mais clara e coxas grossas bem visíveis.

Minha imaginação não pode acompanhar a empregada sequer até a cozinha. A empregada desaparece, some. Ela pode reaparecer na porta de casa, com o casaco esquecido por um dos filhos dos patrões. Ele dirá, enternecido: "O que seria de mim sem você?". E lhe fará um breve afago, antes de entrar no automóvel e seguir para as ocupações e atribulações de um dia de trabalho.

Precisamos realmente interrogar-nos sobre o sentido dessas representações? A criação de seres inferiores destinados a compor um cenário, no qual circulam os verdadeiros humanos, sua opulência e beleza, suas necessidades e desejos.

A ficção televisiva é um imenso sumidouro de pessoas pretas. Não lhes resta nem um fluxo invisível de vida, uma conspiração na cozinha, nos jardins: posições, opiniões, proposição de soluções. Pode esquecer.

Não há a rigor também um poder que nos oprima, uma vez que ninguém se queixa de nada. Todos parecem muito felizes. Aceitamos o lugar, as funções, a desumanização — ao que parece há grande consenso em que se deve viver a vida dos outros. Só se pode mesmo ser mais feliz numa cerimônia da Seppir, onde se transita pelas mesmas formas de dominação, vive-se também um clima de fulgurante consensualidade, mas as bandejas e os talheres se disfarçam.

Que nos dizem mesmo essas tramas de novela, de racismo explícito, construídas com a conivência negra? Elas dizem o seguinte: você acaba de testemunhar como as coisas são. Há dor e sofrimento aqui entre nós? Sobra ainda lugar no seu coração para algum ressentimento, ou rancor, ou ódio, ou mesmo alguma vaga aspiração humana? Ninguém pode transcender em elevação àqueles que se dispõem a bem servir a beleza e a humanidade verdadeira.

22/4/2010

A propósito de *Caçadas de Pedrinho*

O narrador de *Caçadas de Pedrinho* (2. ed., Globo, 2008), quando se refere a Tia Nastácia, o faz preferencialmente destacando-lhe a cor (preta ou negra), a qual muitas vezes vem antecedida do adjetivo "pobre", no sentido de digno de lástima, ou no sentido de pessoa simplória, parva, tola, pobre de espírito.*

Tia Nastácia se expressa invariavelmente por meio de esconjurações e pelos sinais (imersa que está em temores, superstições e misticismos), tem dificuldades para pronunciar algumas palavras e acaba estropiando-as (*felómeno* por fenômeno) ou recusando-se, por incapacidade, a pronunciá-las (*rinoceronte*).

Os bichos, todos bem falantes, argumentam e pronunciam com correção as palavras. Num contexto em que os animais pensam, comunicam o que pensam e se expressam num registro culto, as dificuldades de Tia Nastácia reservam-lhe um lugar bastante diferenciado entre os personagens. As analogias entre bichos e humanos acabam por reduzir ainda mais Tia Nastácia. Na hierarquização sugerida, os negros situam-se abaixo mesmo dos animais.

---

* Em 2010, o Conselho Nacional de Educação (CNE) emitiu um parecer contrário à adoção de *Caçadas de Pedrinho* nas escolas da rede pública por conter "menção revestida de estereotipia ao negro e ao universo africano".

Não sendo bicho (embora tenha beiço, como as onças), Tia Nastácia é pouco provida da capacidade de pensar e de se expressar que os bichos dominam na narrativa. Na escala utilizada por Lobato, os bichos são mais sagazes e articulados.

Tia Nastácia protagoniza, ou por ser mais desastrada do que os demais, ou por não compreender os expedientes e artifícios impostos pelas circunstâncias, as cenas de quedas e de exposição ao perigo, nas quais o objetivo é provocar risos e confirmar o quanto ela é desajeitada e inepta.

Tia Nastácia apresenta-se também distinta dos humanos, distinção centrada na cor, seu principal atributo identificador (a preta, a negra…), mas distingue-se também na ignorância, nas superstições de fundo religioso. Mas é a "carne preta" que determina tudo o mais, a marca indelével de sua inferioridade biológica.

Na cena final, o narrador refere-se a ela com condescendência: "boa criatura". Condescendência que é o reconhecimento da inferioridade do outro, visto de cima. Para passear no carrinho puxado pelo rinoceronte, como os demais personagens, Tia Nastácia alega que "Negro também é gente, sinhá…".

Tia Nastácia precisa alegar sua condição humana, lembrar que os negros compartilham com os demais essa mesma condição, para também poder sentar-se no carrinho. É igual, não inferior como foi representada no decorrer da narrativa. A igualdade reivindicada contrasta com a desigualdade dos fatos narrados, os quais destacaram o suporte biológico de uma inferioridade intrínseca.

No final do relato, concede-se a uma criatura inferior, bondosa, a participação em uma atividade que envolve a todos. Mas isso a torna igual aos demais, aos olhos do leitor? Depois de marcar a personagem, de estigmatizá-la, de mostrá-la tão diferente de humanos e de animais em razão de sua cor, será isso possível?

A fala de Tia Nastácia parece questionar a hierarquização racial que a narrativa acentuou com tanta ênfase. Mas a questão é: diante das evidências de inferioridade registradas na narrativa, inferioridade sempre associada à cor da pele, por que a mera declaração desse ser parvo alegando sua igualdade nos faria duvidar da pertinência daquela outra caracterização tão enfática e duradoura? Poderíamos dizer, como na argumentação retórica, que o precedente não autoriza aquela conclusão (ver Olivier Reboul, *Introdução à retórica*, Martins Fontes, 2000). *Caçadas de Pedrinho* nos ensina que se você é negro ou preto, é inferior. A inferioridade dos negros não é só cultural, mas principalmente biológica. Isso é o que significa a palavra que está numa extremidade da frase de Tia Nastácia, no fecho do livro ("negro"). Foi esse o sentido apreendido pelo leitor, que agora chega ao final da narrativa. Na outra, está a palavra "sinhá", que o dicionário define como "tratamento dado pelos escravos a sua senhora". Portanto, se é negro ou preto, e, além disso, tem sinhá, não é igual.

Antonio Risério, em entrevista após seu rompimento com Gilberto Gil, que o demitira do Ministério da Cultura, tornou público o apelido do ministro: *Tia Nastácia*. Risério já deixou a escola há muito tempo, e suponho que há muito deixou de ler Lobato. No entanto, não só considera o apelido atual e pertinente, como sabe que seu conteúdo injurioso será perfeitamente compreendido por aqueles que tiverem acesso à entrevista (*Memorabilia*, 28/4/2009).

Quando se trata de racismo no Brasil, de representações desumanizadoras da população negra, é quase impossível segmentar o tempo, separando o passado do presente. O que temos é um presente de longa duração, no qual a defesa de hierarquizações rigidamente estabelecidas pode se travestir em proteção de obras literárias consideradas "clássicas" (ver Hannah Arendt, *Entre o passado e o futuro*, 6. ed., Perspectiva, 2007).

As contradições são bem evidentes: no jornal *Folha de S.Paulo* (30/10/2010, p. A2), depois de afirmar que há na obra "patente preconceito", o editorialista recua do manifesto para o hipotético, subordinando o debate à condição de que haja racismo em Lobato — "Se há racismo em Lobato, melhor discuti-lo em classe do que evitar sua leitura". Preconceito é certo (tomado geralmente como um delito menor, uma crença compartilhada com outros), mas é necessário acautelar-se contra a acusação de racismo.

Se o parecer do Conselho Nacional de Educação (CNE) não estimula na grande imprensa o debate sobre racismo, por que isso aconteceria na escola? Desde quando a escola passou a se insurgir contra a cultura e as relações de poder dominantes? Segundo João Ubaldo, ninguém sabe o que é certo e o que é errado e indaga: "Existirá um racismômetro?". Para Ubaldo, é preciso considerar também que "os defeitos" que se apontam em *Caçadas de Pedrinho* estejam não na obra, "mas na mente e na percepção de quem os aponta" ("Por que não reescrevem tudo?", *O Estado de S. Paulo*, 7/11/2010, p. D).

Ou seja, racista é quem diz que Lobato é racista. Numa sociedade em que racista é o negro que reivindica direitos humanos, econômicos, políticos etc., não atentar para o racismo de Lobato não é uma simples questão de preparo intelectual.

O deputado Aldo Rebelo (PCDOB-SP), radical ao revés, consegue a proeza de enxergar na figura da Tia Nastácia a projeção da "igualdade do ser humano a partir da consciência da cor". E aproveita para criticar rispidamente o Movimento Negro, por importar racismo dos Estados Unidos para nosso país "mestiço por excelência". Risério, na leitura enviesada de Rebelo, estaria na verdade elogiando Gilberto Gil quando o apelidou de "Tia Nastácia".

João Ubaldo, no artigo citado, afirma que *Caçadas de Pedrinho* é "somente um livro" que transporta as crianças "para a fantasia, a aventura e o encantamento inocentes". Não preciso me reportar aqui aos estudos sobre ideologia para refutar o encantamento e a inocência de textos que negam ao negro a condição de pessoa humana. Os leitores de Lobato aprenderam a distinguir pessoas de não pessoas, numa fantasia em que seguramente aprendem a amar porcos, bonecas de pano e sabugos de milho.

As advertências que se preconizam para serem antepostas ao livro de Lobato são de todo inúteis. O racismo não é o detalhe supérfluo e descartável de uma obra, cujo "conteúdo […] é insubstituível para a infância brasileira" (ver Carta de Yolanda "Danda" C. S. Prado à *Folha de S.Paulo*, 7/11/2010, p. A3). Em *Caçadas de Pedrinho*, a representação desumanizadora do negro é dimensão essencial na estratégia de dominação que torna possível o conforto de nossas elites, de ontem e de hoje.

Conforme ainda o editorial da *Folha*, criar obstáculos à circulação de *Caçadas de Pedrinho* é "quase como um insulto pessoal". Para o jornal, "trata-se sem dúvida de um dos livros mais carinhosamente guardados na memória do público brasileiro". Esses são os ofendidos que contam. Se a liberdade de expressão de Lobato ofende a dignidade das pessoas negras, qual é mesmo o problema? Quem se preocupa mesmo com a dignidade de seres inferiores? O ofendido a ser considerado é o leitor de Lobato, não o negro.

Segundo João Ubaldo, os leitores de Lobato "não vieram mais tarde a abrigar preconceitos e ideias nocivas, instilados solertemente na consciência indefesa de crianças". Acompanhando o noticiário sobre o parecer do Conselho Nacional de Educação, o que presenciamos é exatamente o contrário do que afirma Ubaldo. A cegueira, a resistência em admitir o racismo, as inversões delirantes, a indiferença e o cinismo tornam perfeitamente possível a hipótese de que Lobato cumpriu e cumpre um papel decisivo na formação dessa insensibilidade de intelectuais, jornalistas e professores, leitores confessos, emocionados e muitíssimo ofendidos.

Eles se sentem pessoalmente atingidos quando você critica e ameaça investir contra a hierarquização racista da humanidade que os coloca no topo de uma presumida evolução da espécie, com direitos a todos os privilégios. Sim, Lobato é um clássico do racismo brasileiro. Por isso eles dizem: "Mexeu com ele, mexeu comigo — com meus interesses, com meus privilégios".

Para concluir, precisamos refletir sobre a imagem da capa da edição mais recente de *Caçadas de Pedrinho* que tem circulado como ilustração sem o logotipo da editora (Globo). Nem no *Jornal Nacional*, nem em *O Estado de S. Paulo*, nem em *O Globo* aparece a identificação editorial. Até mesmo no Parecer CNE/ CEB nº 15/2010 evita-se citar a editora e, quando o fazem, citam-na com erro: Editora Global.

Não se pode deixar de lado o fato de que a maior parte dos recursos do Fundo Nacional de Desenvolvimento da Educação (FNDE) destina-se à compra de livros didáticos e paradidáticos. A Editora Globo, ao assumir os direitos sobre a obra de Lobato, quer alcançar uma fatia maior dos bilhões de reais à disposição do FNDE. É preciso colocar a apropriação do dinheiro público também na roda de debates. Para compreendermos todas as dimensões do escândalo midiático que se seguiu ao Parecer do CNE, precisamos seguir o dinheiro.

11/11/2010

Dumas e os outros

Para confrontar valores estabelecidos e aumentar a adesão às teses antirracistas que defendemos, em algum momento todos nós recorremos, na argumentação, a uma espécie de mapeamento de vultos negros ilustres.

Já era assim no século XIX, como registra o jornal *O Homem*, feito por negros livres em Recife, em 1876: "Quem foram Alexandre Dumas pai e Alexandre Dumas filho, essas glórias literárias da França, senão homens de côr parda?".

O artigo de *O Homem* argumentava na defesa da unidade da espécie humana ("a pelle dos homens de raça caucásica (branca) e a dos homens de raça ethiope (preta) são a mesma pelle"), trazendo novidades atualíssimas ainda em 2015, como o comprovam em sua peregrinação ativistas e propagandistas dedicados à formação política e à agitação de ideias antirracistas por esse Brasil afora.

Funciona? A meu ver tem importância e pertinência sempre, diante da prolongada resistência ideológica, especialmente quando sabemos (e podemos) explorar a fundo a perplexidade do auditório ("Nossa, eu não sabia que ele/ ela era negro(a)..."). Afinal, que os negros *não* possam se destacar parece ser uma negativa fundamental nesse colosso construído pelo racismo.

Por isso mesmo, quero chamar a atenção dos leitores, porque talvez tenha passado despercebido de muitos, para o lançamento no início deste ano do livro *O Conde Negro*, de Tom Reiss (editora Objetiva, tradução de Cássio de Arantes Leite). Trata-se de uma biografia, premiada com o Pulitzer, sobre Thomas-Alexandre Dumas, nascido no Haiti e avô das ilustres figuras literárias francesas.

Há o Alexandre Dumas pai, o autor de *Os três mosqueteiros*, *O conde de Monte Cristo* e mais de uma centena de obras; há o Alexandre Dumas filho, autor de *A dama das camélias*, romance e peça, e de uma também vasta obra; e Tom Reiss apresenta-nos agora o Alexandre Dumas avô.

Quando em 2002 o presidente francês Jacques Chirac fez trasladar as cinzas de Alexandre Dumas (pai) para o Panteão em Paris, uma homenagem no bicentenário do autor, muitos jornais brasileiros suprimiram as alusões à cor do romancista que estavam no noticiário internacional (inclusive Roberto Pompeu de Toledo, na *Veja*), como se a cor do "escritor francês mais lido no mundo" não tivesse a mínima importância.

Embora fosse autor de meu conhecimento desde a infância mais remota (minha mãe, noveleira-mor, adorava *O conde de Monte Cristo*), eu só iria topar com a imagem de Alexandre Dumas, na foto famosa de Félix Nadar, em plena vida adulta.

Assim como Antonio Candido, que conheceu Mário de Andrade, casou com uma prima dele de evidentes traços negroides e nunca soube que Mário era negro, efeito talvez daquela seletiva desatenção que não nos permite observar o que não queremos observar, a foto de Nadar, embora de ampla circulação, é vista, de fato, por pouca gente.

Mas o livro de Tom Reiss é mesmo uma delícia, porque podemos mergulhar numa aventura extraordinária de força, inteligência e integridade de um general republicano negro que bateu de frente com o crudelíssimo general Bonaparte e, infelizmente, foi derrotado. O livro vale pelo que narra do general Dumas, apoiado em documentação inédita, e, muito especialmente, pelas preciosas informações sobre a articulação política negra no final do século XVIII na França e em suas colônias, agitadas pela Revolução, com vasta bibliografia em francês e inglês.

A nova era de liberdade inaugurada pela Revolução Francesa foi impulsionada também pela ação política de ativistas negros, que forçam os limites da "universalidade" da Declaração dos Direitos do Homem e do Cidadão. A biografia do general Dumas ilumina para nós a grande agitação política e militar de negros, homens e mulheres, livres e escravizados no período revolucionário e, de forma instrutiva, fortalece nossos esforços no presente.

11/4/2015

O lenço

A Ângela Gomes

Carolina Nabuco, filha de Joaquim Nabuco, é autora de *Oito décadas*, um livro de memórias, editado pela José Olympio em 1973.

Na primeira parte, que corresponde aos seus dez primeiros anos, de 1890 a 1900, a autora refere-se a uma ex-escrava, envelhecida, que continuou residindo em Maricá, no Rio de Janeiro, após a Abolição, quando a fazenda que pertencia a seu avô materno, José Antônio Soares Ribeiro, barão de Inoã, entrara em decadência.

O nome da ex-escrava é Henriqueta e deixemos falar Carolina:

Ela fora, nos tempos da escravatura, responsável pela enfermaria da senzala e pelo tratamento dos escravos doentes ou acidentados. Antes de receber esta incumbência esteve, moça ainda, mandada por seus senhores para ganhar prática, num hospital no Rio. Ouvi contar dela (e esse feito despertou-me ilimitada admiração) que salvara a vida de um homem estripado por um touro. Recolocara-lhe os intestinos, após lavá-los num córrego próximo, e recosera-lhe o ventre conforme as regras da cirurgia. Era uma preta alta e magra com um ar de respeitabilidade que as outras velhas não tinham, talvez por causa do lenço que trazia amarrado à cabeça, salvando-a do desmazelo dos cabelos selvagens ou encarapinhados das demais moradoras da "rua" (chamavam assim à antiga rua da senzala). Henriqueta era mulher realizada pela vocação médica que era sua. Continuava ativa, servindo a vizinhança como parteira, doutora e distribuidora de ervas aptas às curas.

Antes de assumir a responsabilidade de cuidar de escravos doentes e acidentados, Henriqueta foi mandada a um hospital para treinamento. Não sabemos se as coisas se passaram exatamente nessa ordem; provavelmente não. O relato de um de seus feitos que chegara a Carolina beira o fantástico, mas atesta que o treinamento foi efetivamente assimilado ("conforme as regras da cirurgia"). Habilidade, conhecimento, atitude, iniciativa pessoal.

A narração de Carolina faz alusão a uma vocação médica, no exercício da qual Henriqueta se realiza. Há saberes adquiridos por Henriqueta, mais formalizados, de que Carolina conhece seguramente a fonte. Outros, ela intui vagamente, e sua dimensão mais concreta aparece relacionada ao conhecimento de "ervas aptas à cura". A escolha de Henriqueta para as funções que desempenha exclui a comunidade desde o início do relato, o que parece muito pouco provável.

Aqui temos uma brecha para percebermos que Carolina pode ignorar muito sobre Henriqueta, seus saberes e suas habilidades, e sobre as fontes de sua respeitabilidade. "Talvez por causa do lenço...", pensa Carolina.

A origem da respeitabilidade de Henriqueta, de seu reconhecimento na comunidade, quando associada ao lenço que lhe cobre os cabelos, pode soar pueril à primeira vista. No entanto, precisamos atentar para o uso no texto do verbo "salvar".

Em sua primeira ocorrência, Henriqueta "salva" o homem que fora estripado pelo touro. Na segunda, Henriqueta "foi salva", pelo uso do lenço, de parecer selvagem e desmazelada como outras mulheres da rua da senzala.

O alcance social, na visão de Carolina, do fato de Henriqueta esconder os cabelos "selvagens" é imenso, equiparável, em sua eficácia simbólica, ao gesto salvador de uma vida e que lhe provocara tanta admiração.

Carolina percebe assim que a cabeça coberta de Henriqueta significa algo relevante, mas inventa-lhe uma justificativa, moldada por seus próprios preconceitos. Mas, podemos conjecturar, ao contrário do que pensa Carolina, Henriqueta cobre a cabeça obedecendo a códigos e significados ritualísticos e/ ou religiosos dentro de seu universo cultural? O lenço pode significar a existência de determinados procedimentos de iniciação por que passou Henriqueta, reconhecidos e legitimados pelos moradores da rua da senzala? Não sabemos. Entretanto, é seguro que Carolina lê o gesto dentro dos significados estritos que lhe dita o preconceito.

Deixamos falar Carolina, mas não podemos deixar falar Henriqueta. Podemos compartilhar a memória de Carolina, mas um silêncio recobre em nossa história pessoas, experiências, memórias. Um silêncio que desafia nossa própria sobrevivência. Não sobrevive um coletivo impedido de compartilhar sua própria experiência — a qual simplificada, distorcida, se transforma em alguma coisa completamente diferente: "Talvez por causa do lenço...".

24/6/2015

As pessoas se incomodam

Para a atriz Fernanda Montenegro, em entrevista no domingo a Luiz Carlos Merten de *O Estado de S. Paulo* (6/9/2015, Cad. 2, C1), a afirmação da negritude foi a causa dos problemas de audiência da novela *Babilônia*. "O resto foi pretexto", disse a atriz.

O escândalo causado pelo beijo de duas personagens femininas teria servido apenas de cobertura, para distrair a atenção de uma "verdadeira revolução" — a grande quantidade de personagens negros bem-sucedidos, as uniões inter-raciais, o elogio da miscigenação. "Isso foi o que incomodou", ela disse.

Se você pensa que a televisão é um mundo que havia afastado esse aspecto insuportável da realidade brasileira (a presença de negros e negras), um grande elenco negro não poderia deixar de produzir incômodo e mal-estar. O que é mais natural para nós do que ligarmos a TV e não enxergarmos negros?

Cacá Diegues contou o seguinte episódio em sua autobiografia:

Numa reunião para comercial sobre shopping center, a representante do cliente me recitou longo "briefing". Num comercial de shopping, dizia ela, não podia aparecer dinheiro ou exposição de preços. E sobretudo que não filmássemos nenhum negro, mesmo que em distante figuração. Acreditei que a moça, conhecendo *Quilombo*, estivesse fazendo uma piada. Mas era isso mesmo, não era permitido aparecer crioulo. (*Vida de cinema: Antes, durante e depois do Cinema Novo*, Objetiva, 2014, p. 627.)

Mesmo que em distante figuração. Ou seja, nem a representação de uma figura ao fundo, mera presença, sem participação ou intervenção. Não. Será possível entender a complicada cabeça do(a) brasileiro(a) sem essa negação?

Que fantasia soberba: dinheiro, não; preços, não; pretos, também não. Trata-se, ao que parece, de esconder o que é essencial. Vocês podem imaginar nesse ambiente a tensão criada pelos rolezinhos,* lembram-se? Negros na novela provocam, ao que parece, a mesma tensão que os rolezinhos criavam nos shoppings e, segundo Montenegro, acabam constrangendo a audiência.

Tornar possível um Brasil sem preto, convenhamos, pressupõe o extremo domínio de técnicas sofisticadas de exclusão, mas pressupõe também outras disposições e aptidões especialíssimas. No relato feito por Diegues, como vimos, não há nenhuma sofisticação. De regra, há, no entanto, meios mais refinados de fazer prevalecer velhas hierarquias.

Visite a África do Sul. Nos anos 1980, os coloridos anúncios de agências de turismo convidavam para uma visita ao país do apartheid. Mas não se falava de apartheid, claro. Os negros desapareciam dos anúncios, que se dividiam em imagens de grandes mamíferos e pessoas brancas em ambientes suntuosos. Quem é capaz de apreender a dimensão grandiosa da realidade subtraída pela ideologia do racismo?

O Movimento Negro protestou, os anúncios sumiram das revistas. Mas os nossos anúncios aqui no Brasil estavam e estão submetidos ao mesmo princípio de negação da realidade. Trata-se de uma recusa sistemática a validar a experiência social dos negros. Afastam-na com desprezo e são muitos os truques de edição a que recorrem para, igual ao que ocorria no apartheid, conseguir descartar a presença da maioria e toda a imensa riqueza e diversidade de seu mundo humano.

Não é fácil, cara, apagar a maioria. Pense nisso.

---

* No final de 2013, uma onda de encontros de grupos numerosos de jovens, geralmente negros e de baixa renda, em shoppings de São Paulo, combinados pelas redes sociais, foi reprimida pela polícia e pela Justiça.

Selecionar conteúdos e imagens, personagens e figurantes, tramas, memórias, conflitos; soterrar acontecimentos históricos e quotidianos. Sacrifícios gigantescos. Pessoas que nunca chegarão a formular nada, nem interpretar, nem dirigir, nem cantar, nem dançar, nem ensinar nem aprender, nem amar, nem odiar, nem criticar, nem tomar emprestado nem emprestar, nem fazer política, nem viajar, nem comprar, nem vender, nem ser preso sem culpa, que não serão torturadas, nem assassinadas. Trata-se de conceber as pessoas negras de um modo absolutamente distinto de como as pessoas brancas são concebidas.

Lembrei-me de um conto de Gilda de Mello e Souza em que a personagem "pôs-se a imaginar que não existia, não existia" ("A visita", 1958). Um sentimento assim poderia provir do contato com uma realidade midiática que sistematicamente negasse nossa existência. Frequentemente é o que ocorre.

Mas precisamos pensar que o descarte da maioria acentua ainda deformações monstruosas no mundo branco. Apreendem-se as pessoas negras, mas como se elas não fossem exatamente pessoas. Elas existem, elas estão aí, mas elas não importam. Simplesmente isso. Seja lá o que elas forem, pessoas ou coisas, elas não importam.

9/8/2015

Sobre nossa adesão, complexa e contraditória

"Numerosos oradores se fizeram ouvir, em sua totalidade pessoas importantes na vida política, econômica e social do país. No meio deles porém surgiu inesperadamente um preto que [...] fez um longo discurso."

Extraio esse fragmento do livro *João Alfredo, o estadista da Abolição*, de Manuel Correia de Oliveira Andrade. Nos parágrafos abaixo examino alguns aspectos de uma ideologia que diferenciava e diferencia pessoas (brancas) das não pessoas (negras) e a forte disposição a se adaptar ao marasmo político vigente.

No fragmento, os oradores são pessoas de grande importância, logo a cor não precisa ser expressa. Nenhum leitor deixará, no entanto, de compreender que as pessoas são brancas. No contexto brasileiro, desde sempre, não é necessário citar a cor de pessoas importantes. Aliás, nossas circunstâncias impõem mesmo que ela nunca seja citada.

Aquele cuja pele é preta e foi designado por sua cor não é uma pessoa importante. Nem política, nem econômica, nem socialmente importante. Sua presença deve expressar testemunhos de gratidão pela ação atribuída ao estadista morto. João Alfredo Correia de Oliveira Andrade (1835-1919) encaminhou o projeto da Lei Áurea, como todos sabem.

O "preto" teve espaço para uma fala de longa duração, na condição de testemunha da grandeza do outro. Ocorre que não é uma simples metonímia, quando você se refere a alguém pela cor de sua pele e essa pele é preta. O que acontece? Você designa um conjunto de seres inferiores, e inferiores pela razão que você acaba de assinalar. Os humanos identificados por esse marcador (pele preta) não o são de fato. Aqueles designados pela cor da pele não pertencem à categoria dos humanos. E no meio de oradores importantes, brancos, surge alguém que, condicionado por sua natureza inferior, não fala evidentemente para confrontar ou impor qualquer tipo de ruptura.

Nosso orador inopinado encarna certamente a adesão. Ele representa a figura do liberto agradecido aos "estadistas", é uma construção extraordinária. Um homem preto enxerido que discursava longamente. O orador que registra a passagem do conselheiro João Alfredo mais parece uma ocorrência puramente retórica. Uma projeção da gratidão que compunha a representação oficial das antigas comemorações do Treze de Maio.

No texto, é uma presença inesperada, mas de cuja enunciação não se pode prescindir. Ele era o "porém", mas sem o "porém" e a situação de comunicação criada, certas propriedades do finado não poderiam ser realçadas como deveriam. Indispensável. Se não estivesse mesmo estado ali, deveria ter sido criado.

O aspecto simbólico do personagem o torna representante de "objetos" não dotados de ação própria. É o representante simbólico do grupo das não pessoas. A motivação e a ação que se devem destacar no processo de emancipação precisam estar associadas a figuras como a do conselheiro morto.

Para acreditarmos que podemos mudar alguma coisa, temos que saber neutralizar os efeitos de símbolos e vinculações simbólicas aceitas como verdade histórica, as quais convertem os negros em não pessoas, inofensivas e passivas, profundamente agradecidas.

A efetividade dessa representação ideológica já era duramente contrastada na República Velha, quando foi grande a agitação política dos negros em todo o país. Contrariamente a essa desvalorização e exclusão, pessoas negras enxeridas se debateram, espernearam, se organizaram e combateram no período imediatamente posterior à Abolição.

Vamos citar algumas emblemáticas: o advogado Manoel da Motta Monteiro Lopes, também pernambucano, se opôs, na onda de uma grande mobilização negra que cruzou o país, às barreiras que bloqueavam o acesso ao mundo da política. Se fez, na marra, o primeiro deputado negro no período dito republicano; Isaías Caminha, narrador do livro de estreia de Lima Barreto, que refutou na primeira pessoa teses eugenistas e racistas e mostrou as entranhas do jornalismo da capital; e João Cândido e seus camaradas falaram grosso contra a chibata e penas cruéis.

Mais de um século depois, quando consideramos a épica resistência negra na chamada República Velha, em contraste com os dias atuais, o sentimento que prevalece entre nós é o da perda de orientação política. Diante dos fatos e dados disponíveis, nossas escolhas parecem equivocadas e, se não ignoramos os fatos, somos incapazes de perceber o que se oculta atrás das aparências. De qualquer forma, para fins práticos, ainda que se leve em conta momentos de revolta e indignação, aderimos essencialmente aos valores de uma sociedade que nos desconstitui como pessoas. Marchamos em silêncio, num "férvido preito",* ao lado do esquife de estadistas mortos.

29/1/2017

* Citação do "Hino do Senhor do Bonfim".

"Quero nascer, quero viver"

A ADNews é a agência responsável pelo anúncio de lançamento de modelo da marca Jeep, o Compass, que utilizou a melodia da canção "Preciso me encontrar", de Candeia. A canção, interpretada por Cartola, aparece em disco da Marcus Pereira, salvo engano de 1976.

Gosto da canção (muita gente gosta) e utilizei um verso seu ("quero nascer, quero viver") como epígrafe de um livro de poemas (*Ubá*), em 1999. O mundo em que se é morto-vivo, realidade extrema, não merece menção explícita na letra da canção, que projeta com ênfase o renascimento idealizado, romântico, com aurora, água corrente e canto de pássaros.

No anúncio, é óbvio, tudo se reduz a andar por aí de Jeep Compass. Segundo informa a agência, o "conceito" do anúncio é "feito no Brasil de tudo o que somos e tudo o que podemos ser", que evidentemente não quer dizer coisa alguma, é uma quase ideia, parasitária de alguma coisa com sentido que leram algum dia em algum lugar.

Sobre a canção de Candeia, o release da ADNews diz que se trata de "uma ode à busca do ser humano por significado". Esse ser humano é todo mundo em qualquer tempo e lugar. Um plano de universalidade que esvazia o caráter histórico que me interessa. Sou muito limitado e considero essas generalizações claros sinais de uma disposição do intérprete de fugir do contexto. Que vida não significa exatamente viver, no contexto que produziu esse discurso?

Na mesma década de 1970, Martinho da Vila compôs "Assim não, Zambi", que conhecemos na voz de Clementina de Jesus. Vejamos os versos, pensando na recusa radical, no grito da alma que se faz ouvir na canção de Candeia ("quero nascer, quero viver"). O que é latência e implícito em Candeia se escancara nos versos de Martinho da Vila:

> Quando eu morrer/ Vou bater lá na porta do céu/ E vou falar pra São Pedro/ Que ninguém quer essa vida cruel// Eu não quero essa vida não, Zambi/ Ninguém quer essa vida assim não, Zambi// Eu não quero as crianças roubando/ A veinha esmolando uma xepa na feira/ Eu não quero esse medo estampado/ Na cara duns nego sem eira nem beira// Abre as cadeias/ Pros inocentes/ Dá liberdade pros homens de opinião/ Quando um nego tá morto de fome/ Um outro não tem o que comer/ Quando um nego tá num pau de arara/ Tem nego penando num outro sofrer// Eu não quero essa vida assim não, Zambi/ Ninguém quer essa vida assim não, Zambi.

É claro que, vistas as coisas assim, a recusa tem uma dimensão coletiva (um nego e outro nego, idosos e crianças) e a busca do ser humano por significado tem necessariamente um caráter coletivo. A propósito, é bom lembrarmos que "não quero essa vida cruel" significa alusão ao derramamento de sangue, consequência das agressões violentas que atingem a população negra. "Cruel" vem do latim *cruor, cruoris*, é sangue derramado.

Voltemos ao anúncio, onde aparece um negro boiando. Sim, ele não dirige o Jeep, ele não acompanha quem dirige o Jeep. Parece alguém que passa no momento de gravação do anúncio sem vinculação com os outros personagens, nem com a mercadoria anunciada.

O anúncio revela nesse fantasma perplexo suas inconsistências. Um tipo de voyeurismo fica reservado ao negro, na medida em que está dentro e fora do anúncio. É tocante sua solidão, seu desamparo. A dita homenagem a Cartola e Candeia, assim está no release, não sabe o que fazer com a representação do negro. Trata-se de uma forma nada sutil de descompromisso histórico.

1/10/2017

O passado sempre chega ao presente?

O bom artigo de Ana Flávia Magalhães Pinto e Felipe da Silva Freitas sobre Luiza Bairros, divulgado na revista *Afro-Ásia* (n. 52, pp. 215-76), traz ao final uma preciosa relação de textos da autora divulgados em livros, revistas e jornais.

Há, certamente, mais alguns, dispersos por aí, a que se acrescentarão correspondências de que não se pode ainda avaliar a extensão, e a eventualidade de entrevistas, palestras e depoimentos gravados. Há muito tempo os livros se fazem acompanhar de registros sonoros e, no caso da enunciação vocal de Luiza, é indispensável isso.

Pela influência que Luiza Bairros teve e tem no Movimento Negro contemporâneo, sua trajetória e testemunho devem inspirar uma variedade de estudos críticos e pesquisas. Ana Flávia Pinto e Felipe Freitas alertam que cobriram apenas parte dessa trajetória nessa primeira contribuição da *Afro-Ásia* e pretendem dar prosseguimento ao trabalho.

Lélia Gonzalez, de quem editei três artigos (no tabloide *Raça & Classe*, no *Jornal do MNU* e na revista *Humanidades*) ainda não teve a sorte de ter reunidos seus escritos, decorridos tantos anos de sua morte. Tudo virou raridade e as novas gerações a conhecem mais por ouvir dizer, o que é lamentável. Há dezenas de outros personagens, igualmente decisivos para a memória recente do Movimento Negro, na mesma situação de Lélia.

Já sabemos que será impossível reconstituir a verdade histórica sem o acesso a testemunhos indispensáveis. Não custa lembrar que os programas de história oral surgem em universidades americanas (Columbia, Yale) em 1948 e colhem depoimentos de sobreviventes do Holocausto judeu. Ainda há tempo para impedirmos a dissolução do passado recente de esforços e lutas do Movimento Negro?

Abdias Nascimento não se cansou de nos mostrar o caminho. Foram coisas preciosas que Abdias nos ensinou. Quando vamos compreender isso, afinal? Abdias se foi, mas deixou tudo arrumado. Tratou com seriedade seus esforços e os de sua geração. Livros, revistas, jornais, panfletos eleitorais, manifestos, discursos parlamentares, testemunhos de aspectos pessoais e biográficos, entrevistas etc.

Contou com a qualidade de um grupo de assessores negros comprometidos, militantes e intelectuais, e contou (e conta ainda) com a dedicação de Elisa Larkin. Mas nada existiria sem a firmeza de atitude do próprio Abdias, consciente de que seus cuidados na preservação da memória, pessoal e coletiva, eram imprescindíveis e parte essencial de seu legado para as novas gerações. Obrigado, meu velho.

Ocorre-me a pergunta, desculpem-me, pois ela deve ser dirigida aos muitos desavisados entre nós: podemos prescindir do passado? Steve Biko disse, de modo a ser entendido por todos, que um povo sem passado é como um carro sem motor. Então refaço a pergunta que fiz: pretendemos ir a algum lugar? Se é verdade que pretendemos, será preciso ligar o motor.

Em condições políticas "normais", disse Beatriz Sarlo, o passado sempre chega ao presente. Nossas condições de vida no Brasil não são normais, certo? O Estado, o governo, os meios de comunicação, as escolas e os partidos, e um número infinito de instituições dedicam-se a apagar ou distorcer os fatos reais e concretos nos quais se envolveu e se envolve a população negra. Tudo bem? Então, compreenda de uma vez por todas que, sem sua ativa participação, o passado não chegará até nós.

Voltemos a Luiza Bairros. Mas quero deixá-la falar. Posso ouvi-la dizendo o fragmento que cito abaixo. Afinal, ela vive através de nós. A minha lembrança é diferente de outras, muitas, e ela revive nesse diálogo que trava com todos nós, seus admiradores.

O texto transcrito a seguir foi retirado de um jornal eventual, editado pelo mandato do então vereador Juca Ferreira, em setembro de 1999 (p. 5), a propósito de relatório da Comissão Especial de Inquérito (CEI) que investigou o racismo no Carnaval de Salvador. O relatório foi mutilado por setores governistas e não contou com os votos da oposição.

A CEI cumpriu um papel importante, mesmo negando a existência do racismo, tão evidente no Carnaval e no cotidiano da cidade. O que eu digo parece contraditório? Mas não é. O relatório adulterado, aprovado às escondidas pelos vereadores governistas, demonstra que o Movimento Negro tem estado com a razão ao apontar o papel das instituições na manutenção do racismo, e a conivência destas com setores empresariais. Para manter o povo negro fora das manifestações que ele próprio (re)criou vale tudo. Brancos travestidos de aliados participam de nossas organizações, dizem professar as religiões negras mas, ao mesmo tempo, conspiram contra nossos interesses, em favor dos senhores da casa grande em que se transformaram os blocos de trio. Negros, numa versão contemporânea dos feitores, negociam a história de seu próprio povo e fingem esquecer a constante discriminação que também sofrem, às vezes calados, às vezes sorridentes, e sempre curvados pelo peso da subserviência. Diante disto, resta ao Movimento Negro, e aos que a ele se aliam, sem demagogia, ir às ruas para realizar uma grande manifestação contra o racismo e, ao mesmo tempo, denunciar os blocos de trio racistas e seus porta-vozes na Câmara dos Vereadores. (Luiza Bairros, Iyalodê — Centro de Referência da Mulher Negra.)

A voz indignada de Luiza Bairros nos alcança, é um apelo visceral que nos impulsiona para o combate. Trata-se de uma reflexão honesta sobre uma realidade dilacerante, que perdura no tempo. Nada que não possa ser apagado? Infelizmente, pode sim. Sem nossos esforços, imensos, gigantescos, essa é uma história que pode não ser contada aos negros amanhã.

15/10/2017

"Solte meu cabelo!"

Leio notícia com deliberação do Ministério Público Federal da Bahia que impede que autoridades possam decidir sobre corte de cabelos, maquiagem e cor das unhas de estudantes. O alvo, segundo o noticiário, seriam as chamadas escolas cívico-militares.

No ano passado, uma professora do Recôncavo comentava comigo o caso de uma garota que tinha procurado sua professora, colega de minha informante, para pedir-lhe que intercedesse junto à mãe para que esta permitisse que ela fosse com os cabelos soltos para a escola. A garota dizia que já se cansara de pedir, sem êxito, à mãe: "Solte meu cabelo!".

A criança insistia que queria ficar igual a suas colegas e amiguinhas e era grande a resistência da mãe, por isso queria a ajuda da professora.

A liberdade com que se expressam os cabelos de nossa juventude neste momento vai bater de frente com uma concepção de disciplina vigente em escolas militares. A questão essencial é, a meu ver: rasgados os véus enganadores dos preconceitos, as crianças estão curtindo a delícia e o prazer de serem quem são, certo? Sabem-se negras e curtem seu pertencimento étnico.

Diante desse fato, histórico e social, o que fará uma noção estreita de disciplina? Não tenho dúvidas, vai tentar inculcar preconceitos. Eu digo que vai tentar e antecipo que será uma tentativa vã, destinada ao fracasso.

Quando chamo a atenção para a dimensão histórico-social dessa afirmação da identidade, é para salientar o esforço que fizemos para nos libertarmos daquelas travas da negação e do controle. Uma luta longa e difícil cujos resultados não poderão ser apagados por nenhum documento "legal".

Recolho na farmácia um folheto publicitário. Um grupo de doze jovens negras em atitude desafiadora: "Hidratação poderosa para você definir seus cachos e seu amanhã".

Sim, ninguém está falando somente de cabelos. Na real, o papo nunca foi esse. Como se pode ver, a hidratação permite fornecer elementos a nossa reflexão sobre poder e quem define o que na nossa vida.

A disciplina militar que raspa, corta, prende e esconde também não engana ninguém. É como a prisão por vadiagem que se seguiu à Lei Áurea, em 1888. Era preciso continuar a manter o controle sobre corpos livres.

Os valores abstratos, que normalmente são alardeados como razão para as medidas repressoras, transformam-se em coisa nenhuma diante dos fatos desmoralizadores que acompanham os formuladores dessas políticas.

"Solte meu cabelo!" tem um significado que envolve a construção mesma da pessoa, não é acidental nem superficial, nem tampouco suscetível de controle pela disciplina militar.

Lembram-se de Tiririca? "Veja os cabelos dela/ Parece bombril de arear panela". "Solte meu cabelo!" é modo de expressão da pessoa que enfrentou os tiriricas da vida e seus asseclas. O pensamento reacionário que se traveste de normas e regras disciplinares imagina-se capaz de retomar um tempo em que adultos viviam aterrorizando crianças com seu próprio cabelo.

jan. 2020

O vatapá de Machado

Acho que uma cena de um antigo conto de Machado de Assis deveria receber nossa atenção. *Contos fluminenses* é um volume datado de 1870 e reúne os primeiros contos do autor. Quase duas décadas antes da Abolição, as histórias fazem aqui e ali rápidas alusões a moleques e raros vultos domésticos, que nos permitem mal entrever a presença negra no contexto da escravidão.

Fui surpreendido por uma cena do capítulo 4 de "Luís Soares". Os contos estão cheios de peças da desgastada carpintaria romântica, testamentos, cartas, heranças etc., de que o mesmo autor, Machado de Assis, irá debochar mais adiante em conto célebre — veja a propósito "A chinela turca".

Em "Luís Soares", um personagem, Anselmo, se anuncia por uma carta ao major Vilela, tio de Adelaide, herdeira de grande fortuna. Nada disso importa aqui, caros leitores. O que nos surpreendeu na carta de Anselmo Barroso de Vasconcelos, fazendeiro rico, amigo do major, é o pedido com que anuncia sua chegada ao Rio, vindo da Bahia: "Prepara um jantar. Creio que me não hás de receber como qualquer indivíduo. Não esqueças o vatapá".

O prato ostenta um prestígio inequívoco e major Vilela, de imediato, repassa ordens para d. Antônia, prima e agregada: "Antônia, mande fazer um bom vatapá". O elevado estatuto de que goza o vatapá é também compartilhado pelo major.

Notem bem, minha expectativa era nenhuma, lia o conto por desfastio, acuado pela pandemia, e de repente surge esse vatapá. O desejo de Anselmo não parece expressar um comportamento excêntrico. O major não cria a menor dificuldade para atender prontamente a solicitação.

Os negros são quase invisíveis, mas o vatapá de algum modo parece, ao menos simbolicamente, romper o "equilíbrio" e sugerir talvez que algo está fora de controle. Na culinária da segunda metade do século XIX, um jantar de recepção a um amigo e rico fazendeiro trazia no cardápio, como peça de destaque, o vatapá.

Seguramente, o mundo que obedecerá na cozinha às ordens da prima Antônia não será alcançado pelos leitores, que saberão inferir, no entanto, quem são os seres tornados invisíveis na narrativa e responsáveis pela realização do prato especial demandado pelo visitante.

"Não esqueças o vatapá" significa que o prato já foi degustado anteriormente na casa do major? É altamente provável que seja "fato de experiência", mas o conto não autoriza especular muita coisa além disso. Não há também informação sobre se o major é baiano, nem Anselmo tampouco. Apenas informa-se que Anselmo está vindo da Bahia, fazendo questão de comer o vatapá da casa do major.

Os políticos baianos foram figuras de proa na capital do Império, todos sabem. Serviçais capazes de fazer um bom vatapá não seriam também tão raros na Corte. Deixo aos leitores a cruza dessas informações.

O que me interessa é o contraste entre a aura de prestígio de que já goza um prato da chamada "culinária afro-brasileira" e a acentuada invisibilidade na narrativa de africanos e seus descendentes escravizados. Com o demandado vatapá, aquilo que se pretendia esconder de algum modo reponta na cena principal.

A celebração do vatapá explicita, assim, algum sentido político ou é um detalhe quase irrelevante? A narrativa aparentemente já eliminou qualquer traço de conflito, e prevalece, soberano, o mundo dos senhores, sem perturbações.

O vatapá é exigido com ênfase por quem tem propriedade e renda e escravos. Nessas circunstâncias, é expressão da dominação, e por que me surpreende a valorização derivada de sua presença, exigida pelo hóspede no cardápio?

Sabemos que nada era tão tranquilo assim na década que antecedeu à Abolição. Porém, ao menos na mesa do major, brancos escravocratas compartilhavam valores (culinários) com africanos e seus descendentes escravizados.

O vatapá é a chave para desvendar altas complexidades de uma sociedade em ebulição? Eu sou um visitante importante e o reconhecimento dessa distinção se dá à medida que sou recebido com um vatapá, iguaria associada àqueles seres subalternizados e destituídos de qualquer consideração.

É esse paradoxo o grande argumento trazido pela presença do vatapá — a rígida hierarquização não era isenta de ambiguidades.

Anselmo, fazendeiro e proprietário de escravos, é o porta-voz que reivindica o vatapá. O resto da cadeia se mexe para cumprir os desejos de Anselmo. No extremo, corpos invisíveis realizam o prato desejado.

O vatapá assume valor simbólico, pois evoca os ausentes e é a materialização de um desejo senhorial. Vatapá para designar o povo negro-africano, mas exigido pelo senhor. Que grande emaranhado...

Como devemos entender, afinal, o vatapá de Anselmo? Caros leitores, minha única ambição neste momento é desvendar os sentidos ocultos no vatapá de Anselmo, ajudem-me, se puderem. Uma grande mancha amarela, o prato mais atrativo do jantar, se mistura talvez com questões de fundo.

Em razão de seus vínculos de origem, representa alguma ruptura? É uma presença, sem dúvida. Que mais, Machado?

2020

Racismo e democracia

Peço ao leitor que imagine que está diante de uma reportagem cujo título é: "Jovem testemunha roubo de moto, mas é preso e condenado pelo crime". A julgar pelo título, a reportagem traz uma reviravolta. Na primeira oração, o jovem tem o status de testemunha; na segunda, ele é o autor do delito; e, de modo célere, na terceira já foi preso e condenado.

Vamos introduzir no título um adjetivo, definidor de traço da aparência do jovem: "Jovem *negro* testemunha roubo de moto, mas é preso e condenado pelo crime". O adjetivo é um marcador biológico que não se resume a indicar aspectos da corporalidade da testemunha. É uma palavra associada a representações negativas e significados implícitos. Com sua presença, será muito difícil que, num país de forte herança colonial, as pessoas se ocupem apenas com o significado explícito no título da reportagem.

Desde que introduzimos a palavra "negro", sua poderosa carga negativada pelos preconceitos torna tudo possível, e o título da reportagem já não nos parece estranho. É evidente para o racismo que devemos desconfiar de uma testemunha negra. O preconceito reorienta nossa leitura, e a rapidez do processo que prendeu, julgou e condenou não nos causa perplexidade. Normal.

Outra reportagem do portal UOL traz o depoimento de jovem médica negra de Natal que teve a formatura acelerada e foi lançada na linha de frente contra a covid-19. A médica, de jaleco e estetoscópio no pescoço, relatou cenas explícitas de discriminação racial em seu trabalho.

Embora vestida de médica, a cor da sua pele gritava uma negação de seu status perante olhos preconceituosos. O jovem não pode ser testemunha, a jovem não pode ser médica. É o racismo decidindo quem tem e quem não tem o direito de tornar-se cidadão. A cor da pele destina-lhes lugar inferior nas hierarquizações sociais.

Vistas as coisas assim, é a biologia (uns são plenamente humanos, por sua natureza superior; outros são manifestações inferiores da humanidade, também em razão de sua própria natureza) que decide a marginalização do negro, suas privações, o desemprego e a fome.

Se democracia pressupõe igualdade de direitos e oportunidades, é evidente que a afirmação da inferioridade biológica, essencial ao racismo, afasta os negros, a maioria da população, da possibilidade de competir e de realização plena.

Para Florestan Fernandes, "o negro vem a ser a pedra de toque da revolução democrática na sociedade brasileira". É a presença plena do negro na vida econômica, social e política que dará a medida da realidade de nossa pluralidade democrática. Não há conciliação possível aqui. Nossas tentativas de democratização não se aprofundam porque preferem buscar a conciliação impossível entre democracia e racismo.

O livro de estreia de Lima Barreto, *Recordações do escrivão Isaías Caminha*, é de 1909, mesmo ano da eleição de Manoel da Motta Monteiro Lopes, primeiro deputado negro republicano. A Revolta da Chibata, liderada por João Cândido, é de 1910. Os negros querem participação política, cidadania plena e exigem o fim dos castigos corporais remanescentes da ordem escravista. Isaías Caminha, personagem de Lima Barreto, narra suas memórias para confrontar a tese da inferioridade congênita dos negros.

Se recuarmos a 1798, na Revolta dos Búzios, na Bahia, vamos encontrar o depoimento de Manuel Faustino (enforcado e esquartejado) nos autos da Inquisição portuguesa, afirmando que atuou na revolta para que o Brasil tivesse um governo do qual as pessoas participassem por seus méritos e não pela cor da pele. Cito a historiadora Emília Viotti da Costa de memória (o livro é *Da monarquia à República*).

Estamos no século XXI fazendo eco a Manuel Faustino, Lima Barreto e tantos outros. A diversidade é expressão de força e não de fraqueza. Todos são igualmente humanos? Para os que acreditam que sim, a resposta política mais adequada a uma realidade social com a rica diversidade da sociedade brasileira é o pluralismo (veja a Convenção da Diversidade/ Unesco).*

Pluralismo esse que aparece no preâmbulo de nossa Constituição e visa assegurar igualdade de oportunidades e expressão a toda diversidade que nos constitui. Resposta política a que, teimosamente, temos voltado as costas no Brasil.

13/5/2021

* Convenção sobre a Proteção e Promoção da Diversidade das Expressões Culturais, assinada em Paris, em 20 de outubro de 2005.

Afinal, a negrinha era uma mulher?

No pós-escravidão, uma reminiscência drummondiana. Cautela com as reminiscências literárias, claro. No início dos anos 1970, era comum nas faculdades de Letras o uso do manual *Teoria da literatura*, de Wellek e Warren, cuja primeira edição norte-americana é de 1948. Wellek e Warren já alertavam os leitores, em meados do século XX, sobre os perigos de se considerar a arte uma mera cópia da vida e advertia-nos sobre os equívocos do "método biográfico". Não entro aqui, obviamente, no mérito da questão.

Drummond, o poeta, filho de fazendeiro no interior de Minas, nasceu em 1902 e escreveu, à exaustão, sobre sua infância. Não se trata de abstrações, há marcas ostensivas de processos históricos e sociais, cenas paroquiais e familiares.

Os ex-escravos estão por ali, agregados ou não. No poema que nos interessa ("Tentativa", *Boitempo*, *Poesia completa*, 2004, transcrito a seguir), um garoto conta com a ajuda de seu primo ("Me ajude"), igualmente inexperiente, para realizar um ato de vontade: violentar "uma negrinha". Há medo de não saber fazer, há fogo.

TENTATIVA

Uma negrinha não apetecível
é tudo quanto tenho a meu alcance
para provar o primeiro gosto
da primeira mulher.

Uma negrinha, sem cama
salvo a escassa grama
do quintal, sem fogo
além do que vai queimando
por dentro o menino inexperiente
de todo o jogo.

Ai medo de não saber
o que fazer na hora de fazer.

Me ajude, primo igual a mim.
Seremos dois a navegar
o crespo rio subterrâneo

No chão, à luz da tarde, a tentativa
de um, de outro, em vão, no chão
sobre a fria negrinha indiferente.

Em meio à indiferença dos repolhos,
das formigas que seguem seu trabalho,
eis que a montanha
de longe nos reprova, toda ferro.

A garota está deitada no chão do quintal. Omite-se a derrubada, a abordagem violenta. Como só há o medo de não saber fazer, e tudo pode ser feito à luz da tarde, impossível não pensar nos privilégios do direito de propriedade. O direito de propriedade sobre os negros estende-se ao período pós-Abolição. Ele não desaparece de imediato no Treze de Maio de 1888. Quando se come-

432

morava o Centenário da Abolição (1988), ainda circulava a anedota marota: "Você sabia que a Lei Áurea foi escrita a lápis?".

A "negrinha" se apresenta pela negação. É o objeto que se coloca diante do intenso desejo do menino, mas ele não deseja exatamente a negrinha. Ele deseja fazer certas coisas, mas entre elas não está o reconhecimento da negrinha. O primeiro gosto da primeira mulher será provado numa… mulher? Na grande expectativa de realização de desejos humanos insinua-se a negação do outro. Mas não só.

Não me apetece, mas é o que tenho à mão. O fruto pode ser colhido tranquilamente, basta estender o braço. O problema ético que o poema levanta não está na censura da montanha de ferro, ao longe, nos versos derradeiros. A questão obviamente é a seguinte: afinal, a negrinha é uma mulher?

O problema ético que desafia o menino é mesmo a humanização da negrinha. O poema personifica a montanha em sua reprovação, o leitor chega a reconhecer formigas e repolhos, em estado de alheamento, mas com consistência ontológica. E a negrinha?

Curioso é que "uma negrinha não apetecível" ganha adjetivos ("fria", "indiferente") que parecem sugerir, em seu avesso, que as tentativas ansiosas e a imaginação do menino alimentam expectativas de que a quase humana, pela violência, comece a reagir como os humanos reagem ou poderiam reagir, em circunstâncias idealizadas. A violência desumanizadora alimenta expectativas de vir a recepcionar o humano?

Por que ficarmos aqui desenterrando o passado? Porque a questão do menino antigo (a negrinha é uma mulher?) ultrapassa os limites das reminiscências do poeta e expressa o problema central de uma sociedade constituída por uma maioria de negrinhas e negrinhos: afinal, todos são igualmente humanos?

A fábrica da morte que empilha cadáveres pretos em valas, lixões, centros e periferias poderia decidir assim, impune e tragicamente, o destino de seres… humanos? Por que consentimos? Todos parecem colaborar, de algum modo, com as engrenagens da fábrica da morte. Por que consentimos? A negrinha é pilha, é montanha, é legião.

2021

Fontes dos textos e publicações originais

1. MOVIMENTO NEGRO

"Furor genocida". *Raça & Classe*, n. 2, ago./set. 1987, p. 2.

"O embranquecimento que nos desune". *Jornal do MNU*, n. 17, 1989. (*Bruxas, espíritos e outros bichos*, de Edson Lopes Cardoso. Belo Horizonte: Mazza Edições, 1992.)

"O avanço dos bonecos". *O Estado de S. Paulo*, 11 out. de 1996.

"O desafio de controlar a própria explosão". In: Selma Pantoja (Org.). *Entre Áfricas e Brasis*, Paralelo 15; Marco Zero, 2001.

"Algumas dimensões do ser negro no Brasil". Escrito para uma disciplina de pós-graduação, 2004.

"Zumbi + 10 emerge no horizonte". *Ìrohìn*, 4 nov. 2004. (*Negro, não*, de Edson Lopes Cardoso. Brasília: Brado Negro, 2015.)

"Pesquisa, extermínio e omissões". *Ìrohìn*, 5 jan. 2005. (*Negro, não*, de Edson Lopes Cardoso. Brasília: Brado Negro, 2015.)

"O momento é de afirmação política". *Ìrohìn*, 5 jul. 2005. (*Negro, não*, de Edson Lopes Cardoso. Brasília: Brado Negro, 2015.)

"Recebe, não recebe — acabou que recebeu". *Ìrohìn*, 5 out. 2005. (*Negro, não*, de Edson Lopes Cardoso. Brasília: Brado Negro, 2015.)

"Frente a frente com nossas debilidades". *Ìrohìn*, 22 abr. 2007. (*Negro, não*, de Edson Lopes Cardoso. Brasília: Brado Negro, 2015.)

"Consciência e representação em mudança acelerada". *Ìrohìn*, 11 mar. 2007. (*Negro, não*, de Edson Lopes Cardoso. Brasília: Brado Negro, 2015.)

"No reino da igualdade mais perfeita". *Ìrohìn*, 8 jun. 2008. (*Negro, não*, de Edson Lopes Cardoso. Brasília: Brado Negro, 2015.)

"Uma droga tudo". *Ìrohìn*, 22 out. 2008. (*Negro, não*, de Edson Lopes Cardoso. Brasília: Brado Negro, 2015.)

"Ainda não". *Ìrohìn*, 16 nov. 2008. (*Negro, não*, de Edson Lopes Cardoso. Brasília: Brado Negro, 2015.)

"Que é vento e que passa…". *Ìrohìn*, 19 nov. 2008. (*Negro, não*, de Edson Lopes Cardoso. Brasília: Brado Negro, 2015.)

"Há que adular — a regra geral das grandes transformações sociais". *Ìrohìn*, 21 nov. 2008.

"Algumas questões políticas". *Ìrohìn*, 1 jan. 2009. (*Negro, não*, de Edson Lopes Cardoso. Brasília: Brado Negro, 2015.)

"Bombas". *Ìrohìn*, 6 jan. 2009. (*Negro, não*, de Edson Lopes Cardoso. Brasília: Brado Negro, 2015.)

"Elipse, eclipse e os geometricamente achatados, que sei eu?". *Ìrohìn*, 4 fev. 2009.

"Quando iremos reconhecer nossas prioridades?". *Ìrohìn*, 4 dez. 2009

"O inimigo interno sob controle". *Ìrohìn*, 25 nov. 2010. (*Negro, não*, de Edson Lopes Cardoso. Brasília: Brado Negro, 2015.)

"Não precisava cuspir no prato". Portal Geledés — Instituto da Mulher Negra (geledes.org.br), 28 ago. 2015.

"A propósito de uma velha carta de Luiza Bairros". Portal Brado Negro (https://bradonegro. com), 1 jan. 2017. (*Negro, não*, de Edson Lopes Cardoso. Brasília: Brado Negro, 2015.)

"Aprender com Luiz Orlando". Portal Brado Negro (https://bradonegro.com), 11 jan. 2016. (*Negro, não*, de Edson Lopes Cardoso. Brasília: Brado Negro, 2015.)

"Os palhaços e a lição dos negros de Jaú". Portal Brado Negro (https://bradonegro.com), 4 jul. 2017. (*Negro, não*, de Edson Lopes Cardoso. Brasília: Brado Negro, 2015.)

"O que acontece é muito diferente". Portal Brado Negro (https://bradonegro.com), 2 ago. 2017. (*Negro, não*, de Edson Lopes Cardoso. Brasília: Brado Negro, 2015.)

"Nada mudou, vamos mudar?". Portal Brado Negro (https://bradonegro.com), 1 set. 2018. (*Negro, não*, de Edson Lopes Cardoso. Brasília: Brado Negro, 2015.)

2. DENÚNCIA DO GENOCÍDIO NEGRO

"Pouco adianta falar". *Ìrohìn*, 16 out. 2006. (*Negro, não*, de Edson Lopes Cardoso. Brasília: Brado Negro, 2015.)

"Estávamos todos obrigados a ir à Piedade, em respeito a nossos mortos de ontem e de hoje". *Ìrohìn*, 12 fev. 2007. (*Negro, não*, de Edson Lopes Cardoso. Brasília: Brado Negro, 2015.)

"A catadora de miolos — o que ela nos diz?". *Ìrohìn*, 23 ago. 2007. (*Negro, não*, de Edson Lopes Cardoso. Brasília: Brado Negro, 2015.)

"Um dia rotineiro e, acreditem, muito especial". *Ìrohìn*, 12 maio 2008.

"Nenhuma esperança". *Ìrohìn*, 21 jun. 2008. (*Negro, não*, de Edson Lopes Cardoso. Brasília: Brado Negro, 2015.)

"Estado de Direito e racismo". *Ìrohìn*, 29 jun. 2008. (*Negro, não*, de Edson Lopes Cardoso. Brasília: Brado Negro, 2015.)

"Mandões, racismo e democracia". *Ìrohìn*, 18 set. 2008. (*Negro, não*, de Edson Lopes Cardoso. Brasília: Brado Negro, 2015.)

"Márcia mostra o caminho". *Ìrohìn*, 20 dez. 2008.

"Um grito varonil". *Ìrohìn*, 26 dez. 2008.

"Como um cão". *Ìrohìn*, 6 mar. 2009.

"Detalhamento dos óbitos". *Ìrohìn*, 2 jan. 2010.

"Indesculpável". Portal Geledés — Instituto da Mulher Negra (geledes.org.br), 21 maio 2010.

"Negro, não". *Ìrohìn*, 9 dez. 2010. (*Negro, não*, de Edson Lopes Cardoso. Brasília: Brado Negro, 2015.)

"Atlas da Violência — conte algo que não sei". Portal Brado Negro (https://bradonegro.com), 6 jul. 2017. (*Negro, não*, de Edson Lopes Cardoso. Brasília: Brado Negro, 2015.)

3. INCIDÊNCIA POLÍTICA

"Visões conservadoras". Palestra proferida no seminário promovido pelo Cefip (Centro de Estudos de Filosofia e Política). Porto Alegre, maio 1987. (*Bruxas, espíritos e outros bichos*, de Edson Lopes Cardoso. Belo Horizonte: Mazza Edições, 1992.)

"Confusões e enganos". *Jornal da UnB*, 8-15 jul. 1996.

"Sapatinho na janela". *Ìrohìn*, 1999. (*Negro, não*, de Edson Lopes Cardoso. Brasília: Brado Negro, 2015.)

"O vazio e o lobo". *Ìrohìn*, 1 mar. 2005. (*Negro, não*, de Edson Lopes Cardoso. Brasília: Brado Negro, 2015.)

"Relatório de Doudou Diène terá algum impacto no sistema ONU no Brasil?". *Ìrohìn*, 1 mar. 2006. (*Negro, não*, de Edson Lopes Cardoso. Brasília: Brado Negro, 2015.)

"Racismo, agenda legislativa e sanguessugas". *Ìrohìn*, 1 jun. 2006. (*Negro, não*, de Edson Lopes Cardoso. Brasília: Brado Negro, 2015.)

"Semeando o pânico". *Ìrohìn*, 30 jun. 2006. (*Negro, não*, de Edson Lopes Cardoso. Brasília: Brado Negro, 2015.)

"O governo nunca apoiou estatuto". *Ìrohìn*, 13 jul. 2006. (*Negro, não*, de Edson Lopes Cardoso. Brasília: Brado Negro, 2015.)

"Direito à reparação". *Ìrohìn*, 15 jan. 2007. (*Negro, não*, de Edson Lopes Cardoso. Brasília: Brado Negro, 2015.)

"Sai Rabelo, entra Chinaglia e não deve mudar nada. E na 'bancada negra' vai haver alguma mudança?". *Ìrohìn*, 2 jul. 2007. (*Negro, não*, de Edson Lopes Cardoso. Brasília: Brado Negro, 2015.)

"Novembro passou outra vez, e agora?". *Ìrohìn*, 2 dez. 2007.

"Que dia?". *Ìrohìn*, 21 mar. 2007. (*Negro, não*, de Edson Lopes Cardoso. Brasília: Brado Negro, 2015.)

"Visualizando o estrago, por uma fresta na *Veja*". *Ìrohìn*, 11 jun. 2007. (*Negro, não*, de Edson Lopes Cardoso. Brasília: Brado Negro, 2015.)

"De canalhas e canalhices". *Ìrohìn*, 28 set. 2007. (*Negro, não*, de Edson Lopes Cardoso. Brasília: Brado Negro, 2015.)

"Enquanto na boca floresce a palavra que será, fique de olho no IBGE". *Ìrohìn*, 1 out. 2007. (*Negro, não*, de Edson Lopes Cardoso. Brasília: Brado Negro, 2015.)

"Hoje, no plenário da Câmara". *Ìrohìn*, 26 nov. 2007. (*Negro, não*, de Edson Lopes Cardoso. Brasília: Brado Negro, 2015.)

"De novo, os cartões. A Seppir está devendo uma explicação mais convincente". *Ìrohìn*, 14 jan. 2008. (*Negro, não*, de Edson Lopes Cardoso. Brasília: Brado Negro, 2015.)

"Matilde Ribeiro permanece no cargo?". *Ìrohìn*, 23 jan. 2008.

"*Uno cosecha lo que siembra*". *Ìrohìn*, 31 jan. 2008. (*Negro, não*, de Edson Lopes Cardoso. Brasília: Brado Negro, 2015.)

"Somos assim, fazer o quê?". *Ìrohìn*, 3 mar. 2008. (*Negro, não*, de Edson Lopes Cardoso. Brasília: Brado Negro, 2015.)

"Precisa mexer". *Ìrohìn*, 1 abr. 2008. (*Negro, não*, de Edson Lopes Cardoso. Brasília: Brado Negro, 2015.)

"Mais colossal é nosso engano". *Ìrohìn*, 7 out. 2008.

"Cotas, sim; negros, nem pensar". *Ìrohìn*, 2 dez. 2008.

"Vamos clarear". *Ìrohìn*, 15 dez. 2008.

"O mandato de Monteiro Lopes faz cem anos". *Ìrohìn*, 15 jan. 2009.

"O mal e seu enigma". *Ìrohìn*, 27 jan. 2009.

"Sinais distorcidos e o nariz de palhaço". *Ìrohìn*, 16 fev. 2009.

"Pesquisa reveladora". *Ìrohìn*, 18 mar. 2009.

"Dissimulação e hipocrisia". *Ìrohìn*, 25 abr. 2009. (*Negro, não*, de Edson Lopes Cardoso. Brasília: Brado Negro, 2015.)

"Verga, não verga". Portal Geledés — Instituto da Mulher Negra (geledes.org.br), 27 abr. 2009.

"De um lado, terrorismo…". *Ìrohìn*, 16 maio 2009.

"Contorcionismos e turbulências". *Ìrohìn*, 26 jun. 2009. (*Negro, não*, de Edson Lopes Cardoso. Brasília: Brado Negro, 2015.)

"O voto de Mendes". *Ìrohìn*, 8 set. 2009.

"Os irmãos de Marina". *Ìrohìn*, 31 ago. 2009.

"Negro como eu". *Ìrohìn*, 7 set. 2009.

"Está tudo sob controle?". Portal Geledés — Instituto da Mulher Negra (geledes.org.br), 4 out. 2009.

"Só dá Santana em *O Globo*, a glória ao revés". *Ìrohìn*, 6 out. 2009. (*Negro, não*, de Edson Lopes Cardoso. Brasília: Brado Negro, 2015.)

"Uma sessão histórica, com previsão funesta". *Ìrohìn*, 27 out. 2009.

"Somente a verdade". *Ìrohìn*, 9 nov. 2009. (*Negro, não*, de Edson Lopes Cardoso. Brasília: Brado Negro, 2015.)

"E o acordo?". *Ìrohìn*, 27 nov. 2009. (*Negro, não*, de Edson Lopes Cardoso. Brasília: Brado Negro, 2015.)

"A pimenta do frei David vai arder no seu". *Ìrohìn*, 1 dez. 2009. (*Negro, não*, de Edson Lopes Cardoso. Brasília: Brado Negro, 2015.)

"Humilhação". *Ìrohìn*, 15 dez. 2009. (*Negro, não*, de Edson Lopes Cardoso. Brasília: Brado Negro, 2015.)

"O vazio, de novo". Portal Geledés — Instituto da Mulher Negra (geledes.org.br), 25 jan. 2010.

"Tem carta de renúncia na praça, quem não leu ainda?". *Ìrohìn*, 26 jan. 2010.

"Ainda nos arredores". *Ìrohìn*, 2 fev. 2010. (*Negro, não*, de Edson Lopes Cardoso. Brasília: Brado Negro, 2015.)

"Quem sofreu é que sabe, me tire dessa". Portal Geledés — Instituto da Mulher Negra (geledes. org.br), 28 out. 2010.

"Os políticos brasileiros em um mundo só deles". *Ìrohìn*, 3 mar. 2010.

"Ouçamos o presidente e feliz Ano-Novo". *Ìrohìn*, 2 jan. 2014.

"Temores bem fundados". Portal Brado Negro (https://bradonegro.com), 23 set. 2015.

"A julgar pelas evidências, não fica só nisso". Portal Brado Negro (https://bradonegro.com), 6 out. 2015.

"Barrar fraudadores das cotas". Portal Brado Negro (https://bradonegro.com), 25 mar. 2017. (*Negro, não*, de Edson Lopes Cardoso. Brasília: Brado Negro, 2015.)

"A receita de Lima". Portal Brado Negro (https://bradonegro.com), 20 abr. 2017. (*Negro, não*, de Edson Lopes Cardoso. Brasília: Brado Negro, 2015.)

"Candidato negro — o que virá por aí?". Portal Brado Negro (https://bradonegro.com), 25 jun. 2017.

"Discursos extraordinários". Portal Brado Negro (https://bradonegro.com), 19 ago. 2017.

"É o racismo, estúpidos". *Ìrohìn*, 10 set. 2009. (*Negro, não*, de Edson Lopes Cardoso. Brasília: Brado Negro, 2015.)

4. O JORNALISMO EM REVISTA

"A violência das imagens: duas ausências muito sentidas". (*Bruxas, espíritos e outros bichos*, de Edson Lopes Cardoso. Belo Horizonte: Mazza Edições, 1992.)

"Carta ao *Correio Braziliense* em resposta a um anúncio que procurava 'uma empregada clara'". *Correio Braziliense*, 1 set. 1994.

"Primeira página: Domingo sombrio, imagens surreais". abr. 2002.

"Modos de representação e luta pelo poder". *Ìrohìn*, 26 dez. 2006. (*Negro, não*, de Edson Lopes Cardoso. Brasília: Brado Negro, 2015.)

"As comadres estão assanhadíssimas". *Ìrohìn*, 4 jun. 2007. (*Negro, não*, de Edson Lopes Cardoso. Brasília: Brado Negro, 2015.)

"Operação dissociação em curso". *Ìrohìn*, 11 abr. 2008.

"Dois achados, dois petardos". *Ìrohìn*, 11 out. 2008.

"Quem se importa mesmo com o que pensa a *Folha*?". *Ìrohìn*, 24 nov. 2008. (*Negro, não*, de Edson Lopes Cardoso. Brasília: Brado Negro, 2015.)

"É singular essa República". *Ìrohìn*, 6 fev. 2009. (*Negro, não*, de Edson Lopes Cardoso. Brasília: Brado Negro, 2015.)

"Esperança vã, outro medo". *Ìrohìn*, 25 ago. 2009. (*Negro, não*, de Edson Lopes Cardoso. Brasília: Brado Negro, 2015.)

"Estremecimentos no meio diplomático". *Ìrohìn*, 19 jan. 2010. (*Negro, não*, de Edson Lopes Cardoso. Brasília: Brado Negro, 2015.)

"Duas histórias, faça sua escolha". *Ìrohìn*, 19 mar. 2010. (*Negro, não*, de Edson Lopes Cardoso. Brasília: Brado Negro, 2015.)

"Tensões na grande mídia". *Ìrohìn*, 3 jun. 2010.

"A cor sumiu". Portal Geledés — Instituto da Mulher Negra (geledes.org.br), 16 maio 2010.

"Valeu, apesar dos limites". *Ìrohìn*, 7 out. 2014.

"Opor-se à 'vontade de atropelar'". Portal Brado Negro (https://bradonegro.com), 2 jun. 2017.

"Silêncio assombroso". Portal Brado Negro (https://bradonegro.com), 4 jul. 2017.

"A marca indelével". Portal Brado Negro (https://bradonegro.com), 17 jul. 2017.

"Um artigo, uma esperança". Portal Brado Negro (https://bradonegro.com), 12 nov. 2017.

"O que me intriga…". Portal Brado Negro (https://bradonegro.com), 23 dez. 2017.

5. IMAGINÁRIO

"O verão da C&A". *Raça & Classe*, 1987.

"Racismo e educação". *Humanidades*, ano IV, n. 12, 1987. p. 118. (*Bruxas, espíritos e outros bichos*, de Edson Lopes Cardoso. Belo Horizonte: Mazza Edições, 1992.)

"Resenha: Uma narrativa portuguesa". *Raça & Classe*, ano I, n. 1, 1987. (*Bruxas, espíritos e outros bichos*, de Edson Lopes Cardoso. Belo Horizonte: Mazza Edições, 1992.)

"A democracia racial virou apartheid social". *Revista Brasil*, 1 nov. 1993.

"Crespos são lindos". *Correio Braziliense*, 7 jul. 1996.

"Legislação só não basta". *Ìrohìn*, 1 mar. 1997. (*Negro, não*, de Edson Lopes Cardoso. Brasília: Brado Negro, 2015.)

"Lembo inculpa, Sinhá Moça absolve e nós colaboramos". *Ìrohìn*, 1 maio 2006. (*Negro, não*, de Edson Lopes Cardoso. Brasília: Brado Negro, 2015.)

"Nossa imagem idealizada pelos brancos: 'Aqueles que prestam serviço, comprazendo-se com isso'". *Ìrohìn*, 12 dez. 2006. (*Negro, não*, de Edson Lopes Cardoso. Brasília: Brado Negro, 2015.)

"Cê vê tudo ao contrário". *Ìrohìn*, mar. 2007. (*Negro, não*, de Edson Lopes Cardoso. Brasília: Brado Negro, 2015.)

"Profetas do terror e a distorção da história". *Ìrohìn*, jun. 2006. (*Negro, não*, de Edson Lopes Cardoso. Brasília: Brado Negro, 2015.)

"Premonições e invisibilidades oníricas". *Ìrohìn*, 4 set. 2007. (*Negro, não*, de Edson Lopes Cardoso. Brasília: Brado Negro, 2015.)

"'Mesmice esquerdofrênica'". *Ìrohìn*, 30 dez. 2007. (*Negro, não*, de Edson Lopes Cardoso. Brasília: Brado Negro, 2015.)

"História: Prepare-se para o embate ou engula o sapo". *Ìrohìn*, jun. 2008. (*Negro, não*, de Edson Lopes Cardoso. Brasília: Brado Negro, 2015.)

"Doces lundus…". *Ìrohìn*, 2 jan. 2008.

"TV pública: Falta no debate uma crítica radical ao racismo". *Ìrohìn*, 2 jul. 2007. (*Negro, não*. de Edson Lopes Cardoso. Brasília: Brado Negro, 2015.)

"Enfrentando um certo preconceito". *Ìrohìn*, sem data.

"Sinal trocado e impunidade". *Ìrohìn*, 25 jun. 2007. (*Negro, não*. de Edson Lopes Cardoso. Brasília: Brado Negro, 2015.)

"Nossas raízes". *Ìrohìn*, 16 nov. 2008.

"Nenhum espaço". *Ìrohìn*, 3 jan. 2009.

"Pare de existir". *Ìrohìn*, 4 fev. 2009. (*Negro, não*, de Edson Lopes Cardoso. Brasília: Brado Negro, 2015.)

"Quem precisa de São Sarney?". *Ìrohìn*, 20 mar. 2009. (*Negro, não*, de Edson Lopes Cardoso. Brasília: Brado Negro, 2015.)

"Zés que não ladram". *Ìrohìn*, 16 abr. 2009.

"Torço pelo Andrade amanhã". *Ìrohìn*, 12 maio 2009.

"O negro no topo intimida". *Ìrohìn*, set. 2009. (*Negro, não*, de Edson Lopes Cardoso. Brasília: Brado Negro, 2015.)

"Para sempre?". *Ìrohìn*, 11 nov. 2010. (*Negro, não*, de Edson Lopes Cardoso. Brasília: Brado Negro, 2015.)

"O consenso das gentes". *Ìrohìn*, 22 abr. 2010.

"A propósito de *Caçadas de Pedrinho*". Palestra proferida na oficina "Racismo e relações sociais", durante a Semana de Extensão da UnB, 11 nov. 2010.

"Dumas e os outros". Portal Brado Negro (https://bradonegro.com), 4 nov. 2015.

"O lenço". Portal Brado Negro (https://bradonegro.com), 24 jun. 2015.

"As pessoas se incomodam". Portal Brado Negro (https://bradonegro.com), 9 ago. 2015.

"Sobre nossa adesão, complexa e contraditória". Portal Brado Negro (https://bradonegro.com), 29 jan. 2017.

"Quero nascer, quero viver". Portal Brado Negro (https://bradonegro.com), 1 out. 2017.

"O passado sempre chega ao presente?". Portal Brado Negro (https://bradonegro.com), 15 out. 2017.

"'Solte meu cabelo!'". Portal Geledés — Instituto da Mulher Negra (geledes.org.br), jan. 2010.

"O vatapá de Machado". Publicado sob o título "Em conto de Machado de Assis, vatapá traz à cena invisibilidade de negros". *Folha de S.Paulo*, 2020.

"Racismo e democracia". *Folha de S.Paulo*, 2021.

"Afinal, a negrinha era uma mulher?". Portal Geledés — Instituto da Mulher Negra (geledes.org.br), 2021.

Índice remissivo

I Congresso do Partido dos Trabalhadores (1991), 33, 73

I Encontro Popular pela Vida e por um Outro Modelo de Segurança Pública (Salvador, 2009), 222

II Conferência Estadual de Políticas de Promoção da Igualdade Racial (Salvador, 2009), 303

II Conferência Nacional de Promoção da Igualdade Racial (2009), 213

III Conferência Mundial contra o Racismo (Durban, 2001), 32, 192

XVII Conferência Nacional dos Advogados (Rio de Janeiro, 1999), 26

Abbas, Mahmoud, 233

Abdala, Vantuil, 53

Abert (pela Associação Brasileira de Rádio e Televisão), 223

Abi-Ackel, Ibrahim, 96

Abin (Agência Brasileira de Inteligência), 115

Abolição da escravidão (1888), 193, 201, 231, 277, 341, 397

Abolicionismo, O (Nabuco), 397

abolicionismo/abolicionistas, 309, 357, 372, 397

Ação Popular, 89

Adami, Regina, 394

adesismo negro, 387-8

administração pública, 29, 50, 84, 147, 158, 227, 262

ADNews, 418

afoxés, 355, 381-2

África, 32, 41, 57, 136, 138, 335, 339, 372, 373, 375-7, 382

África do Sul, 32, 57, 123, 138-9, 144, 169, 192, 195, 220, 233, 251, 333, 340-1, 355, 413

Africa Propaganda (agência), 219, 372

African Diaspora Research Project, 85

Afro-Ásia (revista), 420

Agenda Social Quilombola, 188

Aguiar Filho, Nery, 115*n*

Alakija, d. Inês, 41

Alcântara, comunidades de (MA), 55

Aleluia, José Carlos, 226-7

Alemanha, 359

Alemão, Morro do (Rio de Janeiro), 108

alienação, 276, 277n

Almeida, Carlos Eduardo, 108

Almeida, Daniel, 227

Almirante Negro (João Cândido), 251-2, 290-1, 417, 429

Alves, Claudete, 43

Alves, Davi Basílio, 128

Alves, Maria Helena Moreira, 80

Amado, Jorge, 27, 379-80

Amapá, 187

América do Sul, 136

Amorim, Celso, 50, 111

Ananias, Patrus, 316

Andrada e Silva, José Bonifácio de, 128-9

Andrade (técnico do Flamengo), 391-2

Andrade, João Alfredo Correia de Oliveira, 415-6

Andrade, Manuel Correia de Oliveira, 415

Andrade, Mário de, 175, 407

Andrade, Vinícius Ghidetti de Moraes, 110

"André Rebouças e a questão da liberdade" (Carvalho), 397

Angola, 136, 220, 375

Aníbal, José, 224

Anistia Internacional, 86

Antoine, George Samuel, 305

Antônio Roberto (deputado), 190, 223

anúncio racista no Correio Braziliense (1994), 286

Anysio, Chico, 40

apartheid, 17, 23, 102, 123, 138, 169, 220, 333, 340-2, 344, 355, 358, 413

Aragão, Jorge, 375

Araújo, Emanoel, 67

Arena (Aliança Renovadora Nacional), 22n

Arendt, Hannah, 13, 254, 403

Arinos, Afonso, 199-200, 386

Arns, d. Paulo Evaristo, 347

Arrelia, palhaço (Waldemar Seyssel), 92

Arte da política, A (Fernando Henrique Cardoso), 188

"Assim não, Zambi" (canção), 419

Assis, Machado de, 22, 108, 425

Associação Beneficente Socorro Mútuo dos Homens de Cor (Rio de Janeiro), 211

Athayde, Celso, 268

Atlas da Violência (Instituto de Pesquisa Econômica Aplicada), 130-1, 265

atletas negros, 37, 109, 220, 294, 375

atores negros, 220, 226, 269n, 344

autoidentificação e heteroidentificação, 260; ver também negras, pessoas que se definem como

Avancini, Walter, 290

Azevedo, Carlos, 250n

Azevedo, Celia Maria Marinho de, 365, 387, 393

Babilônia (telenovela), 412

Badji, Honorine, 377

Bahia, 30, 35, 89, 135-6, 145, 224, 227, 233, 277, 285, 355-6, 364-5, 392, 423, 425-6, 429

Bahiatursa (Superintendência de Fomento ao Turismo do Estado da Bahia), 355

Bairros, Luiza, 34, 85-7, 224, 284-5, 420-2

Baixa do Sapateiro (Rio de Janeiro), 107-8

bancada negra no Congresso Nacional, 162-3, 212, 223, 227, 238

"Bancarrota Blues" (canção), 369

Bandeira Nacional na Praça dos Três Poderes (Brasília), 11-2

Barbosa, Joaquim, 60, 64, 209-10, 265, 360-2

Barreto, Jackson, 167-8

Barreto, Lima, 231, 263, 301-2, 417, 429-30

Barros, Alexandre, 63

Barros, Ronaldo, 256

Bastos, Márcio Thomaz, 53, 101

"Batista" (codinome de Luiz Orlando), 88

Bayer do Brasil, 268

Beijing, 19

Belo Horizonte (MG), 87

Beltrão, Maria, 312

Ben, Jorge, 65, 366

Benites, Afonso, 125

Beraba, Marcelo, 153

Bergamo, Mônica, 348-9

Berimbau (programa de rádio dos EUA), 86

Bernardes, Fátima, 220

Bernardes, Sérgio, 11*n*

Bernardo, Cláudio, 237

Berta, Ruben, 315

Besserman, Sérgio, 28

Bial, Pedro, 296

Biblioteca Nacional, 200, 357-8

Biko, Steve, 25, 421

Black Rio, 365

Blanc, Aldir, 290

Bobbio, Norberto, 112, 349

Bolsa Família, 174, 317, 384

Bolsonaro, Jair, 91-3, 226

Bonaparte, Napoleão, 407

Bonner, William, 220, 229, 320

Borges, César, 361

Borges, Hamilton, 104

Bosco, João, 290

Bottomore, Tom, 21, 276

Braga, Isabel, 223-4

"brancos pobres", 197, 216, 226

Brandt, Ricardo, 233

branquitude, 27

Brasil, Sandra, 217

Brasil Quilombola (programa), 183, 185

Brasília, 11, 17, 24*n*, 28, 33, 35, 41, 43*n*, 45, 50, 54, 63, 139, 163, 239, 257, 338, 340, 344, 347, 361

Bravo! (revista), 220

Brígido, Carolina, 361

Brito, Edvaldo, 135*n*

Brito, Walter, 291

Britto, Carlos Ayres, 394

Brown, Carlinhos, 355-6

Buarque, Chico, 115, 369

Bueno, Leandro Maia, 110

Bullara, Rosana, 128

Bush, George W., 312

C&A (loja de roupas), 333-4

Caballero, Miguel, 130

Cabelos & Cia (revista), 344

cabelos de afrodescendentes, 423-4

Cabral, Sérgio, 120

Caçadas de Pedrinho (Monteiro Lobato), 401-5

Caeiro, Alberto (heterônimo de Fernando Pessoa), 256

Cafu, Antônio, 347

Caixa Econômica Federal, 13

Calabar (favela de Salvador), 17

Calheiros, Renan, 155

Câmara dos Deputados, 28, 30, 32, 35-6, 45*n*, 74, 95-8, 131, 145*n*, 154-5, 157-8, 162, 167-8, 173, 178-9, 191-2, 197, 199-200, 214, 221-2, 225-6, 236-7, 241-2, 258, 266, 269-70, 291, 376, 393

Camargo, Eurípedes, 347

Camargo, Hebe, 343

Camargo, Virgínia, 350

Caminho das Índias (telenovela), 220*n*

Campanha Reaja ou Será Morto ou Será Morta (Salvador, 2015), 82, 84

Campos (RJ), 359

Campos, Marcos Paulo, 110-1, 113

Canadá, 32

Candeia (sambista), 418-9

Candido, Antonio, 407

Cândido, João (Almirante Negro), 251-2, 290-1, 417, 429

candomblé, 254

Cantanhêde, Eliane, 91

capitalismo, 20-1, 136, 284-5, 342

Capriglione, Laura, 297-8

Cardoso, Fernando Henrique, 24, 40, 80, 141, 188, 300, 345

Carlos, John, 37*n*

Cármen Lúcia (ministra), 360*n*

Carnaval, 68, 104, 355-6, 381-2, 422

Carnaval Ijexá (Risério), 364

Carrefour, 270

Carta, Mino, 323-4

CartaCapital (revista), 79-80, 270, 323
Cartola (sambista), 418-9
Carvalho, Carlos Augusto, 283
Carvalho, Maria Alice Rezende de, 397
Carvalho, Matheus Rodrigues de, 107-8
Casa Civil, 55, 158, 168, 173, 204, 212-3, 239
Casa do Estudante Universitário da UnB, 376
Castan, Siegfried Ellwanger, 346
Castro, Juliana, 130
CBN (rádio), 250, 305, 307
Cê (disco de Caetano Veloso), 354
censura, 102, 107, 137, 290-1, 315, 347, 433
Centenário da Abolição (1988), 63, 96-8, 139, 275, 277-81, 284-5, 335, 341-2, 433
Centro de Comunicação Social do Exército, 98
Centro de Pesquisa e Assistência em Reprodução Humana (clínica baiana), 334
Cepeda, Renan, 264, 288
Cervo, Amado Luiz, 160
chacinas, 349
Chastang, Harrison, 86
"Chica Bondade" (Luedy), 275-8, 283
China, 19-20
Chinaglia, Arlindo, 162-63, 168, 173-4, 176, 178-9
"Chinela turca, A" (Machado de Assis), 425
Chirac, Jacques, 407
Choinacki, Luci, 227
Cidade Alta e Cidade Baixa (Salvador), 383-4
Cinco escritos morais (Umberto Eco), 271
Circo Chileno (SP), 92
Clara dos Anjos (Lima Barreto), 263
classe média, 384
clientelismo, 67
Clinton, Hillary, 217, 312-3, 327*n*
Clube Tietê (São Paulo), 109-10
Coelho, Marcelo, 393
Cohn-Bendit, Daniel, 87
Collor de Mello, Fernando, 379-80
colônias de imigrantes brancos, 160
colonização europeia do Brasil, 358

Comando Militar do Leste, 63
combate ao racismo, 24, 53, 80, 102, 109, 187, 192, 236, 245, 268, 344, 394; *ver também* resistência negra
Comissão de Constituição e Justiça da Câmara dos Deputados, 97*n*, 225
Comissão de Constituição e Justiça do Senado, 36*n*, 235, 360
Comissão de Moral e Civismo da Secretaria de Educação de Minas Gerais, 279, 285
Comissão do Negro na Câmara dos Deputados, proposta de, 97-8
Comparato, Fábio Konder, 193
comunismo, 74, 136, 324
Conceição, Jônatas, 89
Conde Negro, O (Reiss), 407
Conen (Coordenação Nacional de Entidades Negras), 204, 213, 237, 271
Confederação Nacional da Agricultura (CNA), 242
Conferência de Revisão de Durban (Genebra, 2009), 76
conflitos raciais, 63
Congresso Nacional, 52, 57, 80, 91-2, 153-4, 156, 158, 162-3, 188, 192, 199-200, 227, 238-9, 241-2, 257, 291, 301, 395
Congresso Nacional Africano (CNA), 242
Conjuração Baiana (1798), 104*n*
consciência negra, 24, 27, 35, 66-7, 164, 175
"Consciência negra e transformação da realidade" (Florestan Fernandes), 74
consciência racial e étnica, 21
Conselho Nacional de Educação (CNE), 401, 403-4
conservadorismo, 22, 35, 67, 135-6, 138, 163, 186, 212, 238, 257, 328, 355
Constituição brasileira (1824), 309
conta poupança de moradores de rua, 13
Conti, Mario Sergio, 268
Convergência Socialista, 21
Copa América (2007), 374

Copa do Mundo de 1938 (França), 375

Copa do Mundo de 1958 (Suécia), 375

cor da pele, 12, 41, 61, 114, 172, 195, 212, 261, 306, 315, 341, 367, 402, 416, 429

Correio Braziliense (jornal), 136, 215, 270, 286, 369

corrupção, 22, 95, 261-2, 387

Cortopassi, Camila, 215*n*

Costa, Alexandre, 236

Costa, Emília Viotti da, 365, 429

Costa, Indio da, 393, 395

cotas raciais, 30, 36, 43, 79, 152, 155, 171, 174, 193, 195-8, 212, 216, 218, 226, 259-60, 269*n*, 293, 299, 303-4, 316-7, 328, 354, 364-5, 387

Coutinho, Eduardo, 75

Coutinho, Luciano, 201

covid-19, pandemia de, 429

crianças negras, 48, 101, 107-8

crime inafiançável, racismo como, 233

Crivella, Marcelo, 110

Cruz, Sérgio Arquimedes Pacheco da, 145*n*

culinária afro-brasileira, 426

cultura brasileira, 95, 344, 372-3

cultura negra, 138, 146

Cunha, Carlos Flores da, 347

Cunha, João Paulo, 168, 173, 225

Cunha, Paulo Marcos, 17*n*

Cúpula da África e da Diáspora, 57

Cúpula das Américas, 57

Da monarquia à República: Momentos decisivos (Emília Viotti da Costa), 365

DaMatta, Roberto, 316

Damous, Wadih, 119-20

Dantas, Carolina Vianna, 200

Dantas, Tourinho, 158, 163

David, frei, 235-6

Davis, Angela, 222

Débora (irmã de vítima de violência policial), 105-6

Debret, Jean-Baptiste, 94, 323

Declaração dos Direitos do Homem e do Cidadão, 407

"Defeito de fabricação" (anúncio racista do Centro de Pesquisa e Assistência em Reprodução Humana), 333

Delfim Netto, 79-81

DEM (Democratas), 197, 242, 269, 271, 289, 393

democracia, 32, 112, 114, 270, 428-30

"democracia racial", 25, 96, 130, 216, 278, 335, 340-2, 344, 353, 355, 363-5

Derrota da dialética, A (Konder), 324

desigualdades raciais, 20, 23, 26, 28-31, 47-8, 51, 53, 55, 57, 63, 68, 72, 144, 149-50, 159, 161-2, 165, 169, 173, 191-2, 195-6, 208, 236, 244-5, 257, 270, 284, 294-5, 298, 300, 312, 340-1, 344-5, 355, 363, 367, 387, 394

desracialização da esfera pública, 265

desumanização, 20, 83, 126, 373, 400

determinismo biológico, 114

Dia Internacional da Democracia, 114

Dia Nacional da Consciência Negra, 44, 44*n*, 45*n*, 55*n*, 197*n*, 224, 232, 234; *ver também* Vinte de Novembro, comemorações do

Diário de um negro atuante (Ironides Rodrigues), 89

Diário íntimo (Lima Barreto), 301-2

Dicionário do pensamento marxista (org. Bottomore), 21, 276

Dieese (Departamento Intersindical de Estatística e Estudos Socioeconômicos), 29, 145, 337, 342

Diegues, Cacá, 412-3

Diène, Doudou, 149-51

Diniz, Carlos Magno dos Santos, 125

direitos humanos, 26, 33, 97, 114, 256, 258, 309, 377, 403

discriminação racial, 14, 30, 50, 105, 145, 149, 167, 199, 260, 282, 321, 327, 341, 346, 355, 429; *ver também* preconceito racial; racismo

ditadura militar (1964-85), 11*n*, 22, 63, 74, 80, 88-9, 161, 230, 290, 356

DNA, exames de, 259
Do fascismo à democracia (Bobbio), 112
dominação racial, 34, 61, 278, 382, 394
Domingão do Faustão (programa de TV), 343
Douglas, William, 236
Doutrina da Segurança Nacional, 74, 80
Drummond de Andrade, Carlos, 25, 277, 431
Duas caras (telenovela), 367
Dulci, Luiz, 204
Dumas, Alexandre (filho), 406-7
Dumas, Alexandre (pai), 406-7
Dumas, Thomas-Alexandre, 407
Dunga (futebolista), 374-5
Duvalier, Jean Claude (Papa Doc), 306

Éboli, Evandro, 242
Eco, Umberto, 271
Editora Globo, 405
Editora Revisão (editora gaúcha antissemita), 346
editoras negras, 344
Educafro (ONG), 236n
Educandário Santo Expedito (Rio de Janeiro), 315
Eichenberg, Fernando, 246
Elevador Lacerda (Salvador), 383, 385
embranquecimento, 19, 21, 384
Enem (Exame Nacional do Ensino Médio), 243
Entre o passado e o futuro (Arendt), 13, 403
Enzensberger, Hans Magnus, 49
Época (revista), 395
Erundina, Luiza, 22n
Esaú e Jacó (Machado de Assis), 108
Escola de Comunicação e Artes da USP, 311
Escola Politécnica da USP, 318
"Escola sem Partido" (projeto), 322
escravidão, 20, 28, 67, 129, 143, 156, 171, 193, 201-2, 215, 230, 242, 252, 261, 324, 350, 358-9, 364-5, 372, 383, 385, 397, 425, 431
"esmagamento de negros no Brasil", 11-2
Esopo, 148

Espaço Aberto (programa de TV), 248
espíritas, 282-3
esquerda política, 21, 23, 56, 135-6, 150, 161, 340, 342
Estado de Direito, 112-3, 346
Estado de S. Paulo, O (jornal), 91, 108, 136, 138, 152-3, 157, 159, 169, 175, 181, 185-6, 233, 239-40, 258, 304, 308-9, 325, 328, 371-2, 403, 405, 412
Estado do Maranhão, O (jornal), 283
Estado e oposição no Brasil (Alves), 80
Estados Unidos, 31-2, 63, 85-6, 103, 138, 144, 153, 205, 217-8, 226, 246, 248-9, 250n, 296-7, 312, 320-1, 354, 364-5, 383, 404
Estatuto da Igualdade Racial, 45n, 54, 152-5, 157-8, 162, 166-8, 174, 188, 190, 211, 213, 221, 223-6, 229, 232, 235-9, 241, 269, 304
Estatuto do Negro, 158, 162, 167-8, 170, 173, 178, 293
estereótipos racistas, 20, 278, 280, 284, 323, 350, 401n
Estorvo (Chico Buarque), 115
"Estrangeiro, O" (canção), 356
evangélicos, 167, 240, 254, 288, 306
Executivo, Poder, 30, 52, 80, 137, 163, 179, 198, 242
"Existe preconceito de cor no Brasil" (Kalili e Mattos), 250n

Fadul, Sergio, 361
Falabella, Débora, 350, 367
Falsa medida do homem, A (Gould), 114
Fantástico (programa de TV), 368
Fase (Federação de Órgãos para Assistência Social e Educacional), 29
Faulkner, William, 357
Feghali, Jandira, 227
Feldman, Walter, 226
Feliciano, Marco, 258n
Felinto, Marilene, 219
fenótipo, 259, 270, 364
Fernandes, Emília, 204

Fernandes, Florestan, 33, 35, 73-4, 429

Fernandes, Maria Dezonne Pacheco, 349

Fernandes, Reynaldo, 243

Ferreira, João, 338-9

Ferreira, Juca, 422

Ferreira, Manoel, 167

Ferreira, Paulo Sérgio, 11-14

Ferreira, Wellington Gonzaga, 110-1, 113

Figueiredo, João, 96*n*

Fillardis, Isabel, 344

Fiuza, Ricardo, 226

Flamengo (time de futebol), 391-2

Fleischer, David, 63

Folha de S.Paulo (jornal), 27, 31, 37, 39-40, 43, 101-2, 110, 112, 115, 125-6, 128, 135, 137, 143, 148, 153, 163, 193, 195-6, 201-2, 204, 207, 210, 217, 219, 245, 270, 285, 293, 297-300, 304-5, 307, 311-2, 314-5, 318, 348-9, 363, 365, 369, 385-6, 391, 393, 403-4

Forças Armadas, 110

Fórum São Paulo de Igualdade Racial, 174*n*

França, 375, 406-7

França, Edson, 387

Francisco (disco de Chico Buarque), 369

Franco, Marielle, 107

fraudadores das cotas, 259-60

Freire, Nilcéa, 53

Freitas, Felipe da Silva, 420

Freitas, Janio de, 217

Freixo, Marcelo, 107*n*, 131

Frente Parlamentar em Defesa da Igualdade Racial, 167-8, 178

Freyre, Gilberto, 294, 358

Fundação Ford, 73-4

Fundação Palmares, 97, 98*n*, 136-9, 164, 202, 386

Fundo da Igualdade Racial, 55, 158, 191

Fundo de Financiamento ao Estudante do Ensino Superior, 36

Fundo de Promoção da Igualdade Racial, 163, 180

Fundo Nacional de Desenvolvimento da Educação (FNDE), 405

Fundo Partidário, 164

Funtevê (Fundo de Financiamento da Televisão Educativa), 137

Furtado, Celso, 98, 137

futebol, 41, 163, 374-5, 391-2

Galbinski, José, 138-9

Galvão, Frei, 370

Galvão, Vinícius Queiroz, 245, 306

Garapedian, Carla, 104*n*

Garcia, Luiz, 312

Garotinho, Anthony, 264

Garrick, Kayode, 376-8

Gaspari, Elio, 384

Gazeta de Pinheiros (jornal), 280

Genebra, 32, 76, 78, 114

Gênesis, Livro do, 23

genocídio, 12, 17, 45, 83, 99, 101, 104, 131, 207-8, 266, 315, 325, 328, 379, 433

Genro, Luciana, 227

Genro, Tarso, 108, 112, 157, 159

Germano, Reginaldo, 30, 154, 191-2, 225, 227

Giacomini, Sônia Maria, 277*n*

Gil, Flora, 385*n*

Gil, Gilberto, 138-9, 146, 354, 385, 403-4

Glèlè-Ahanhanzo, Maurice, 149-50

Globo, O (jornal), 28, 47, 58, 102, 117, 130-2, 149, 163, 212, 221, 223-4, 229, 241-2, 246, 269, 301-4, 312, 315, 352, 360-1, 376, 378, 384, 389, 391, 405

Globo, Rede, 174, 203, 219-20, 224, 229, 290-1, 303, 317, 320, 327-8, 350, 367-8

GloboNews, 248, 268, 312

Gobineau, Arthur de, 294

Godoy, Fernanda, 361

Gois, Ancelmo, 399

Goldman, Alberto, 226

golpe militar (1964), 80, 230

Gomes, Flávio dos Santos, 211, 298, 366

Gomes, Nilma Lino, 256

Gonzalez, Lélia, 88, 420-1

Gorgônio Neto, 135-6

Gould, Stephen Jay, 114, 391
Graieb, Carlos, 316-7
Gramacho, lixão de (Rio de Janeiro), 110
Granato, Fernando, 291
Grande Othelo, 203
Grécia Antiga, 148, 309
Grupo Executivo Interministerial, 55
Gryzinski, Vilma, 396-7
Guanaes, Nizan, 219, 372
Guimarães, José, 167
Guimarães, Olavo, 98
Guiné-Bissau, 338
Guzzo, J. R., 389-90

Haiti, 245, 305-6, 407
Hebraica, Clube (Rio de Janeiro), 91-2
Henriqueta (ex-escrava), 409-11
"Herói, O" (canção), 354
Hidalgo, Rodrigo, 121
hierarquizações sociais, 429
"história e cultura afro-brasileira" no currículo escolar, 44n, 55n, 197, 335
"história oficial", 65-6, 188, 367
Hitler, Adolf, 212
Holocausto judeu, 421
Homem, O (jornal de Recife), 309, 406
"homens de cor", 200, 211, 309
homicídios, 12, 27, 45, 82, 110, 117, 125, 130; ver também genocídio
Homo sapiens, 314
Howard University, 86
Humanismo e crítica democrática (Said), 367

Ibase (Instituto Brasileiro de Análises Sociais e Econômicas), 29
IBGE (Instituto Brasileiro de Geografia e Estatística), 27-9, 36-7, 40, 47, 58, 175-6, 290, 342, 394
Ibope (Instituto Brasileiro de Opinião Pública e Estatística), 205-6, 348, 394
identidade branca, 176
identidade negra, 27, 73, 175, 196, 244, 246, 259, 304

Iglesias, Simone, 204
Igreja católica, 69, 385
igualdade real de oportunidades, busca por, 229, 241
imagens racistas do negro, 279-84, 350, 352
"Impacto do racismo institucional na vida de crianças e jovens negros, O" (Ribeiro), 325
imperialismo, 74
Império do Brasil, 160-1, 211, 426
imprensa negra, 43, 309, 372
Índia, 220, 309
indígenas, 36, 42, 91, 138, 175, 192, 218, 301-2, 318, 358, 394
Inep (Instituto Nacional de Estudos e Pesquisas Educacionais Anísio Teixeira), 243
INSS (Instituto Nacional do Seguro Social), 163, 173
iorubás, 41
Ipea (Instituto de Pesquisa Econômica Aplicada), 28-30, 36, 130, 185-6, 265, 348
Ìrohìn (jornal), 43, 45, 101, 252, 358, 377, 394
Isabel, princesa, 96n, 97, 169, 224, 266, 278, 335, 342
IstoÉ (revista), 333

Jabor, Arnaldo, 140
Jacinto, Márcia de Oliveira, 117-8
Jaú (SP), 91-3
Jax (menino branco dos EUA), 320
Jeep Compass, 418-9
Jesus, Clementina de, 419
João VI, d., 368
João Alfredo, o estadista da Abolição (Andrade), 415
João do Pulo (atleta), 220
João Grandão (deputado), 154, 227
João Paulo II, papa, 31
Jobim, Nelson, 43
Jobim Neto, Ruy, 366-7
jogadores negros, 375
Jorge, Luiz Otávio Montenegro, 171
Jorge, Moacir, 282

Jornal da Band (telejornal), 121

Jornal da Tarde, 340, 379

Jornal do Brasil, 19, 63, 107, 139, 181, 264, 280, 288-9, 334, 341

Jornal Nacional (telejornal), 119, 174, 219-20, 229-30, 236, 296, 301, 312, 320-1, 359, 368, 405

jornalismo, 95, 290-1, 302-3, 311, 318, 324, 327, 372, 417

jovens negros, 27, 45, 48, 82, 101-2, 104-5, 110, 117-8, 123, 128, 265, 267, 315, 365

Judiciário, Poder, 26, 30, 209, 262, 311, 345-7

Jungmann, Raul, 167, 227

Justiça de São Paulo, 13

justiça social, 59, 230

Kafka, Franz, 122

Kaixi, Wu'er, 19-20

Kalili, Narciso, 250n

Kamel, Ali, 80, 291-3, 296, 303, 327-8

Kaufmann, Roberta, 235-6

King, Martin Luther, 155

Konder, Leandro, 324

KPOO (rádio de São Francisco, CA), 86

Kramer, Paulo, 63, 235

Larkin, Elisa, 421

Leali, Francisco, 361

Lee, Spike, 203, 356

Legião Negra, 298

Legislativo, Poder, 139, 163, 225

Lei Áurea (1888), 228, 278, 368, 415, 424, 433

Leitão, Míriam, 28, 248, 295-6, 384

Leite, José Correia, 79

Leite, Luisa, 318

Lelys, Durval, 382

Lembo, Cláudio, 348-50

Leoni, Ricardo, 315

Lereia, Carlos Alberto L, 226

Lessa, Carlos, 175

Lewandowski, Ricardo, 360n

Lima, Cleide Ilda de, 204

Lima, Rubem de Azevedo, 135

Lins de Vasconcelos, favela de (Rio de Janeiro), 117-8

Lobato, Monteiro, 402-5

Lobo, Edu, 369

"Lobo e o cordeiro, O" (Esopo), 148

Localiza (empresa), 181

Lopes, Carlos, 149-51

Lopes, Maurício, 125

Lopes, Monteiro, 61, 199-200, 416, 429

Lopes, Nei, 200

Lorenzoni, Onyx, 269-70

Luedy, Vera, 275-6, 278

"Luís Soares" (Machado de Assis), 425

Luiz Alberto (deputado), 227, 269

Lula da Silva, Luiz Inácio, 47-8, 54-5, 73-4, 108n, 146-7, 166-7, 179, 185-6, 188, 204, 218, 232n, 233-4, 251, 262, 269, 291n, 316n, 323, 360-1, 372

Luz, Robson Silveira da, 109n

Macapá (AP), 187

Machado, Alex Sandro Soares, 125

Machado, Maria Helena P. T., 20

Maciel, Marco, 143

macumba, 305-6

Madeira, Arnaldo, 223

Mãe Menininha do Gantois, 152

Magalhães, Antônio Carlos, 136, 348, 369-70

Maggie, Yvonne, 155-6, 178, 207, 235

Magnoli, Demétrio, 73-4, 80, 235, 296

Maia, Cesar, 23n

Mainardi, Diogo, 144

Malásia, 29

Malcolm X (filme), 203

Maluf, Paulo, 22-3

Manaus (AM), 280

Mandela, Nelson, 169-70, 233

Mangabeira Unger, Roberto, 201-2, 384

Manuscritos econômicos e filosóficos (Marx), 276n

Maranhão, 36-7, 55, 283-4, 386

Marcha Internacional contra o Genocídio do Povo Negro (Salvador, 2015), 82n

Marcha Zumbi dos Palmares (Brasília, 1995), 23-4, 39n, 45-6, 51, 54, 101, 300, 344

Maré, Complexo da (Rio de Janeiro), 107-8

Maria, d. (dita "esposa" de Zumbi, rainha de Palmares), 366-7

Marinha brasileira, 158, 251n, 291

Marinho, Rosane, 288

Markowitz, Robert, 153

Martinho da Vila, 419

Martini, Carlo Maria, 201

Martins, Franklin, 371-2

Martins, Roberto, 28

Marx, Karl, 276n

"massacre de Sharpeville" (Joanesburgo, 1960), 123

matança de 2006 (São Paulo), 349

Matão (SP), 282

Mattos, Odacir de, 250n

Mattos, Pompeo de, 227

Mbeki, Thabo, 195

McCain, John, 248

Medeiros, Carlos Alberto, 178

Médici, Emílio Garrastazu, 230

Mello e Souza, Gilda de, 414

Mello Franco, Bernardo, 269, 384

Mendes, Gilmar, 209n, 210, 215-6

Mendes, Larissa, 318-9

Menicucci, Eleonora, 256

mensalão, escândalo do (2005), 154, 360n

mercado de trabalho, 28, 31, 40, 152, 171, 225, 233, 260, 268, 270, 284, 286, 337, 352-3

meritocracia, 169, 318

Merten, Luiz Carlos, 412

"mesmice esquerdofrênica", 365

mestiçagem, 27, 176, 196, 363, 404

"Mestre-sala dos mares, O" (canção), 290-1

Meu Tio Iauretê (Carvalho), 283

"Milícias e Estado de Direito" (Tarso Genro), 112

militância negra, 21, 35, 84, 97, 285, 364

Militão, José, 235

Militão, José Roberto, 390

Mills, Giselle, 86

Minas Gerais, 248, 431

Ministério da Cidadania, 258

Ministério da Cultura, 98n, 146, 339, 403

Ministério da Justiça, 18, 53, 97, 140, 142

Ministério das Cidades, 146

Ministério das Mulheres, da Igualdade Racial e dos Direitos Humanos, 256, 258

Ministério Público, 57, 119, 125, 131, 233, 423

Miranda, José Carlos, 235

miscigenação, 27, 58, 61, 188, 216, 259, 291, 296, 363, 380, 412

MNU (Movimento Negro Unificado), 34, 85-6, 109, 286

"Moleque atrevido" (canção), 376n

Monde Diplomatique, Le (jornal), 67

Monteiro, Ricardo José Manso, 125

Monteiro, Tânia, 185

Montenegro, Fernanda, 412-3

Montoro, Franco, 188

Moravia, Alberto, 383-5

Moro, Sergio, 323

mortalidade infantil, 101

"morte civil" da população negra, 61

Mota, Leandro Pereira, 171-2

Motta, Zezé, 350

Moura, Carlos, 98

Moura, Flávio, 363-4

Moura, Roberto, 203

Movimento contra o Genocídio do Povo Negro, 83

Movimento dos Sem-Terra, 31

Movimento Negro, 13-4, 18, 20-1, 24-9, 31, 33, 35, 37, 42, 45-6, 49-51, 54-5, 59, 61, 63, 71-2, 74-80, 82-5, 88, 94, 98, 111, 135-9, 141-2, 144, 161, 163-6, 174, 178, 185-8, 204-5, 208, 213-4, 222, 227, 236, 244, 251, 279n, 280, 285, 300, 307, 311-2, 333, 335, 345, 347, 356, 387, 389, 397, 404, 413, 420-2

Movimento Negro Socialista, 235*n*

Movimento Negro Unificado *ver* MNU

movimentos negros, 96, 131, 259, 299, 325, 342, 363-5

MPR (Movimento pelas Reparações), 39

Múcio, José, 179

Mulher e escrava: Uma introdução ao estudo da mulher negra no Brasil (Giacomini), 277*n*

mulheres negras, 27, 92, 95, 145, 190, 205, 222, 225, 246, 262, 276, 277*n*, 288-9, 321, 334, 344, 352-3, 394, 428-9, 431-3

"Multiculturalismo e Racismo" (seminário), 140

Muñoz, Lucien, 150

Nabuco, Carolina, 62, 409-11

Nabuco, Joaquim, 143, 229, 386-7, 396-7, 409

Nações Unidas, 36, 101-2, 149-50

Nadar, Félix, 407

Nascimento, Abdias, 61, 88, 96-7, 126, 225, 364, 368, 386, 421

Nascimento, João de Deus do, 104

Nassif, Luis, 148

Navegação de cabotagem (Amado), 379-80

nazismo, 208, 212

Neandertal, Homem de, 314

negação da raça negra e do racismo, 14, 20, 25, 40, 51, 78-9, 84, 102, 113, 195, 229, 245-6, 279, 283, 290, 296, 318, 326-8, 355, 380, 404-5, 413, 424, 429, 433; *ver também* racismo estrutural

"Negra" (Drummond), 277*n*

negras, pessoas que se definem como, 27-8, 175, 259-60

negritude, 138-9, 220, 299-300, 379-80, 389, 412

Negro da chibata, O (Granato), 291

"Negro é gente?" (Oliveira Ramos), 283, 285

"Negro que te quero Negro" (Manual da Comissão de Moral e Civismo da Secretaria de Educação de Minas Gerais), 279, 285

Negros e política (*1888-1937*) (Flávio dos Santos Gomes), 211-2, 298

Neves, Aécio, 248

Neves, d. Lucas, 278*n*

Nigéria, 40-1, 376-7

Nonô, José Thomaz, 226

Norberto, Orlando, 283

Notícias Populares (jornal), 282

Novos Estudos Cebrap (revista), 253

Nublat, Johanna, 270

Núcleo de Consciência Negra da Universidade de São Paulo, 39*n*

Núcleo de Parlamentares Negros, 154, 167

O que é política? (Arendt), 254

OAB (Ordem dos Advogados do Brasil), 26, 119-20

Obama, Barack, 61, 103, 204-6, 217, 244, 246, 248-9, 295-7, 317

obesidade, 47

Ocidentais (Machado de Assis), 23*n*

Odebrecht (empreiteira), 261, 372

ódio racial, 110, 131, 136, 320, 354-5, 385

Oito décadas (Carolina Nabuco), 409

Olimpíada de Atlanta (1996), 377

Olimpíada do México (1968), 37

Oliveira, Eliane, 149

Oliveira, José Cláudio de, 282

Oliveira, Makota Valdina Pinto de, 240

Onda negra, medo branco (Azevedo), 365, 393

opressão racial, 12-3, 26, 45, 51, 104, 164, 174, 176, 319, 349, 351, 355, 387

Orçamento da União, 164

Orlando, Luiz, 88-90

Orleans e Bragança, Pedro Gastão de, 96

Orunmilá, Paulo do, 178

Orwell, George, 212

Otavio, Chico, 303

Pacifica Radio Station, 86

Pai Jacó (espírito de preto velho), 282

Paim, Paulo, 39*n*, 55*n*, 60*n*, 157-8, 179, 191-2, 204, 232, 237, 241-2

Palácio das Mangabeiras (Belo Horizonte), 248-9

Palácio do Planalto (Brasília), 54-5, 96, 137, 185, 204, 262

Palácio Guanabara (Rio de Janeiro), 264, 288

Pânico na TV (programa), 230*n*

Pannunzio, Antonio Carlos, 226

Panteras Negras, 37*n*

"Papagaio de Nabuco, Um" (Sarney), 386

Paraguassu, Lisandra, 157

Paraná, 209*n*

pardos, 36, 41-2, 125, 175-6, 248, 259, 290-1, 365, 382, 406

párias indianos, 309

Parlamento brasileiro e as relações exteriores, O (Cervo), 160

Partido Democrata (EUA), 103, 217

Paschuini, Paulo Roberto, 117

Patrocínio, José do, 357, 372

Paz, Miqueias, 347

PCB (Partido Comunista Brasileiro), 324, 380

PCC (Primeiro Comando da Capital), 349

PCDOB (Partido Comunista do Brasil), 155, 189, 229, 404

PDS (Partido Democrático Social), 135

Pelé (Edson Arantes do Nascimento), 24, 137

Pereira, Heraldo, 219-20

Perez, Gloria, 220*n*

Pessoa, Fernando, 256

Petrobras, 372

PFL (Partido da Frente Liberal), 30-1, 158, 163, 192, 197, 225-7, 348, 361

Pietá, Janete, 191

Pilar, Luiz Antonio, 350

Pillar, Patrícia, 350

Pinto, Ana Flávia Magalhães, 420

Pires, Herculano, 282

Pitta, Celso, 22, 24, 262*n*

Pitta, Niceia, 262

Plano de Ação Brasil-Estados Unidos pela Eliminação do Racismo, 312-3

Plano Nacional de Proteção à Liberdade Religiosa, 239-40

pluralismo, 45, 312, 430

PMDB (Movimento Democrático Brasileiro), 23*n*, 136, 155, 158, 167, 189, 191, 225, 360

PNAD (Pesquisa Nacional por Amostra de Domicílios), 175-6

Pnud (Programa das Nações Unidas para o Desenvolvimento), 36, 149-51

Poirier, Marie Pierre, 48

polícia e violência policial, 11, 18, 108, 117, 119-20, 123, 126, 128, 131, 270, 349, 413*n*

Polícia Federal, 95, 145, 154, 376

Polícia Militar, 17, 82, 107, 121, 126

política, tarefa e objetivo da, 254

Política Nacional de Saúde Integral da População Negra, 166

politicamente correto, 91

políticos negros, 60-1, 103, 158, 163, 167, 173-4, 200, 203, 205-6, 213, 217-8, 244, 246, 248-9, 262, 264, 271, 288, 302, 394-5

Pontes, Ann, 227

Pontes, Paulo, 290

população negra, 12, 25, 27-30, 36, 40, 44-5, 53, 64, 66, 68, 71, 77, 91, 94, 103, 131, 160, 162, 165, 170, 193, 198, 208, 224, 231, 235, 244, 266, 270, 277-8, 280, 303-4, 325, 342, 354, 371, 382, 386, 389, 403, 419, 421

Porto Alegre (RS), 346

Portugal, 41

PPR (Partido Populista Renovador), 22*n*

Praça da Paz Celestial, massacre da (Beijing, 1989), 19

Prado, Paulo, 27, 383

Prado, Yolanda "Danda" C. S., 404

práticas racistas, 26, 153, 233

"Preciso me encontrar" (canção), 418

preconceito racial, 125-6, 226, 299; *ver também* discriminação racial; racismo

Prêmio Faz Diferença, 117

Pretos Velhos (espíritos), 282

Primeira República, 341, 372, 416-7

privilégios racistas, 230, 253, 355-6, 405, 432

Processo, O (Kafka), 31, 45, 122, 187

Proclamação da República (1889), 231

Programa Nacional de Direitos Humanos, 141, 306

Projetos para o Brasil (José Bonifácio), 129

Prova de fogo (filme), 153

Providência, Morro da (Rio de Janeiro), 110, 115

Provincia de São Paulo, A (jornal), 308; ver também *Estado de S. Paulo, O* (jornal)

PSB (Partido Socialista Brasileiro), 264

PSDB (Partido da Social Democracia Brasileira), 188-9, 207, 223-4, 226

PSTU (Partido Socialista dos Trabalhadores Unificado), 21*n*

PT (Partido dos Trabalhadores), 21-3, 30, 33, 35, 39, 43, 54, 55*n*, 60*n*, 61, 73-4, 104, 154, 157-8, 163, 167-8, 170, 173, 189, 191, 204, 221, 224, 226-7, 229, 230*n*, 232*n*, 233, 237, 244, 264, 269, 288, 301-2, 316*n*, 323, 347, 394

PT em movimento, O (Florestan Fernandes), 33*n*, 73

PV (Partido Verde), 190, 217, 223, 246-7

Quércia, Orestes, 39*n*

Querino, Manoel, 372

Quilombo (filme de Cacá Diegues), 412

Quilombo dos Palmares, 83, 367

quilombolas, 55, 57, 91-2, 186, 188, 223, 232*n*, 233, 269*n*, 367

Quinze de Novembro, comemorações do, 65, 231

"racialismo", 364-5

racialização, 73, 270, 293, 361

racismo, luta contra o *ver* combate ao racismo

"racismo cordial", 344

"racismo estrutural", 150-1, 186, 244; *ver também* negação da raça negra e do racismo

racismo religioso, 254

"racismo sutil", 141, 344

racistas, teorias, 114, 294

Ramos, Guerreiro, 48

Ramos, Lázaro, 367

Ramos, Oliveira, 283

Realidade (revista), 250

Rebelo, Aldo, 155, 162-3, 168, 173, 404

Rebouças, André, 397-8

Reboul, Olivier, 402

Receita Federal, 163, 173

Recôncavo baiano, 365, 423

Recordações do escrivão Isaías Caminha (Lima Barreto), 417, 429

"Redação sobre minha cor" (José Cláudio da Silva), 253

Reddy (menino negro dos EUA), 320

reforma ministerial, 254, 256-7

Reginaldo, pastor, 30-1, 154, 191-2, 225, 227

Reis, Leila, 371

Reiss, Tom, 407

Relatório sobre a Violência contra a Criança (Nações Unidas), 101

religiões de matriz africana, 239-40, 254, 282, 305, 422

resistência negra, 20-1, 64-5, 84, 93, 124, 258-9, 319, 323-4, 326, 417; *ver também* combate ao racismo

Retrato do Brasil (Prado), 27*n*, 383, 385

Revista de História da Biblioteca Nacional, 357-8

Revolta da Chibata (Rio de Janeiro, 1910), 251*n*, 429

Revolução Francesa (1789), 407

Ribeiro, Bruna, 325-6

Ribeiro, João Ubaldo, 389, 403-4

Ribeiro, José Antônio Soares (barão de Inoã), 409

Ribeiro, Matilde, 55, 147, 167, 181, 183, 185, 187-8

Rice, Condoleezza, 312

Ricupero, Rubens, 31-2, 143

Rio de Janeiro (RJ), 23, 26, 107, 110-2, 117, 119-20, 126, 128, 131, 137, 160, 211, 251*n*, 291, 347, 352, 356

Rio de Janeiro, governo do estado do, 264, 288
Rio Design Center, 264, 288
Rio Grande do Sul, 61, 160
Risério, Antônio, 363-5, 403-4
Rocha, Fabiano, 315
Rocha, Jorge Luís Flocket (ou Floquet), 17
Rocha, Márcio Barra da, 125
Rodrigues, Alexandre, 175
Rodrigues, Ironides, 89
Rodrigues, Nelson, 123
Rodrigues, Terezinha Yone, 279n
Roland, Edna, 178
rolezinhos nos shoppings de São Paulo (2013), 413
Roriz, Joaquim, 158
Rosa, Vera, 185, 239
Rosa do povo, A (Drummond), 25
Rosário, Maria do, 227
Rousseff, Dilma, 204, 233, 257-8
Rovere, Marcelo, 125
Ruanda, 104, 375
Rumos (revista), 202
Rússia, 203

Sá, Nelson de, 293
Saffioti, Heleieth, 284
Said, Edward, 367
Salvador (BA), 17, 31, 34-5, 41, 82-3, 89, 104, 135, 145, 222, 230-1, 233, 259-60, 278, 324, 381-3, 422
sanguessugas, escândalo dos (2006), 154
Santana, Carlos, 167-8, 191, 221, 224, 227, 394
Santana, Januário Alves de, 270
Santana, W., 54
Santas Casas de Misericórdia, 163
Santos, Alexandre Meneses dos, 125, 315
Santos, Edson, 110, 198, 213, 229, 236, 239, 241-2, 269, 271, 303
Santos, Graça, 394
Santos, Hélio, 316-7
Santos, Joaquim Ferreira dos, 352

Santos, Manuel Faustino dos, 104, 364-5, 429-30
Santos, Maxwil de Sousa dos, 315
Santos, Milton, 253
Santos, Roberto, 88-9
São Francisco (Califórnia), 86
São Leopoldo (RS), 41, 160
São Paulo (SP), 43, 109, 121, 125-6, 128, 170, 222, 282n, 305, 312, 318, 413n
Sarlo, Beatriz, 421
Sarney, José, 36, 96-8, 136, 138-9, 281, 386-8
Sarney, Roseana, 36
SBPC (Sociedade Brasileira para o Progresso da Ciência), 365
SBT Brasil (telejornal), 305
Schutel, Cairbar, 282
Scolese, Eduardo, 204
Screamers (documentário), 104
Segunda Guerra Mundial, 359
Senado, 30, 36, 53, 61, 131, 155, 158, 163, 166, 179, 190-2, 197, 200, 204, 207, 227, 234-7, 241-2, 265, 269, 291, 360-1
Sêneca, 293
senhores de escravos, 193, 199, 358, 393, 397
senzala, discurso da volta à, 94-5
Seppir (Secretaria de Políticas de Promoção de Igualdade Racial), 54-5, 85n, 110, 147, 158, 163-4, 167, 181, 183, 185-9, 192, 202, 212-4, 221, 224, 229-32, 234, 239-40, 254, 257, 262, 271, 400
Serra, José, 207
Serrano (palhaço), 92-3
"Setor de Operações Estruturadas" (Setor de Propinas da Odebrecht), 261n
Severiano, Alan, 320
sexismo, 256, 319
Seyssel, Waldemar (palhaço Arrelia), 92
Shopping Leblon (Rio de Janeiro), 352
Silva, Agostinho da, 363
Silva, Aguinaldo, 219
Silva, Benedita da, 23, 264, 288

Silva, David Wilson da, 110-1
Silva, Hédio, 178
Silva, José Cláudio da, 253-4
Silva, Leonardo Dantas, 309
Silva, Marina, 60, 217, 244, 246
Silva, Robson Guimarães B. da, 377
Simões, família, 277
Simon, Pedro, 360-1
Simonal: Ninguém sabe o duro que dei (filme), 393
Sinhá Moça (Fernandes), 349
Sinhá Moça (filme de 1953), 350
Sinhá Moça (telenovela), 350
Siqueira, Claudio Dantas, 115*n*
Siqueira, Hanry Silva Gomes de, 117
sistema escolar brasileiro, 336
Skol (cerveja), 267-8
Smith, Tommie, 37*n*
sni (Serviço Nacional de Informações), 63, 115
Soares, Elquisson, 225
Soares, Luana Procópio, 352-3
Soares, Sergei Dillon, 28
Sobre a brevidade da vida (Sêneca), 293
Sodré, Muniz, 290
"Soneto de Natal" (Machado de Assis), 22-3
Sony Music, 345*n*, 347
Sottili, Rogério, 256
Sousa, Cristiano de, 315
Sousa, Samuel de, 128
Souza, André Luís de, 121
Souza, Gutemberg de, 285
Souza, Josias de, 39
stf (Supremo Tribunal Federal), 43, 60*n*, 64, 80, 192, 209-10, 215-6, 227, 265, 311-2, 360-1
Sucessora, A (Carolina Nabuco), 62
Suécia, 375
Superintendência de Fomento ao Turismo do Estado da Bahia, 355
Suplicy, Eduardo, 230

Taiwan, 19
Tarde, A (jornal), 275, 277-8, 369
Tavares, Dora, 63
Tchékhov, Anton, 203
Teatro Experimental do Negro, 89
Tedesco, José Eugênio, 346
televisão, racismo da, 350
Temer, Michel, 95*n*, 262*n*
"Tentativa" (Drummond), 431-2
Teodoro, Lourdes, 83
Teoria da literatura (Wellek e Warren), 431
teorias racistas, 114, 294
Teresina (pi), 281
terremoto no Haiti (2010), 305-6
Território de Paz (programa carioca), 108*n*
Theatro Municipal de São Paulo, 109
Thoth (revista), 89
Tia Nastácia (personagem), 401-4
Tieta do agreste (Amado), 27*n*
Tiririca (humorista), 343-5, 347, 424
Toledo, Roberto Pompeu de, 407
Torres, Demóstenes, 197-8, 232, 234-5
Torres, Lucas Dantas de Amorim, 104, 364
Tortura Nunca Mais (grupo), 347
Tosta, Wilson, 108
Tostão (jogador), 391
tráfico de drogas, 17, 110*n*, 117, 128
tráfico de escravos, 32, 42, 358
transformações sociais, 69-70, 295
Três irmãs (telenovela), 203
Três irmãs, As (Tchékhov), 203
Treze de Maio, comemorações do, 136-7, 266, 277-8, 280-1, 416, 432
Tribuna do Ceará (jornal), 282
Tribunal de Contas da União (tcu), 164
Tribunal de Justiça do Rio de Janeiro, 303
Tribunal Superior Eleitoral, 394
Trindade, Francisca, 226-7
Trinta, Remi, 145, 227
Trump, Donald, 91
Tuma, Romeu, 235-6
tv pública, 371-3

umbanda, 254, 282

UnB (Universidade de Brasília), 17, 41, 63, 235, 338, 347, 376-8

Unegro, 213, 237, 271, 387

Unicef (Fundo das Nações Unidas para a Infância), 48, 102

Universidade de Michigan, 85-6

Universidade Federal Fluminense, 30

Universidade Zumbi dos Palmares (São Paulo), 312

Uribe, Gustavo, 205

USP (Universidade de São Paulo), 39, 128, 311, 316n, 318

Valério, Edvaldo, 37

Valois, Luislinda, 262

Van der Loo, Theo, 268

Vannuchi, Paulo, 111

Vargas, Getúlio, 199

Vasconcellos, Renata, 320

vatapá, 425-7

Veja (revista), 38, 73, 144, 170, 184, 217-8, 268, 294, 316-7, 328, 333, 335, 348, 385, 389, 396-7

"Veja os cabelos dela" (canção racista), 343-4, 424

Velho, Otávio, 58-9

Veloso, Caetano, 354, 356

Vencer é possível (Mandela), 170

Venezuela, 374

Verdade tropical (Caetano Veloso), 356

Vereador (cachorro da família Pitta), 262

Verly, Ana Paula, 107

"Vestidos — Abuse/ Use" (anúncio racista da C&A), 334

Vianna, Rodrigo, 290-1

Vicentinho (deputado), 168, 227

Vida de um deputado negro na Primeira República, A (Dantas), 200

Vieira, Antônio, padre, 365

Vieira, José, 200

Villas Bôas, Eduardo, 91

Vinte de Novembro, comemorações do, 44, 67-9, 86, 137, 224, 230, 251; *ver também* Dia Nacional da Consciência Negra

violência, 17, 27, 45, 48, 53, 57, 82-3, 86, 104, 106, 110, 112, 117, 120-1, 130-1, 221, 262, 275, 277, 279, 324, 336, 433

Virgens, Luís Gonzaga das, 104, 364

"Visita, A" (Gilda de Mello e Souza), 414

vocabulário onomástico negro, 344

Waack, William, 312, 317, 327-8

Wake Up Everybody (programa de rádio dos EUA), 86

Wallerstein, Immanuel, 356

Warren, Austin, 431

Washington, D.C., 86, 246

Washington Post, The (jornal), 103

Weffort, Francisco, 340-1

Wellek, René, 431

Werneck, Felipe, 175

Wizniewsky, Eduardo, 297

Xavier, Urbano de Assis, 282

Xinjiang (China), 19

"Zumbi" (canção), 65, 366

Zumbi dos Palmares, 44-5, 65-6, 87, 137, 282, 366-7